17th

2000년 10월 출범 후
2016년 제17회까지

3,772

3,772명의 세계적 연사

39,000

3만 9,000여 명의 청중

세계지식포럼
WORLD KNOWLEDGE FORUM

세계 최대
글로벌 지식의 장으로
자리매김하다

제17회
세계지식포럼
리포트

대혁신의 길

GREAT

THE 17th
WORLD KNOWLEDGE
FORUM REPORT

제17회 세계지식포럼 리포트

대혁신의 길

매일경제 세계지식포럼 사무국 지음

매일경제신문사

INSTAURATION

대혁신의
길

아시아 금융 위기 직후에 시작된 세계지식포럼은 창조적 지식 국가 대전환을 목표로 2년여간의 준비를 거쳐 2000년 10월 출범했습니다. 이후 세계지식포럼은 지식 공유를 통한 지식 격차 해소, 균형 잡힌 글로벌 경제 성장과 번영을 논의하는 자리를 제공해왔습니다.

'지식으로 새 천년 새 틀을 짜다'라는 주제로 첫 포럼이 열린 이래 지금까지 총 3,772명의 글로벌 연사들과 3만 9,000여 명의 청중이 참여했습니다.

그동안 지식을 향한 많은 분들의 열정과 지원 덕분에 세계지식포럼은 명실상부한 글로벌 지식의 향연으로 자리매김할 수 있었습니다. 아시아 최대, 최고 글로벌포럼으로 우뚝 선 세계지식포럼은 매년 새로운 도전으로 품격을 높여오며 국내 글로벌포럼의 역사를 바꾸는 선구자 역할을 해오고 있습니다.

제17회 세계지식포럼도 혼란에 빠진 세계에 대혁신의 필요성을 제시하며 시대의 등불 역할을 이어갔습니다.

최근 지구촌은 그 어느 때보다 정치·경제·사회의 불확실성이 고조되고 있습니다. 영국의 유럽연합EU 탈퇴이하 '브렉시트Brexit', 미국·중국 등 G2의 패권 경쟁, 이슬람국가이하 'IS'의 테러, 북핵을 둘러싼 동북아시아의 대립 등 지구촌 곳곳에서 지정학적 갈등이 폭발하며 전 세계가 혼란의 소용돌이로 빠져들고 있습니다.

글로벌 저성장 기조가 지속되며 새로운 성장의 돌파구를 마련하기 위한 경쟁도 치열해지고 있습니다. 이른바 제4차 산업혁명 시대가 다가오면서 창조적인 지식의 가치는 더욱 소중해지고 있습니다. 전 세계가 다시금 정상 궤도에 올라 전진하기 위한 대혁신이 절실한 때입니다.

세계는 지금 각종 이데올로기로 혼탁합니다. 세계화의 흐름을 정면으로 뒤집은 브렉시트, 미국을 중심으로 확산되는 보호무역주의, 테러로 점철되는 IS 등 민족·국가·종교로 인한 각종 이념들이 난무하고 있습니다. 경제 성장은 정체됐고 빈부 격차는 커지고 있습니다. 합리적 지식보다 포퓰리즘에 입각한 선동이 활개 치고 있습니다.

17세기 영국의 철학자 프랜시스 베이컨Francis Bacon은 시대의 화두로 '지식에 입각한 인류사회의 대혁신'을 제시했습니다. 중세 암흑기의 각종 편견과 선입관을 극복하기 위해서는 무엇보다 객관적이고 합리적인 지식을 취득하는 게 중요했습니다. 모든 사람이 지식으로 무장할 때 세상은 '대혁신Great Instauration'을 통해 이상적인 사회로 바뀔 것이라고 예견했습니다.

역사는 반복되면서 진화합니다. 400여 년이 흐른 2016년, 현재 세계의 정치·경제 상황은 400년 전 중세의 선입관을 깨기 위해 과학적 지식을 외쳤던 베이컨의 철학을 되돌아보게끔 만듭니다. 현실을 개혁하지 않고서는 미래를 담보하기 어렵습니다.

출발점은 지식입니다. 객관적이고 합리적인 지식만이 세상을 바꿀 수 있습니다. 지식을 얻게 만드는 수단은 치밀한 관찰과 경험, 즉 과학입니다. 세계는 제4차 산업혁명으로 요동치고 있습니다. 자연에 대한 이해, 기술에 대한 이해, 사람에 대한 이해가 어느 때보다 중요한 시점입니다. 과학에 기반을 둔 지식을 공유한다면 세상은 더 나아질 수 있습니다.

지식으로 무장한 다음 행동으로 옮겨야 혁신이 됩니다. 기존의 토대를 근본적으로 바꾸지 않고서는 미래를 꿈꾸기 어렵습니다. 혁신은 많은 사람들의 생각을 하나로 모을 때 가능합니다. 이를 위해 무엇보다 중요한 것은 리더십입니다. 새로운 사고와 사상으로 무장한 지도자들이 새로운 리더십을 발휘할 때 혁신은 가능해집니다. 미국의 대통령선거에서는 예상을 깨고 도널드 트럼프가 당선됐고 유럽의 정치지형이 급변하는 등 세계의 리더십을 시험해볼 수 있는 공간들이 열리고 있습니다. 한국도 2017년 대선을 앞두고 뉴 리더십이 어느 때보다 중요한 시기입니다.

제17회 세계지식포럼은 과학에 입각한 지식을 공유하고 새로운 리더십을 회복해 세상을 근본적으로 바꾸는 방안을 모색했습니다. 정치·경제·과학·기술 등 각 분야 최고의 지식전문가들이 모여 새로운 세상을 모색하는 공간에 많은 사람들이 함께했습니다. 전 세계가 다시금 정상 궤도에 올라 전진하기 위한 대혁신을 시작하길 고대합니다.

세계지식포럼 집행위원장 겸 매경미디어그룹 회장
장대환

혼란과 불확실성을
극복하기 위한 새로운 해법

2016년, 세계는 혼란과 불확실성의 연속이었습니다. 유럽과 터키를 비롯한 세계 각국에서 IS의 테러가 끊이지 않았습니다. 모든 사람이 테러의 불안에 떨었습니다. 흰줄숲모기에 의해 전염되는 지카바이러스가 인류의 건강을 위협했습니다. 일본 구마모토 시와 에콰도르 페데르날레스 지역에서는 대규모 지진이 발생했습니다. 자연과 질병의 끊임없는 위협에 세계 인류는 초라함을 느껴야만 했습니다.

2016년 6월, 영국은 전 세계의 예상을 뒤집고 EU 이탈을 결정했습니다. 그동안 세계화를 통해 모두가 함께 잘살 수 있다고 표방해왔던 세계의 리더들은 유럽에서부터 몰아치는 반反세계화의 태풍에 휩싸여야만 했습니다. 미국은 2016년 11월 대통령선거에서 도널드 트럼프 공화당 후보를 당선시켜 세계를 또 한 번 놀라게 했습니다. 미국에서부터 불어닥칠 신고립주의와 보호무역주의의 파도가 얼마나 높을지에 대해 많은 사람들이 걱정을 하고 있습니다.

한반도도 불확실성과 긴장의 연속이었습니다. 북한의 계속되는 핵실험과 미사일 발사로 동북아 지역의 긴장감이 고조됐습니다. 미국·중국·일본·러시아 등 4대 열강에 낀 한국의 모습은 19세기를 연상하게 만듭니다. 2016년 연말에는 '최순실 게이트'가 터지면서 한국은 한 치 앞을 내다보기 힘든 불확실성에 가로막혀 있습니다. 경제적인 상황도 녹록치 않습니다. 성장은 정체됐고 빈부 격차는 커졌습니다. 여기에 인공지능AI을 앞세운 제4차 산업혁명의 소용돌이가 휘몰아치면서 시계視界의 암흑 상태에 빠져들었습니다.

'무엇을 해야 할 것인가.' 혼돈기에 오피니언 리더들의 고민이 한곳에 모였습니다. '바꿔야 한다'는 절박감이 최우선이었습니다. 기존의 사상과 철학으로 급변하는 세상을 설명할 수 없었습니다. 사람들의 사고방식을 근본적으로 바꿀 필요가 있다는 점에 많은 사람들이 동의했습니다. 20세기에 전 세계를 지배했던 자유주의적 자본주의와 세계화의 논리에 근본적인 수정을 요구하는 목소리가 높았습니다. 기술은 이미 빠른 속도로 바뀌어가고 있습니다. 제4차 산업혁명이라 불리는 기술혁신은 인류의 생활은 물론 사고방식, 나아가 정체성까지 근본적으로 바꾸고 있습니다.

급박한 상황을 반영해 제17회 세계지식포럼은 '대혁신의 길 Aiming for Great Instauration'을 대주제로 결정했습니다. 인류 역사상 가장 근본적인 변혁을 꿈꾼 철학자였던 17세기 영국의 프랜시스 베이컨은 아담이 살았던 에덴동산의 부활을 꿈꾸며 인류의 '대혁신Great Instauration'을 외쳤습니다. '아는 것은 힘이다'라는 경구와 귀납법이라는 논리의 창시자인 베이컨은 논리학과 과학철학의 대가로 불립니다. 그러나 베이컨이 논리학과 과학철학 분야에서 인류사에 남을 위대한 업적을 쌓을 수 있었던 것은 무엇보다도 그가 인류의 대변혁을 꿈꿨기 때문입니다. 철학자와 논리학자이기 이전에 베이컨은 시대를 뛰어넘은 혁신가였습니다.

제17회 세계지식포럼은 그가 17세기에 주장했던 대혁신의 정신을 다시 한 번 되새기며 21세기 인류의 혁신방안을 제시한다는 목표로 기획됐습니다. 편견과 선입견을 뛰어넘는 객관적인 지식의 확산, 인류의 생활을 근본적으로 바꿔나갈 기술의 혁신, 지식과 기술의 혁신을 실행시킬 훌륭한 리더십의 확립을 3가지 핵심 주제로 삼았습니다.

전 세계적으로 각 분야의 혁신방안을 알려줄 230여 명의 석학들과 글로벌 리더, 각계의 전문가들이 초청됐고, 그들은 90여 개의 세션을 통해 혁신방안에 대해 토론하고 강의했습니다. 이 책은 포럼에 참석한 전문가와 청중들의 얘기 중 많은 사람들에게 전달해야 할 핵심적인 아이디어를 담았습니다.

독자들의 이해를 돕기 위해 이 책은 총 7개의 부로 구성되었습니다.

PART 01 '글로벌 정세: 혼돈기의 리더십 혁신'에서는 미국 대선 이후 전 세계가 나아갈 방향, 영국 브렉시트 이후 유럽의 행보, 한반도의 지정학적 위험과 해법 등을 담았습니다. 트럼프 캠프의 대통령직 인수위원으로 참여했던 에드윈 퓰너 헤리티지재단 창립자가 '트럼프 시대에 변화할 세계 질서'에 대해 논합니다. 딕 체니 전 미국 부통령은 '공화당 핵심 인사가 보는 미국의 새 리더십'에 대한 얘기를 들려줍니다. 게르하르트 슈뢰더 전 독일 총리는 '브렉시트와 유럽의 미래'에 대한 강의를 진행했고 브루스 커밍스 시카고대학 교수는 '북한이 붕괴할 가능성'에 대한 자신의 생각을 들려줍니다. 투르키 알 파이살 킹파이살센터King Faisal Center 소장은 '새로운 국면으로 들어서고 있는 미국과 사우디아라비아 관계'에 대해, 루이스 기예르모 솔리스 코스타리카 대통령은 코스타리카의 정치개혁에 대한 생각을 털어놓습니다.

PART 02는 '글로벌 경제: 가시밭길 성장엔진 혁신'입니다. 여기서는 미국 트럼프 정권의 핵심 경제참모인 존 테일러가 '새장에 갇힌 독수리미국의 생존법'에 대해 들려줍니다. 성장론의 대가 로버트 배로는 '세계 경제가 회복할 수 있는 방법'에 대해 논의하고, 중국의 대표적인 경제학자인 천즈우는 중국 경제의 3대 버블인 '부채, 부동산, 위안화'에 대한 얘기를 전해줍니다. 시라카와 마사아키 전 일본은행 총재는 '아베노믹스'를 집중 해부합니다. 또 21세기 새로운 통화전쟁을 주제로 열띤 토론을 벌였던 전 세계 석학들의 주장도 담았습니다.

PART 03 '글로벌 투자: 새로운 전략'에서는 경제와 정치의 불확실성 시대에 유용한 투자 기법에 대한 얘기를 담았습니다. 세계적인 사모펀드인 미국의 칼라일그룹 데이비드 루벤스타인 회장이 불확실성 시대의 '글로벌 투자 전망'에 대한 자신의 생각을 얘기합니다. 중국의 대표적인 큰손인 웨이제 금성투자그룹 회장도 그만의 투자법을 들려줍니다. 앤드루 매캐프리 애버딘자산운용 대체투자 부문 대표는 '농업, 에너지와 같은 실물자산 영역에서 기회를 찾아라'라고 강의합니다. 이 밖에 전 세계 투자 전문가들이 모여 '장기 분산투자 전략', '고령화 시대 포트폴리오', '대체투자 전략' 등을 주제로 토론한 결과를 모았습니다.

PART 04와 PART 05는 '제4차 산업혁명: 기술의 진화와 미래'와 관련된 얘기를 담았습니다. 페드로 도밍고스 미국 워싱턴대학 교수가 '기업이 살아남기 위해서는 필수가 된 머신러닝'에 대해 강의합니다. 머신러닝을 통해 기계의 지능이 사람을 어떻게 능가할 수 있는지에 대한 그의 생각은 많은 사람들에게 충격을 줄 것으로 예상됩니다. 토비 월시 호주 뉴사우스웨일스대학 교수는 인공지능이 가져올 혁명이 어디까지 미칠 것인가에 대해 전망합니다. 닐 이스퍼드 IBM 대표는 '암도 인공지능으로 정복할 수 있는가'에 대해 강의합니다. 또 '사물인터넷의 현재와 미래', '유전자 가위가 가져올 DNA 혁명', '제조업 르네상스 여는 3D 프린터' 등을 주제로 각계 전문가들이 벌인 토론의 결과도 담았습니다.

PART 06은 '문샷 싱킹: 발상의 혁신'에 대한 내용입니다. 문샷 싱킹Moonshot Thinking이란 상식과 기존의 관념을 넘어서는 혁신적인 사고를 통해 새로운 것을 만들어낸다는 의미를 지닌 단어입니다.

《또라이들의 시대The Misfit Economy》라는 세계적인 베스트셀러를 출간한 작가 알렉사 클레이는 '세상을 바꾸는 것은 비주류의 다양성, 독창성, 혁신성'이라는 주제로 강의합니다. 중국의 일론 머스크로 불리는 류뤄펑은 자신의 성공기를 들려줍니다. 또 우버 택시로 유명한 우버의 에릭 알렉산더는 공유경제가 왜 중요한지에 대해 설득력 있는 답변을 내놓습니다. 세르게이 사벨리예프 러시아우주청 부청장은 러시아 우주개발 얘기와 한국에 대한 조언을 인터뷰를 통해 털어놓았습니다.

PART 07은 '도시의 미래: 공간의 재구성'에 대한 얘기를 담았습니다. 미래 도시는 어떤 모습이 될 것인가, 미래 도시의 성공을 위해 우리는 무엇을 해야 하는가에 대한 내용이 주류를 이룹니다. 모리 히로오 일본 모리그룹 부사장은 '롯폰기힐스를 바꾼 도시재생 철학은 슈하리守破離다'라는 주제로 강의합니다. 박원순 서울시장과 남경필 경기도지사도 '21세기 글로벌 도시 전쟁의 생존전략'이라는 세션에서 그들만의 생각을 털어놓았습니다. 또 '아시아 핀테크 허브로서 잠재력을 갖춘 부산', '녹색혁신, 스마트팜의 미래', '지구공학으로 온난화 막는다' 등의 세션에서도 다채로운 미래 도시 얘기가 펼쳐집니다.

제17회 세계지식포럼의 핵심 내용을 추린 이 책을 통해 많은 사람들이 '대혁신의 길'에 동참하게 되길 기대해봅니다.

세계지식포럼 사무국

세계지식포럼
10대 메시지

'대혁신의 길'을 주제로 열린 제17회 세계지식포럼에서 세계 리더와 석학들이 지구촌의 당면 문제와 이를 해결하기 위해 제시한 10대 메시지를 정리했다.

1. 2~3년의 '개혁 타임갭' 이겨낼 지도자가 필요하다

"극심한 반대를 무릅쓰고 개혁을 추진하더라도 그 혜택을 거두기 위해선 2~3년의 타임갭time gap을 버틸 수 있는 용기가 필요하다." 게르하르트 슈뢰더 전 독일 총리는 "리더십이란 반대하는 사람들을 설득하는 과정에서 자신의 이익을 포기할 줄 아는 것"이라고 말했다. 정책이 결실을 맺기까지 기다려야 하는 2~3년의 타임갭에 정치인은 선거에 질 수 있지만 진짜 리더라면 국익을 택해야 한다는 의미다.

2. 미국 대선 이후 '대북 초강경책'이 가시화된다

미국은 북한에 대해 초강경 모드로 나설 전망이다. 미국 보수 진영을 대표하는 공화당 핵심인사인 딕 체니 전 미국 부통령은 북한에 대해 '군사적 선택을 포함한' 모든 압박 전략을 구사해야 한다는 강경론을 폈다. 도널드 트럼프가 미국 대통령에 당선되면서 이같은 강경 기조는 계속 이어질 것이다.

3. '양적 완화'만으로는 세계 경제 못 살린다

"양적 완화 등 비전통적 통화 정책의 약발은 다했다"는 것이 석학들의 진단이다. 규제 철폐·법인세 인하 등 정책개혁으로 경제 체력을 되살리지 못한다면 글로벌 경제가 저성장이라는 수렁에서 헤어날 가능성이 낮을 것으로 예상했다. 로버트 배로 하버드대학 경제학 교수는 "미국이 2009년 이후 계속 제로금리 정책을 유지한 것은 실수였다"고 말했다.

4. 갤럭시 노트7 위기를 전화위복 계기로 삼아라

세계적인 컨설팅사인 롤랜드버거Roland Berger의 샤를에두아르 부에Charles-Édouard Bouée 글로벌 최고경영자는 "초기에 갤럭시 노트7을 산 250만 명은 애플보다 삼성을 택한 충성 고객"이라며 "이들에게 파격적인 혜택을 줘 초열성 고객으로 만들어야 한다"고 조언했다. 삼성전자가 이번 사태에서 고객의 마음을 사로잡는 '슈퍼 트러스트Super Trust'를 얻게 되면 전화위복할 수 있다는 것이다.

5. 인간과 기계가 공존하는 '호모사피엔스 2.0 시대'

장대환 매경미디어그룹 회장은 "19세기 러다이트운동Luddite, 기계
파괴운동이 영국의 산업혁명이라는 거대한 흐름을 막지 못했다"며
"우리는 새로운 기술들을 용기 있게 맞이해야 한다"고 말했다. 장
회장은 인간과 기계가 공존하며 경제적 번영을 이뤄나가는 '호모
사피엔스 2.0 시대'를 제안하며 이를 설계하기 위한 토론을 세계
지식포럼에서 제안했다.

6. 브렉시트 때문에 영국은 결국 쇠퇴할 것이다

"영국의 브렉시트 결정은 잘못된 선택이었다"고 글로벌 리더들
이 한목소리를 냈다. 향후 5년 내에 영국 국민 스스로 국민투표 결
과를 번복할 가능성까지 내다봤다. 칼 빌트 전 스웨덴 총리와 게
오르기오스 파판드레우 전 그리스 총리 등은 오히려 브렉시트를
계기로 EU는 더욱 공고해질 것이라고 전망했다.

7. 중국도 경제 위기 맞는다

천즈우 예일대학 교수는 "중국 경제가 베스트 시나리오를 따라
간다 하더라도 일본의 잃어버린 10년에 그칠 것"이라며 중국발 경
제 위기를 예고했다. 그는 "부채·주택·위안화 등 중국의 3대 버블
가운데 부동산 버블이 가장 먼저 붕괴할 것"이라며 "다만 시진핑
이후 리더십이 결정되는 2017년 11월까지는 중국 정부가 6.5% 성
장률을 유지하기 위해 노력할 것"이라고 전망했다.

8. '1가구 1드론' 시대 열린다

군용으로만 사용되던 드론이 농업, 영화 촬영 등 민간 부문에서도 폭발적으로 인기를 끌면서 전문가들은 '1가구 1드론' 시대가 도래할 것으로 전망했다. 중국 드론업체인 DJI의 공동 창업자 리저샹 홍콩과학기술대학 교수는 "마치 스마트폰처럼 누구나 드론을 갖고 생활하는 시대가 곧 도래할 것"이라고 예측했다.

9. 슈퍼 인공지능 개발자가 미래를 지배한다

페드로 도밍고스 미국 워싱턴대학 교수는 "슈퍼 인공지능인 '마스터 알고리즘The Master Algorithm'을 개발하는 자가 미래를 지배할 것"이라고 전망했다. 슈퍼 인공지능은 스스로 데이터를 수집해 선거 예측, 환자의 질병 진단, DNA 염기서열 분석, 자율주행차 조종을 동시에 진행할 수 있는, 현 인류가 상상할 수 있는 마지막 단계의 인공지능이다.

10. '피플 마그넷'이 있어야 도시 전쟁에서 살아남는다

전문가들은 21세기에 승리하는 도시의 요건으로 '사람을 끄는 매력피플 마그넷People Magnet'을 꼽았다. 이언 토머스 토머스컨설턴츠Thomas Consultants 회장은 "도시의 역동성은 스카이라인을 통해 볼 수 있지만 영혼은 길거리의 활력을 통해 알 수 있다. 사람들에게 즐거운 경험을 선사하는 도시가 승리한다"고 말했다.

CONTENTS

발간사   004

책을 시작하며   008

세계지식포럼 10대 메시지   014

PART 01 글로벌 정세: 혼돈기의 리더십 혁신

트럼프 시대의 세계 질서   026

INTERVIEW 에드윈 퓰너 (헤리티지재단 창립자)   030

공화당 핵심인사가 보는 미국의 새 리더십   034

브렉시트와 유럽의 미래   038

INTERVIEW 게르하르트 슈뢰더 (전 독일 총리) · 김종인 (전 더불어민주당 대표)   045

브렉시트 이후 유럽의 위기와 기회   049

원 마켓 EU 붕괴의 영향   053

INTERVIEW 게오르기오스 파판드레우 (전 그리스 총리)   057

브렉시트가 아시아 통합을 지연시킬까   062

사드 배치: 동북아 군사력의 균형 찾기   067

세계 지정학 질서의 개편 방향   071

북한 붕괴론의 실현 가능성   075

INTERVIEW 브루스 커밍스 (시카고대학 석좌교수) · 장경덕 (《매일경제》 논설위원)   080

새로운 단계에 들어선 미국과 사우디아라비아의 관계   085

중남미 정치개혁 선두주자 코스타리카의 도전   090

PART 02 글로벌 경제: 가시밭길 성장엔진 혁신

새장에 갇힌 독수리(미국)의 생존법   098

로버트 배로가 보는 경제 회복의 길   106

INTERVIEW 로버트 배로 (하버드대학 교수)   110

양적 완화 그 이후, 신통화전쟁   116

중국 경제의 3대 버블: 부채, 부동산, 위안화   120

G2 패권과 뉴노멀 경제   123

뉴아베노믹스 집중 해부   128

INTERVIEW 시라카와 마사아키 (전 일본은행 총재)   132

포용적 성장과 뉴노멀 경제: OECD 특별세션   136

일대일로와 자유무역   140

2017년 국제유가 전망   144

파리협약의 실효성은 어디까지   148

저유가 이겨낸 셰일가스의 미래   152

LNG 시장의 지각 변동, 동북아 LNG 허브 전략   156

PART
03

글로벌 투자: 새로운 전략

칼라일그룹 창립자에게 듣는 글로벌 투자 전망	162
글로벌 머니쇼 화두는 장기 분산투자	166
고령화 시대 포트폴리오는 이렇게	169
중국 큰손, 웨이제 금성투자그룹 회장의 투자법	173
로보어드바이저 춘추전국시대	177
대체투자, 3년 이상 보고 투자하라	181
브렉시트 이후 유럽 부동산, 위기냐 기회냐	185
저금리 시대, 기관 투자가의 자산 배분 전략	189
발렌베리 가문이 전하는 투자 비법	193
진화하는 PEF 투자 전략	197
투자 신대륙, 실물자산을 찾아라	200
INTERVIEW 앤드루 매캐프리 (애버딘자산운용 대체투자부문 대표)	204
INTERVIEW 토마스 폰 코흐 (EQT파트너스 회장)	211
INTERVIEW 베르트랑 쥘리앙라페리에르 (아디안 부동산부문 대표)	218

PART 04

제4차 산업혁명 1: 기술의 진화

글로벌 최고경영자 라운드 테이블   224

인공지능이 바꾸는 세상   228

INTERVIEW 페드로 도밍고스 (워싱턴대학 교수)   233

INTERVIEW 토비 월시 (호주 뉴사우스웨일스대학 교수)   237

인공지능이 암 정복할 시기 도래한다   242

드론이 바꾸는 미래   247

인간과 로봇은 공생 가능할까   251

로봇 어디까지 진화해왔나   256

INTERVIEW 데니스 홍 (UCLA 로봇메커니즘연구소 소장)   259

차세대 배터리 전쟁   263

바이오 허브, 한국의 미래   267

제4차 산업혁명 시대, 제로를 향한 혁신   271

PART

05

제4차 산업혁명 2: 기술의 미래

사물인터넷의 현재와 미래 278

인터넷의 미래, 디지털 포비아를 넘어 282

머신러닝 근간은 클라우드 혁명 286

모바일 대체할 마지막 플랫폼은 가상현실 290

유전자 가위가 가져올 DNA 혁명 294

디지털이 바꾸는 미래 금융 블록체인 298

제조업 르네상스 여는 3D 프린터 302

자동차 혁명 견인하는 신소재의 마법 306

제4차 산업혁명 시대 미디어의 미래 311

상상력에 한계를 두지 마라 315

PART

06

문샷 싱킹: 발상의 혁신

우주 개발전쟁: 2050 스타워즈 322

INTERVIEW 세르게이 사벨리예프 (러시아우주청 부청장) 326

또라이들의 시대 330

INTERVIEW 알렉사 클레이 ((또라이들의 시대) 지은이) 334

중국의 일론 머스크, 류뤄펑의 성공기 339

우버의 공유경제 혁명은 어디까지 344

원아시아 촉진할 슈퍼그리드 비전 348

실리콘밸리 성공 DNA는 무한실패 352

자두(알짜) 전에는 레몬(불량품)이 있다 356

22세기 국가 브랜드의 창출 필요성 359

블루오션 할랄 시장 진출의 핵심전략 364

글로벌 시장 노리는 한국 스타트업 368

제1회 아세안 기업인상의 주인공 373

INTERVIEW 나디엠 마카림 (고젝 대표) 375

INTERVIEW 응우옌티응아 (세아뱅크 회장) 379

PART

07

도시의 미래: 공간의 재구성

21세기 글로벌 도시 전쟁의 생존전략 386

INTERVIEW 모리 히로오 (모리그룹 부사장) 390

MICE 산업 이렇게 살려라 396

아시아 핀테크 허브 잠재력 갖춘 부산 400

녹색혁신, 스마트팜의 미래 404

INTERVIEW 데이비드 키스 (하버드대학 교수) 408

제17회 세계지식포럼 참관기 권태신 (한국경제연구원장) 412

PART

01

GREAT

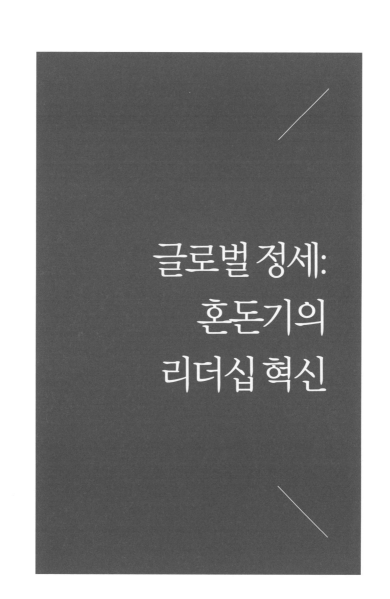

글로벌 정세:
혼돈기의
리더십 혁신

INSTAURATION

트럼프 시대의 세계 질서

에드윈 퓰너 헤리티지재단 창립자·아시아연구센터 회장

에드윈 퓰너Edwin Feulner는 제17회 세계지식포럼의 한 개 세션에 패널로 참석했다. 하지만 4박 5일 동안 눈코 뜰 새 없이 바쁜 시간을 보냈다. 김승연 한화그룹 회장 등 기업인뿐 아니라 윤병세 외교부 장관을 비롯한 정부 외교안보 라인 핵심 관계자들을 만나고 청와대도 방문했다. 2016년에 들어서만 한국을 다섯 차례 찾았다. 이유는 그의 '직책 변화' 때문이다. 1973년 헤리티지재단The Heritage Foundation을 만든 후 1977년부터 2013년까지 이곳을 미국을 대표하는 보수 성향 싱크탱크로 키운 그는 지금은 재단 내 아시아연구센터 회장직을 맡고 있다. 2016년 8월에는 공화당 대선후보 도널드 트럼프 선거운동본부에 대통령직 인수위원으로 참여하게 됐다. 트럼프 진영 내 거의 유일한 '한국통'인 그에게 한국 내 외교안보 당국자들은 물론이고 기업들까지 접촉하기 시작했다. 퓰너 회장은 한국과 관련된 트럼프의 발언을 해명하기도 하고 설명하기도 했다. 그는 인터뷰와 기고를 통해 트럼프의 생각과 향후 정책 기조를 털어놨다.

풀너 회장은 도널드 트럼프의 대선 승리가 확정된 당일 《매일경제》에 보낸 기고문을 통해 트럼프의 당선은 기득권에 안주하는 워싱턴 정가政街를 개혁하는 계기가 될 것이라고 밝혔다. 다음은 기고 전문이다.

미국 대통령은 미국 전 국민이 직접 참여해 뽑는 국가의 유일한 리더다. 그는 우리 국가 전체를 대표한다. 대통령은 기본적으로 확고부동한 국가 청지기의 임무를 담당해야 한다. 미국 대통령으로 일한다는 것은 미국이 그동안 지켜왔던 원칙과 여러 가치들을 지속적으로 담보해나간다는 것을 의미한다.

헤리티지재단의 창립자로서 나는 그동안 미국을 위한 여러 가지 정책 대안들을 제시해왔다. 내가 제시한 정책들은 기본적으로 미국이 추구해야 할 가치들에서 나온 것이다. 그 가치들은 구체적으로 기업 활동의 자유 보장, 작은 정부, 개인의 자유, 강한 국방 등이다. 또 여기에는 미국의 헌법이 보장하는 전통적인 가치들도 포함된다.

그간 너무 오랫동안 특정 이해 관계자들이 워싱턴이 제시하는 국가 어젠다와 정책들을 좌지우지해왔다. 그들 간의 관계가 미국 전체의 유권자들보다 우선시됐다.

수많은 재력가와 엘리트들이 정부에 있는 그들의 친구들로부터 음으로 양으로 많은 지원을 받아왔다. 심하게 얘기하자면 워싱턴에 있는 어느 누구도 미국 사람들의 목소리에 열심히 귀를 기울이지 않았다.

대통령에 당선된 도널드 트럼프는 후보 시절부터 기존의 정치 지형들을 계속 바꿔왔다. 그가 선거 과정에서 아무 흠이 없는 행태를 보여줄 것이라고 기대하는 것은 처음부터 무리였다. 선거에 임하는 사람들의 첫 과제는 선거에서 이기는 것이다. 선거를 이겨야만 이후에 좋은 정책들을 펼 수 있다. 이제 우리 모두가 목격했듯이 그는 첫 번째 임무를 성공적으로 완수했다. 그는 미국 투표자들에 의해 대통령에 당선됐다.

트럼프 캠프에서 대통령직 인수위원으로 일하면서 그를 가까이서 보고 함께 일하는 소중한 기회를 가졌다. 트럼프는 지금까지와는 다른, 전혀 새로운 종류의 효율적인 리더십을 선보일 것이라고 믿는다. 많은 세계인들도 미국 대통령으로서 그가 보여줄 새로운 리더십을 기대하고 있다.

대통령으로서의 트럼프는 다시 한 번 위대한 미국을 만들 것이다. 그는 워싱턴의 기득권층이 보여줬던 잘못을 되풀이하지 않을 것이다. 일부 사람들은 트럼프가 미국이 갖고 있는 문제들을 너무 단순하게 보고 해법을 제시한다고 비판한다. 하지만 그동안 워싱턴의 똑똑하고 힘 있는 리더만이 미국이 갖고 있는 문제들을 풀수 있다는 생각은 바람직하지 않다. 또 이런 류의 생각은 미국이 갖고 있던 병들을 일시적으로 치료하는 처방에 그칠 것이다.

앞으로 특정 소수만을 위한 정책이 아니라 포용적이고 현실적이며 모든 사람들에게 기회를 주는 정책들이 펼쳐져야 한다. 트럼프는 보수 정신을 기반으로 행보를 이어갈 것이며 어려운 결정을 내릴 때 더더욱 그럴 것이라고 생각한다. 트럼프는 앞으로 현실적이면서도 보수적인 어젠다를 발전시켜야 할 것이고 그런 어젠다를 추진한다면 보수 진영은 협력할 것이다. 나는 앞으로 트럼프와 트럼프 팀과 함께 일하는 것에 대해 기대감을 갖고 있다. 결국에는 새 대통령이 새로운 정권의 정책들을 추진하게 될 것이고, 의회도 함께 균형을 맞출 것이다.

트럼프는 한미 관계의 중요성도 잘 알고 있다. 트럼프 정부에서 한미 관계는 한층 강화될 것으로 보고 있다. 구체적인 정책들은 바뀔 수도 있다. 새로운 정부가 들어서면 더 효율적인 외교 정책을 만들기 위해 기존 정책들을 재검토하는 것은 당연하다. 트럼프는 "사람이 정책이다"라는 평범한 진리를 기억해야 한다. 새로운 대통령은 첫날부터 바로 미국을 이끌어가고 변화를 줄 수 있는 진정한 보수 인사들로 구성된 팀을 보여줘야 한다.

새로운 정책들이 생겨나려면 새로운 사람들이 정책을 펼쳐나가야 한다. 트럼프 대통령 당선인은 미국의 새 리더로서 통찰력 있는 위대한 팀을 마련해 강한 미국을 만들라는 시대 요구에 부응할 것이다.

트럼프 시대의 한미 관계

에드윈 퓰너
헤리티지재단 창립자·아시아연구센터 회장

퓰너 회장은《매일경제》와의 인터뷰에서 정치·경제 분야에서 한미 관계가 한층 강화돼야 한다고 강조했다. 다음은 인터뷰 전문이다.

Q. 한미 자유무역협정FTA 재협상 가능성 등 도널드 트럼프의 후보자 시절 일부 발언을 우려하는 한국인이 많다.

트럼프는 진실을 매우 직설적으로 이야기한다. 그러다 보니 일부 오해가 빚어지기도 한다. 어찌 보면 그의 발언은 매우 당연한 것이다. 모든 협상은 미국의 이익에 맞춰져야 한다는 이야기를 했을 뿐이다. 한미 FTA로 인해 어려움을 겪는 산업이 미국 내에 분명히 있다. 미국 대선후보가 그런 질문을 던지는 것은 드물지 않은 일이다. 결과가 어떨지는 모르지만 의문을 가져볼 만한 부분이라고 생각한다. 오랜 비즈니스 경력이 보여주듯 그는 무역이 무엇인지 매우 자세히 알고 있다.

Q. 트럼프가 주장한 '한국과 일본의 핵무장 용인론'을 비판하는 전문가들도 있다.

한국을 비롯해, 북한과 인접한 이해 당사자들이 최후의 수단을 포함한 모든 선택사항을 갖추고 있어야 한다는 의미다. 그래야만 대북 정책이 효과적일 수 있다.

Q. 트럼프는 한국을 비롯한 동맹국에 방위비 분담금 증액을 요구하겠다고도 했다.

결국은 트럼프가 이야기했기 때문에 논란이 되는 것이다. 어찌 보면 원론적인 이야기인데 억울한 측면이 적지 않다. 예를 들어보자. 1976년 지미 카터Jimmy Carter 전 대통령이 민주당 후보로 출마했을 당시 주한미군 철수를 대선공약으로 내세웠고, 실제로 계획을 발표하기도 했다. 또 트럼프는 북대서양조약기구NATO 회원국들이 공정한 재정 분담금을 내야 한다고 주장하는데, 이 역시 도널드 럼스펠드Donald Rumsfeld 전 국방부 장관이 NATO 대사로 근무할 당시 제기했던 문제다. 당시 럼스펠드 전 장관은 "미국은 국내총생산GDP의 4%를 국방비에 사용하는데 유럽은 1.8%에 불과하다"고 말했다. 그런데 같은 이야기를 트럼프가 하면 전 세계가 뒤집어지는 것이다. 처음 있는 일이 아닌데도 말이다. 트럼프가 제기하는 건 미국 입장에서 매우 정당한 이슈이고, 워싱턴에서 정책적인 고민을 해봐야 할 문제다.

Q. 트럼프는 당연한 문제 제기를 하고 있다는 주장인가?

새 행정부가 들어설 때는 새로운 질문을 던지는 게 정상이고, 이 과정에서 정책적 재검토가 이뤄지는 것 역시 당연하다. 트럼프는 더 나아가 틀을 깨는 이야기를 하고 있다. 오늘날 세계 질서의 대부분은 50~60년 전에 만들어진 것들이다. 오늘날의 문제를 해결하려면 기존 아이디어에 얽매이지 않는 게 중요하다. 그렇기 때문에 오늘날의 핵 확산 문제에 대해서도 트럼프가 더 현명하게 대응할 것이라고 본다.

Q. 북한의 계속되는 핵실험과 관련해 어떤 제재가 필요하다고 생각하나?

세컨더리 보이콧secondary boycott, 북한과 거래하는 제3국의 개인이나 기업, 은행을 제재하는 것이 이행돼야 할 것이다. 지금 이뤄져야 하는 것은 일련의 연속된 조치들이다. 새 정부가 북한을 직접적으로 지원하는 중국 기업들에 대해 세컨더리 보이콧 조치를 할 수 있을 것이다.

Q. 그 외 어떤 제재들이 가능하다고 보나?

국제사회의 심리적·경제적 압박, 군사적 요소들이 포함된 제재 등 다양한 선택사항을 우리는 가지고 있다. 현재 이행되는 것보다 앞으로 훨씬 더 많은 제재들이 이뤄질 수 있다고 생각한다. 전면적인 군사적 조치를 하기 전에 다른 것들을 먼저 해야 할 것이다. 하지만 우리가 어떤 패를 가지고 있는지 북한이 예측할 수 있어서는 안 된다. 북한 정권으로 하여금 우리의 강한 동맹이 북한의 어떤 도전에도 대응할 수 있다는 것을 알게 해야 한다.

Q. '선제타격론'을 주장하는 이들도 있다.

잠재적으로는 가능하지만 아직은 이른 것 같다. 다만 북한이 공격적으로 무기를 개발하는 것을 보면 시기가 점점 다가오고 있는 것 같기도 하다.

Q. 김정은 북한 노동당 위원장을 어떻게 평가하나?

김정은 위원장이 서구에서 교육을 받은 까닭에 개방 정책을 펼칠 것이라는 기대가 있었지만 결국 그렇게 되지 않았다. 그는 기존의 규칙을 따르지 않는다. 그렇다고 그는 바보도 아니다. 그는 '위크 핸드Weak Hand, 카드 게임에서 승리할 수 있는 패가 적은 플레이어를 말함'다. 그러면서 매우 강성이고 거칠다.

Q. 헤리티지재단 아시아연구센터 회장으로서의 역할이 궁금하다.

한국을 비롯한 아시아는 잠재력이 무한한 지역이고 빠른 성장 속도를 보이고 있다. 경제적 성장뿐만 아니라 민주주의 측면에서도 괄목할 만한 발전을 보여줬다. 여기서 더 나아가 아시아연구센터는 일본, 호주, 인도의 전문가들과 아시아에서의 자유시장 경제 발전을 위한 연구 계획을 가지고 있다. 앞으로 한국의 전문가도 이 대화에 참여하도록 할 계획이다.

공화당 핵심인사가 보는
미국의 새 리더십

딕 체니 전 미국 부통령

딕 체니Dick Cheney는 2001년부터 2009년까지 부시 정부의 부통령을 역임하며 북한의 핵무기 폐기 약속 등 강경 외교 정책을 이끌었다. '미국 역사상 가장 강력한 부통령'이란 평가를 받는다. 단호한 외교를 통해 북한의 핵무기 폐기 약속을 받아낸 것과 대테러 시스템을 보완해 추가 테러를 방지한 것이 유명하다. 1975년 34세의 나이로 역대 최연소 백악관 비서실장으로 임명돼 화제가 되었다. 와이오밍 주 하원의원6선으로도 활약했다. 1989년부터 1993년까지 국방부 장관으로 재직하며 걸프전을 승리로 이끌었다. 저서로는 자서전인《나의 시대In My Time》와 그의 딸인 리즈 체니와 공동 집필한《예외Exceptional》가 있다. 특히《나의 시대》는《뉴욕타임스》베스트셀러 1위를 기록했다.

팍스아메리카나Pax Americana는 지속될 것인가. 미국 주도로 유지된 세계 평화는 많은 나라들에 안정된 부와 균형을 가져온 게 사실이다. 그러나 미국의 극심한 소득 불균형과 내부 불만은 팍스아메리카나를 위협하고 있다. 미국은 스스로 그 지위를 내려놓고 좀 더 자국의 이익에 집중하려고 한다. 공식적으로는 그 같은 사실을 부인하지만 오바마 행정부의 노선은 이를 대변하고 있다. 미국 보수파의 거두 딕 체니 전 미국 부통령이 한결같이 주장하는 내용이기도 하다.

'미국의 리더십: 공화당의 기조' 세션 연사로 참여한 딕 체니는 "오바마는 '강한 미국'의 지위를 스스로 내려놓고 있다. 우리는 이를 막을 책임이 있다"고 선언했다.

체니는 손자·손녀가 7명이나 된다고 자랑하면서 "한번은 손녀딸의 선생님이 '국제사회에서 미국이 강한 모습을 가져야 한다고 생각하는 사람은 자리에서 일어나보세요'라고 하자 내 손녀딸만 일어났다고 하더라"라며 "이제 미국사회는 '강한 미국'에 대해 가르치지 않는다"고 미국 교육의 문제점을 꼬집었다. 이제는 미국이 국제사회에서 더 이상 '기댈 만한 강국強國'이 아니라며 그는 쓴웃음까지 지었다.

그는 "군사적 측면과 국제 리더십은 그동안 미국이 꾸준히 한목소리를 내온 이슈였는데 오바마 정부는 이를 포기했다"고 운을 뗀 후 "과거 우리는 국제사회 안보를 위해 필요한 일들군사행동을 해왔지만 오바마는 이를 사과하고 다니느라 급급했다"고 말했다. 이어서 "이 같은 세계관은 과거 미국 대통령과는 다른 것으로 미국 리더십이 다른 곳으로 향하고 있다. 강력한 역할을 담당할 의지가 있어야 한다"고 강조했다.

체니는 2001년에서 2009년까지 미국 부시 정부의 부통령을 지낸 공화당 핵심인사다. '가장 강했던 미국'의 숨은 실력자로 조지 W. 부시 당시 대통령을 움직였다. 부통령에 붙은 '2인자' 꼬리표를 처음으로 뗀 사람도 그다. 미디어를 이용해 걸프전을 승리로 이끄는 등 강경한 외교 정책을 주도하며 보수의 상징으로 떠오른 인물이다.

그는 북한을 겨냥해서는 "미국은 그동안 국제사회 역할에 대해선 당파를 초월해 공통된 의견을 내왔다"며 "평화적 방법으로만 해결하다 보면 상대에게 끝없이 양보하게 된다. 이것이 군사행동을 배제할 수 없는 이유"라고 강경론을 펼치기도 했다.

특히 체니는 북핵 위협에 대해 큰 고민에 빠져 있었다. "굉장히 중요한 이슈이며, 한국만의 이슈가 아니라 전 세계적 이슈"라면서 "단순히 아시아만의 문제가 아니라 미국도 위협받고 있다"고 강조했다. 그는 사태를 해결하기 위해서는 양보하는 외교로는 부족하다면서 "군사력이 아닌 대화로 풀겠다며 계속 양보하다 보니 주도권이 그들_{북한}에게 넘어갔다. 북한은 이제 군사행동을 배제할 수 없는 지경까지 이르렀다"고 강조했다.

2016년 10월 10일 '강한 미국'을 뜻하는 카우보이모자를 쓰고 방한한 그는 "중동에서 군사행동이 없었다면 끔찍한 살상무기가 테러리스트 손에 들어갔을 것"이라며 "핵개발 프로그램을 해체하기 위해선 군대를 이용해야만 했다"고 말했다.

이스라엘이 2007년 폭격한 시리아의 원자로와 관련해서는 "2007년 봄, 부통령이었을 당시에 모사드Mossad, 이스라엘 비밀정보기관 책임자가 내 집무실로 와 북한이 직접 만들어준 핵 원자로가 시리아에 있음을 증명하는 컬러 사진을 보여줬다"면서 이스라엘이 폭격한 시리아 원자로를 북한이 지원했다는 주장을 하기도 했다.

그는 이에 덧붙여 "원자로가 북한에만 있는 것이 아니라 중동까지 진출했다. 이스라엘이 제거하지 않았다면 IS가 시리아에서 원자로를 쥐고 있었을 것이고, 그런 생각을 하면 끔찍하다"고 밝혔다.

브렉시트와 유럽의 미래

게르하르트 슈뢰더 전 독일 총리

 게르하르트 슈뢰더Gerhard Schröder 전 독일 총리는 처음 만나는 사람과도 격식 없이 유쾌하게 대화를 나누는 능력을 가졌다. 세계지식포럼 기간에 김종인 전 더불어민주당 비상대책위원회 대표와 대담하는 자리에서 자신의 연설에 대한 칭찬이 이어지자 "딕 체니는 내 연설에 감명을 안 받은 것 같다"고 말해 좌중의 폭소를 터뜨렸다. 체니가 부통령 시절에 조지 W. 부시 당시 대통령과 함께 이라크 전쟁을 결정할 때 슈뢰더는 서방 국가 지도자 가운데 가장 극심하게 전쟁에 반대했다. 그때 이후로 두 사람이 서먹서먹한 관계인 사실을 유머로 승화시킨 것이다. 이처럼 탁월한 언변은 만 19살 때인 1963년에 중도좌파 성향인 사회민주당SPD, 이하 '사민당'에 입당한 이후 계속 정치인의 길을 걸어왔기 때문에 자연스레 생겨난 것으로 보인다.

 1971년 괴팅겐대학 법학과를 졸업했고 1976년 변호사 자격증을 얻었다. 1978년부터 1980년까지는 전국청년사민당 의장직을 역임하며 '스타 정치인'의 길을 걷기 시작했다. 동·서독이 통일한 1990년 이후 8년간 독일 니더작센 주총리를 지냈다. 독일 통일을 이끈 헬무트 콜Helmut Kohl에 이어 1998년부터 2005년까지 독일 총리를 역임했다.

"진정한 리더라면 선거에 떨어지거나 자리에서 쫓겨나더라도 국익을 우선적으로 추구해야 한다."

제17회 세계지식포럼 개막식을 빛낸 연사는 단연 게르하르트 슈뢰더 전 독일 총리였다. 정세균 국회의장, 이정현 새누리당 대표, 추미애 더불어민주당 대표, 안철수 전 국민의당 상임공동대표, 오세훈 전 서울시장 등 한국을 대표하는 정치인들 앞에서 슈뢰더 전 총리는 진짜 리더의 자세를 역설했다.

그는 "극심한 반대를 무릅쓰고 개혁을 추진하더라도 그 혜택을 얻기 위해선 2~3년의 타임갭time gap, 시간차을 버틸 수 있는 용기가 필요하다. 표를 좇는 정치인들은 이런 타임갭을 싫어하기 마련"이라고 했다. 또 "리더십이란 반대하는 사람들을 온 힘을 다해 설득하고 그들과 타협하는 과정에서 자신의 이익을 포기할 줄 아는 것"이라고 강조했다. 개혁 반대파 목소리가 점점 커질 수밖에 없는 타임갭 동안 상당수 정치인은 인기를 잃고 낙마할 가능성이 높다. 결국 '가짜 리더'는 타임갭 동안 추락할 게 두려워 국익 대신 선거 승리를 위해 개혁을 포기하고 만다.

슈뢰더 전 총리는 지도자가 정치적 결단을 내린 이후에 끊임없이 소통해야 함도 강조했다. 그는 "결단을 내린 시점과 실제 결실을 맺기까지 리더가 해야 할 일은 자신이 그런 결단을 내린 이유를 늘 설명하고 소통하는 것이다. 다만 정치인은 국민에게 직접 설명하지 못하고 언론을 통해 소통하기 때문에 쉽지만은 않다"고 말했다.

이는 슈뢰더 전 총리 스스로의 경험담이기도 하다(타임갭도 슈뢰더가 만든 용어다). 실제 그는 자신이 이끈 여당 사민당 내의 극심한 반대에도 불구하고 2002년부터 '하르츠개혁Hartz reform'과 '어젠다 2010'으로 전방위 개혁을 단행했다. 통일 이후 불어닥친 극심한 실업 문제를 타파하기 위한 하르츠개혁은 2002년 2월 구성된 하르츠위원회가 제시한 4단계 노동시장 개혁방안을 말한다. 당시 '유럽의 병자'로 불릴 만큼 심각했던 독일의 실업률을 줄이기 위해 임시직 고용 증진을 위한 규제 완화, 저임금 일자리미니잡 창출 등을 추진했다. 어젠다 2010은 슈뢰더 정부가 2003년 제시한 중장기 국가개혁안으로 하르츠개혁 연장선상에서 노동시장 정책을 비롯해 산업·조세·환경·이민·교육 등 광범위한 분야의 개혁정책을 담고 있다.

하르츠·어젠다 2010 개혁의 핵심은 실업급여 축소와 노동시장 유연화였다. 19살 때부터 노조 지지 기반인 중도좌파 사민당에서 활동해 '스타 정치인'의 길을 걸은 슈뢰더 전 총리로서는 고뇌할 수밖에 없었다. 노조뿐만 아니라 사민당 내에서도 극심한 반대에 부딪쳤다. 하지만 그는 '진정한 리더'의 길을 택했다. 그는 "시간을 되돌려도 같은 결정을 할 것인가"라는 기자의 질문에 "언제 어느 순간이라도 똑같은 결정을 했을 것"이라고 대답했다.

'유럽의 병자'로 불렸던 독일은 두 개혁에 힘입어 EU의 리더 국가로 우뚝 서는 계기를 마련했다. 하지만 개혁을 추진할 당시 사민당은 점점 인기를 잃었고 2005년 앙겔라 메르켈Angela Merkel 현 총리가 이끄는 우파 독일기독교민주동맹CDU, 이하 '기민당'에 권좌를 내줘야 했다. 슈뢰더 전 총리는 자신의 사례를 들어 포퓰리즘에 빠진 국내 정치인들에게 교훈을 던졌다.

그의 하르츠·어젠다 2010 개혁에 대해서는 부정적 평가도 있다. 대표적인 비판이 두 개혁으로 인해 독일 내 양극화가 심화됐다는 주장이다. 슈뢰더 전 총리는 "어젠다 2010 개혁은 세계화globalization 가 첨예화되고 있는 과정에서 대두된, '독일을 더 경쟁력 있게 만들어야 한다'는 절체절명의 과제에 대한 일종의 대답이었다. 세계화가 전 세계를 변화시켰고, 그 결과가 바로 양극화"라고 말했다. 양극화 주범은 세계화이지, 하르츠·어젠다 2010 개혁이 아니라는 말이다.

오히려 슈뢰더 전 총리는 세계화에 따른 양극화로 인해 전 세계 각국에서 보호무역주의를 외치는 목소리가 높아지는 현 상황을 우려했다. 그는 "트럼프가 보호주의 기조를 드러내고 있는 것은 세계 경제에 위험 요인"이라며 "개방된 시장을 발전시키려는 국가의 정치인들, 특히 독일과 한국이 어느 때보다 강력하게 협력해야 한다"고 조언했다.

슈뢰더 전 총리는 전 세계적으로 극단주의 정당이 지지 세력을 점점 넓히는 이유에 대해서도 "세계화의 결과로 일자리를 위협받고 있는 많은 사람들이 불안해하기 때문"이라고 진단했다. 그리고 "정치인들은 연구개발R&D 분야와 같은 고부가가치의 일자리가 자국에 머물 수 있도록 노력해야 한다. 학교에서도 '타협을 할 수 있는 사회만이 장기적으로 안정될 수 있다'고 끊임없이 가르쳐야 한다"고 지적했다.

브렉시트 이후 유럽의 미래에 대한 그의 진단은 무척 낙관적이었다. 슈뢰더 전 총리는 "유럽이 뭉친다면 결국은 진보할 것"이라고 단정했다. 다만 "유로존Eurozone, 유로화 사용 지역 안에서는 적극적인 통합이 필요하다"는 전제를 뒀다. 유럽중앙은행ECB이 화폐 정책을 통해 유로화 성공을 위해 노력하는 한편 장기적으로는 유로존 안에서 사회복지와 금융 정책도 통합돼야 한다는 것이다. 과도한 복지 정책과 무분별한 채권 발행으로 위기에 빠졌던 그리스의 경험을 반면교사로 삼아야 한다는 뜻이다.

반면 브렉시트 결정으로 한때 EU를 혼란에 빠뜨린 영국에 대해서는 '오프사이드off-side' 반칙을 저지른 국가로 지칭할 정도로 단호했다. 그는 영국이 브렉시트 결정을 되돌리는 일은 없을 것이고 EU 국가들이 그렇게 두지도 않을 것이란 의견을 피력했다. 결국 영국이 2017년 3월에 탈퇴신청서를 낸 후 2~3년간의 탈퇴 협상 끝에 결국 영국은 EU를 떠날 것이란 예상이다. 그는 "파운드화 가치 하락으로 단기적으로 수출이 늘어날 수 있겠지만 장기적으로 EU 시장 진출이 제한받으면서 영국 경제에 심각한 문제가 생길 것"이라고 전망했다.

유로존 국가들은 영국 경제와 파운드화의 몰락 과정을 반면교사로 삼아 협력을 더욱 강화하는 방향으로 나갈 수밖에 없다는 분석이다.

한편 브렉시트가 한국에 미칠 영향에 대해서는 "브렉시트로 인한 한국과 EU의 관계 변화는 미미할 것"이라며 "다만 한국과 영국 양자관계에는 영향이 있을 것 같다"고 말했다. 한국 기업이 유럽 시장 공략을 위해서는 지사나 현지 법인을 영국 대신 다른 나라, 예를 들어 독일 등으로 옮겨가는 변화가 필요하다는 것이다.

슈뢰더 전 총리는 한국에 대한 조언을 아끼지 않았다. 그는 "혁신적인 중소기업이 더 강해지는 정책을 만들어야 한다. 대기업에 종속되어 하청만 받는 중소기업이 아니라 독자적으로 연구개발을 하는 혁신 중소기업이 많아져야 한다"고 말했다.

제2차 세계대전 막바지인 1944년에 태어난 그는 총리 재임 시절 과거사에 대해 폴란드에 진심 어린 사과를 한 것으로도 유명하다. "죄를 직접 짓지 않았더라도 우리와 우리 자식 세대는 모두 (선조가 저지른 일에) 공동의 책임의식이 있다. 일본도 그런 책임의식을 보여주길 바란다"고 말했다.

슈뢰더 전 총리는 중동 지역에서 분쟁이 점점 극단화되고, IS가 저지르는 테러가 일상화되고 있는 것에 대해 우려했다. 하지만 수백 년의 전쟁을 계속했던 유럽이 EU를 만들면서 70여 년의 사상 유례없는 긴 평화기를 갖게 된 교훈에서 보듯 다자간 협력을 지속하면 해결할 수 있다는 비교적 긍정적 입장을 표했다. 그는 헬무트 콜 전 총리가 동독과 오랜 대화를 통해 1990년 결국 독일 통일을 이뤄냈다는 점을 상기시키면서 "신뢰는 국제 정치에서 '화폐'와 같다. 다시 신뢰를 키우기 위해서는 대화와 협력이 중요하다"고 강조했다.

첨예한 중동 문제에 대해서는 "내가 총리 시절 경고했듯이 이라크 전쟁이 결국 중동 불안정의 촉매제가 됐다. 당시 전쟁을 지지했던 토니 블레어 전 영국 총리도 지금은 나와 견해를 같이한다"고 말했다. 중동 문제 해법과 관련해 "시리아의 안정화가 중요하다. 군사적 개입만으로는 해결할 수 없고 각국의 적절한 외교 전략이 필요하다"고 주장했다. 미국과 러시아, 이란, 사우디아라비아 등 모든 주체들이 협상 테이블에 나와 시리아 문제 해결을 위해 머리를 맞대야 한다는 것이다.

슈뢰더와 김종인의 맞짱토론

게르하르트 슈뢰더 전 독일 총리
김종인 전 더불어민주당 대표

슈뢰더 전 총리는 김종인 전 대표와의 대담에서도 유럽을 뒤흔드는 영국발發 태풍에 대해 깊은 대화를 나눴다. 독일 뮌스터대학에서 경제학 박사학위를 받는 등 한국 정치권 내에서 손꼽히는 지독파知獨派인 김 전 대표는 대담에서 유려한 독일어를 구사하며 마치 기자처럼 슈뢰더 전 총리에게 '영국이 EU를 떠난 후' 유럽의 미래에 대한 질문을 던졌다.

두 사람은 브렉시트 문제는 물론 최근 폭스바겐 배기가스 조작 및 도이체방크Deutsche Bank 사태주택담보대출 불법 판매와 은행 부실 증가로 경제에 타격을 가한 사태 등을 둘러싸고 독일과 미국 사이에 불거진 갈등, 대러시아 제재 등 범유럽적 주제에 대해 의견을 나눴다. 다음은 대담 내용이다.

김종인 전 대표이하 '김종인' 독일이 폭스바겐·도이체방크 문제에 대해 왜 정부나 EU 차원이 아니라 개별 기업이 막강한 미국 정부를 상대로 불공정 무역 분쟁을 벌이도록 놔두는지 이해하기 어렵다.

슈뢰더 전 총리이하 '슈뢰더' 김 전 대표의 말이 맞다. 나 같으면 정부·EU 차원에서 직접 나서도록 했겠지만 메르켈 총리는 미국과의 관계를 생각해서 (미국과의 무역 분쟁에서) 전면에 나서지 않는 것 같다. 이 상황에서 경제부처 장관들은 오히려 도이체방크를 비판하기도 했다. 독일 정치가 포퓰리즘으로 흐르는 경향도 보인다. 폭스바겐이든 도이체방크든 잘못에 대한 책임은 져야겠지만 부당하게 차별받아서는 곤란하다. 미국은 자신들에게만 관대한 편이라 불만스럽다.

김종인 2017년 3월부터 영국의 EU 탈퇴 협상이 시작된다. 영국이 실제로 탈퇴하고 유로화 결제가 제대로 이뤄지지 않으면 유럽 금융시장 중심이 런던에서 프랑크푸르트로 옮겨갈 가능성도 있지 않나?

슈뢰더 (영국과의) 협상이 2년 이상 지속될 것이고 협상 결과에 따라 많은 것이 달라질 것이다. 그러나 아랍인 부유층 등이 유럽보다는 런던 금융시장에 더욱 용이하게 접근할 수 있는 상황인 점도 감안해야 한다. 다만 언어적 문제 때문에 영국에 근거지를 뒀던 해외 제조업체들은 브렉시트가 현실화될 경우 EU회원국으로 옮겨갈지 여부를 두고 고민을 많이 할 것이다.

김종인 브렉시트가 현실화되면 스코틀랜드나 북아일랜드는 영국 연방에서 탈퇴해 EU에 남겠다고도 했는데?

슈뢰더 (잔류가) 당연히 가능하다고 생각한다. 스코틀랜드가 독립해서 EU 가입 의사를 밝히면 기존의 가입국과 마찬가지의 기준과 절차를 통해 받아들여질 것이다.

김종인 당신이 총리로 재직했을 당시 그리스를 EU에 가입시켰는데, 나중에 '그렉시트Grexit, 그리스의 유로존 탈퇴' 같은 문제가 발생할지 사전에 예측하지 못했나?

슈뢰더 만일 문제가 될 것을 알았다면 가입시키지 않았을 것이다. EU 가입 결정은 EU 전체 차원에서 만장일치로 결정한 것이다. 그리고 독일이 아무리 그리스에 대해 (재정 건전성 등에 대해) 의심이나 비판적인 생각을 가지고 있었다고 하더라도 반대할 수 있는 상황도 아니었다. 독일이 제2차 세계대전 때 그리스를 너무 많이 망가뜨리기도 했을 뿐 아니라 '민주주의의 발상지'로서 그리스가 가지는 의미도 있었다.

김종인 다시 돌아와서 영국이 EU와의 탈퇴 협상에서 노르웨이나 스위스처럼 EU 시장에서 동일한 권한을 갖길 원하는 것으로 알고 있다. 만일 그러기 위해서는 영국과 EU가 120개가 넘는 협정을 맺어야 한다. 스위스나 노르웨이 역시 일정한 기여금을 내고 있을 것이고 영국도 향후에 그래야 할 텐데, EU에 있는 것과 얼마나 많은 차이가 나기에 브렉시트를 결정했을까?

슈뢰더 영국이 노르웨이·스위스 정도의 권리를 원한다면 문제가 안 될 것이다. 문제는 영국이 앞의 두 나라보다 훨씬 더 많은 것을 (EU 시장에서) 누리길 원한다는 것이다.

김종인 협상이 잘 안 될 것 같다.

슈뢰더 당연히 잘 안 될 것이다. 다만 독일의 경우 자동차·기계 산업 등의 분야에서 영국 시장은 중요하다.

김종인 독일은 푸틴 러시아 대통령의 유라시아 정책에 대해 어떻게 생각하나? 옛 소련에 소속됐던 국가나 중국·한국과 경제협력을 확대한다는 것인데, EU는 이에 대해 좀 부정적인 생각이 있는 것 같다.

슈뢰더 푸틴의 이러한 정책은 매우 합리적이라고 생각한다. 지역 안정과 상호이익에 도움이 되는 것이라 유럽이 부정적인 시각을 가질 필요가 없다. 러시아가 유라시아 정책을 펼친다고 해서 EU 와 등을 돌리겠다는 뜻이 아니기 때문이다.

브렉시트 이후
유럽의 위기와 기회

연사 칼 빌트(전 스웨덴 총리)
　　　게오르기오스 파판드레우(전 그리스 총리)
　　　에스코 아호(전 핀란드 총리)
　　　도널드 존스턴(전 OECD 사무총장)

사회 닉 고잉(BBC 앵커)

2016년 브렉시트 국민투표 이후 파운드화 가치가 사상 최저 수준으로 떨어졌다. '하드 브렉시트Hard Brexit, 영국의 급격한 EU 탈퇴'로 영국이 EU의 단일 시장에서 완전히 퇴출될지 모른다는 우려가 현실화된 것이다. 영국 내에서는 파운드화 절하가 수출 기업에 호재로 작용할 수 있다는 긍정적인 시각도 있다. 하지만 전문가들은 영국의 미래를 심각하게 우려하고 있다. 세계지식포럼에 참석한 스웨덴, 핀란드, 그리스 등 전직 유럽 총리들은 영국의 브렉시트 결정을 신랄하게 비판했다.

이번 세계지식포럼 '브렉시트 이후 유럽의 위기와 기회' 세션에서 에스코 아호Esko Aho 전 핀란드 총리는 "브렉시트는 '미션 임파서블'이다. 5년 안에 영국 내에서 다른 움직임이 있을 것"이라고 단호하게 말했다. 또한 "브렉시트와 관련해 현재 아무것도 결정된 것은 없다. 영국과 유럽의 정치·경제적 상호의존성은 단번에 사라지기 어렵다"고 덧붙였다.

그리스, 스웨덴의 전직 총리도 영국의 브렉시트 결정이 잘못된 선택이라고 한목소리로 말했다.

게오르기오스 파판드레우Georgios Papandreou 전 그리스 총리는 "브렉시트 결정이 내려졌지만 앞으로 해결해야 할 문제가 너무 많아 재고할 여지가 있다"고 말했다. 현직 총리 시절 EU의 구제금융안 수용을 놓고 국민투표를 시도한 적 있는 파판드레우 전 총리는 "세계화 속에서 영국도 고립된 섬이 될 수 있다. 브렉시트로 영국은 EU가 제공하던 단일 시장, 노동력의 자유로운 이동의 혜택을 누릴 수 없게 될 것"이라고 우려했다.

파판드레우 전 총리는 EU의 구제금융을 받고 있는 그리스 입장에서 EU의 편을 들었다. "EU가 그리스를 너무 늦게, 비용이 많이 드는 형태로 지원해 희생이 뒤따랐던 점은 맞지만 그래도 국민들은 EU를 믿었다"라고 말했다. 또한 "브렉시트를 전환점으로 삼아 EU는 세계화된 시장에서 연구개발, 교육, 에너지, 하이테크 분야에 공동 투자를 늘려야 한다. 글로벌 경제 상황에 걸맞게 EU가 더욱 효과적이고 효율적인 연합으로 거듭나야 한다"고 강조했다.

칼 빌트Carl Bildt 전 스웨덴 총리는 다른 패널과 달리 브렉시트의 실행 가능성에 무게를 뒀다. 그는 "영국은 민주주의 국가이기 때문에 국민투표로 결정된 사항을 번복할 당은 없다고 본다"며 "브렉시트가 2~3년 내 실현될 것"이라고 분석했다.

하지만 영국이 잘못된 결정을 했다는 데는 다른 총리들과 의견을 같이했다. 빌트 전 총리는 "영국은 패닉 상태"라며 "제국을 잃고 뿌리를 찾지 못한 데 불만인 국민들이 투표에 나섰다"고 평가하기도 했다. 그러나 "영국이 EU의 역할을 두고 심각하게 오해하고 있다. 이민 문제가 대표적인데 이민은 영국 경제를 활성화하는 데 도움이 됐으며, 난민을 관리하기 위해서는 오히려 EU 차원의 협력을 강화해야 한다"고 말했다.

각국의 전직 총리들은 브렉시트를 계기로 EU는 더욱 공고해질 것이라고 전망했다. 빌트 전 총리는 "브렉시트의 긍정적인 효과는 EU에 대한 관심이 그 어느 때보다 높아졌다는 것"이라며 "EU의 필요성에 대해 근본적으로 질문하고 개별 국가 국민들이 이를 지지할 수 있도록 설득해야 한다"고 강조했다.

도널드 존스턴Donald Johnston 전 경제협력개발기구OECD 사무총장
도 "영국 국민투표 결과 찬반 표 차이가 극히 미미했다. 영국 국민
들이 원하는 바가 무엇인지 다시 생각해본다면 공식 탈퇴하기 전
에 언제든 입장은 바뀔 수 있다"고 말했다. 덧붙여서 "유럽은 전쟁
의 폐허에서 EU를 통해 눈부신 성장을 해왔다. EU의 문제는 EU
스스로 해결해나갈 수 있다"고 강조했다.

사회를 맡은 닉 고잉Nik Gowing BBC 앵커도 패널들의 의견에 힘을
실었다. 세션에 참여한 유일한 영국인인 그는 "영국에서 투표한
국민의 48%가 EU 잔류를 원했다"며 "영국은 이들의 도전에 직면
하게 될 것"이라고 말했다.

원 마켓 EU 붕괴의 영향

연사 헤르비에른 한손(노르딕아메리칸탱커스 회장)
미구엘 모라티노스(전 스페인 외무부 장관)
로랑 자크맹(악사부동산운용 유럽대표)

사회 티에리 몽브리알(프랑스 국제관계연구소장)

"브렉시트로 가장 큰 고통을 겪게 될 지역은 EU가 아니라 영국이다."

세계지식포럼 '브렉시트 이후: 원 마켓 EU의 위기' 세션에 모인 국제관계 전문가들은 "브렉시트로 인해 영국은 고립되고 이로 인해 큰 고통을 겪게 될 것"이라며 "영국인들이 과거 대영제국의 영광을 떠올리고 있다면 그 착각에서 벗어나야 한다"고 한목소리로 경고했다.

영국의 브렉시트는 경제적으로도 큰 의미가 있는 사건이다. 영국은 EU에서 탈퇴함으로써 독자적으로 관세 정책을 펼 수 있게 됐다. 다만 EU 시장에 대한 접근도는 떨어진다. 양날의 칼이 영국과 EU에 어떤 영향을 미칠지에 관심이 모아진다.

영국의 브렉시트는 파운드화 가치 하락과 EU 시장 단절로 영국 경제에 치명적인 영향을 미칠 것이란 것이 세션에 참석한 전문가들의 공통된 견해였다.

첫 발언에 나선 미구엘 모라티노스Miguel Moratinos 전 스페인 외무부 장관은 "브렉시트를 가장 걱정해야 할 사람들은 영국인들"이라며 "동유럽 국가들은 대영국 수출 비중이 2%에 불과하고 다른 유럽 국가들도 대영국 무역이 GDP에서 차지하는 비중이 크지 않다"고 설명했다.

모라티노스 전 장관은 "당분간 불확실성의 시기가 이어질 것이며 이것은 영국 파운드화의 가치에 큰 영향을 미칠 것"이라며 "영국 파운드화의 가치는 이미 1990년대 수준까지 하락했다"고 지적했다. 이어 "영국에서 7만 5,000개의 일자리가 사라지고 프랑스보다 국가 경쟁력이 뒤떨어지게 될 것"이라며 "영국과 EU의 관계에 대한 의문이 투자자들의 발목을 계속 잡게 될 것"이라고 전망했다.

더 나아가 "영국은 호주, 캐나다와 달리 내수 경제가 없고 천연자원도 없는 나라이기 때문에 고립되면 큰 어려움을 겪을 수밖에 없다. 영국을 제외한 다른 국가들은 브렉시트에 대해 과도하게 걱정할 필요가 없다"고 재차 강조했다.

헤르비에른 한손Herbjørn Hansson 노르딕아메리칸탱커스Nordic American Tankers 회장 역시 "영국인들이 대영제국을 다시 건설하려고 생각했다면 큰 오산"이라며 "영국은 더 이상 강국이 아니며 브렉시트 이후로 영향력을 상실하게 될 것"이라고 전망했다. 특히 "글로벌 업체들이 본사를 영국으로 이전할 가능성이 사라졌다"며 "브렉시트가 곧바로 탈세계화를 뜻하는 것은 아니며 다른 국가들에 미치는 영향은 미미할 것"이라고 말했다.

이어 "스코틀랜드가 영국을 대신해 단독으로 EU에 가입할 가능성은 아주 낮다고 본다"며 "영국은 고립될 것이고 브렉시트 때문에 큰 고통을 받을 것"이라고 덧붙였다.

한편 브렉시트가 영국 경제에 미칠 영향에 대해 다소 낙관적인 전망을 내놓은 전문가도 있었다. 로랑 자크맹Laurent Jacquemin 악사부동산운용 유럽대표는 "전문가들이 긍정적인 GDP 성장률 전망을 내놓고 있고 나 역시 브렉시트가 영국 경제에 크게 악영향을 끼칠 것으로 보지 않는다. 영국 부동산 시장 역시 여전히 견고한 상태이며, 시장 유동성도 크기 때문에 브렉시트 전과 비교해서 많이 달라진 점이 없다"고 설명했다.

브렉시트를, EU 체제의 장단점을 돌아보는 계기로 삼아야 한다는 지적도 나왔다. 모라티노스 전 장관은 "현재 난민 문제, 경제 불평등 등을 가져온 EU의 정책에 대해 모두가 만족하는 것은 아니다. 브렉시트를 통해 EU의 미래에 대해 다시 한 번 생각해볼 기회를 얻었다고도 볼 수 있다"고 말했다.

한손 회장은 "브렉시트를 계기로 오히려 EU 체제를 더 강건하게 만들고 국가들의 관계가 더욱 긴밀해질 수 있을 것"이라며 "10년 후에 영국이 스스로 다시 EU에 가입하고 싶게끔 만들어야 한다"고 밝혔다.

득보다 실 많을 브렉시트

게오르기오스 파판드레우
전 그리스 총리

게오르기오스 파판드레우는 2009년 그리스 총리직에 올라 재정 위기를 벗어나기 위해 세율 인상·연금 축소 등 대대적인 긴축 정 책을 펼쳤다. 하지만 지지율은 폭락했고 결국 2011년 총리직에서 물러난 바 있다.

총리 재직 당시 그렉시트Grexit, 그리스의 유로존 탈퇴 위기를 몸소 체험 한 파판드레우 전 총리는 인터뷰에서 "영국은 과거 대영제국의 영 광에 취해 혼자서 모든 문제를 해결할 수 있다고 생각하는 것 같 지만 나는 그 생각에 결코 동의하지 않는다"며 "EU를 떠나기로 한 영국은 잘못된 결정으로 인해 앞으로 수많은 기회를 놓치게 될 것"이라는 부정적인 견해를 밝혔다. 다음은 일문일답이다.

Q. EU를 송두리째 뒤흔든 브렉시트가 발생한 근본적인 원인은 무엇인가?

유럽은 급격한 기술의 발전, 불평등 문제 등으로 혼란을 겪고 있는 상황이다. 브렉시트는 특히 난민 문제를 중심으로 한 급격한 사회적 변화를 대하는 시민들의 '공포'를 상징하는 사건이다. 최근 EU 체제가 흔들리는 것은 복지제도 붕괴, 산업구조 변화 등으로 인한 모든 사회적 혼란을 단순히 EU 탓으로만 돌리려는 잘못된 태도 때문이다. EU에 대한 불만으로 모든 국가가 영국처럼 공동체를 이탈하면 난민 문제와 같이 초국적 협력이 필요한 글로벌 이슈들을 해결하기 더욱 어려워질 것이다.

Q. 브렉시트로 나타난 국수주의, 포퓰리즘 등을 극복하려면 어떻게 해야 하는가?

유럽은 매우 긴밀히 연결돼 있기 때문에 결국 모든 유럽 국가가 하나가 돼 혼란에 대처해야 한다고 본다. 일부 정치인들이 이같은 혼란을 이용해 자국의 이익만 내세우는 국수주의Nationalism를 다시 등장시키고 있는데, 이를 경계해야 한다. 그래서 새로운 사회에 잘 적응하기 위한 교육이 무엇보다 중요하다. 결국 시민들이 직접 정치, 사회, 경제 문제에 적극적으로 참여해 문제를 해결해야 하기 때문이다.

Q. 그리스 그렉시트 위기를 겪었는데 당시 경험에 근거해 브렉시트에 대해 평가한다면?

그리스는 그렉시트 위기 당시 유로존에 남기 위해 복지 축소,

임금 삭감 등 많은 희생을 치렀지만 결국 정치적, 경제적으로 더 많은 것을 얻었다. 이웃이 싫다고 문을 아예 잠가버리면 태풍이 왔을 때 집이 무너져도 도와줄 사람이 없다. 기후 변화, 난민 문제 등 글로벌 이슈들은 아무리 강대국이라도 혼자서 절대 해결할 수 없다. 영국은 잘못된 결정을 했고 언젠가 후회하게 될 것이다.

Q. 장기적으로 영국이 EU에 복귀할 것으로 보는가?

영국의 젊은 세대들이 사회의 리더가 되는 시대가 오면 다시 EU에 합류할 것으로 기대한다. EU는 하나의 거대한 실험이다. 이 실험이 성공해야 아시아, 아프리카, 중동 등 다른 지역에서도 지역 평화를 위한 통합 커뮤니티가 형성될 수 있을 것이다.

Q. 최근 EU 내에서 독일의 영향력이 지나치게 커졌다는 지적이 있는데?

특정 국가가 EU를 좌지우지하지 않도록 하나의 강력한 유럽 중앙정부를 출범시킬 필요가 있다. EU의 모든 시민들을 대표하는 EU 사무총장Secretary General을 민주적으로 선출하면 위기 극복에 도움이 될 것이다.

Q. 유럽의 가장 큰 골칫거리인 난민 수용 문제를 해결할 방안은?

단순히 난민 수용 숫자를 배분하는 것이 아니라 유럽 차원의 난민 교육 프로그램을 신설해 사회적 적응을 적극적으로 지원해야 한다. 나 역시 그리스 난민 출신으로 미국과 스웨덴에서 어린 시절을 보냈다. 난민들이 유럽 사회에 잘 적응해서 민주주의에 대해 배우면 나처럼 나중에 고국으로 돌아갔을 때 국가 재건에 큰 역할을 할 수 있을 것이다.

Q. 최근 한국에서도 그리스와 같이 무상복지 확대로 인한 포퓰리즘 논란이 있는데 조언을 한다면?

과다한 복지로 인한 재정 위기를 막기 위해 꼭 필요한 대상에게 혜택이 주어지는 '선별적 복지'가 필요하다. 21세기의 복지 시스템은 지난 20세기와는 달라져야 한다. 청년들이 만드는 스타트업에 자금을 지원한다든가 하는 식으로 디지털 시대에 맞는 새로운 복지 시스템을 만들어야 할 것이다.

Q. 국민들 교육에 대한 생각은?

불평등, 시장 불안 등으로 인한 사회적 혼란이 심한 상황에서 가장 중요한 것은 시민들에 대한 교육이다. 정치·경제적 문제를 해결하는 데 시민들이 직접 참여해야 급격한 변화에 대한 막연한 공포와 불만이 사라지기 때문이다. 그런 의미에서 이번 세계지식포럼은 미래 비전과 새로운 가치를 시민들과 공유하는 매우 뜻깊은 자리라고 생각한다.

Q. 한국인들에게 받은 인상은?

방한은 이번이 세 번째인데 올 때마다 좋은 느낌을 받았다.

Q. 한국이 2016년 들어 조선·해운업 기업 구조조정 등으로 인해 재정 위기를 겪고 있는데, 해줄 수 있는 조언이 있다면?

차세대 정보 산업으로의 전환이 필요하다. 중국 등 저가 선박을 공급하는 경쟁자들에 대응하기 위해서는 한국 조선 산업은 혁신적인 기술 개발로 고부가가치 선박 건조에 집중해야 한다. 장기적인 관점에서 휴대전화 산업 같은 첨단 산업에 집중하는 형태로 전반적인 산업 구조조정도 함께 진행되어야 한다.

브렉시트가
아시아 통합을 지연시킬까

연사 슈엡 카그다(《글로벌아시아매거진》 편집장)
응우옌하이반(《베트남뉴스데일리》 편집국 차장)
서정인(주 아세안 대표부 대사)
헤르마완 카타자야(마크플러스 CEO)

사회 라비 벨루어(싱가포르 《스트레이츠타임스》 부편집장)

"베트남에서는 동남아시아국가연합이하 '아세안ASEAN' 통합을 두고 여론이 분열되고 있다. 무엇보다 남중국해 영유권 문제를 놓고 중국을 향해 통합된 목소리를 내지 못하는 것에 대한 회의적인 시각이 나오고 있다."(응우옌하이반Nguyen Hai Van 《베트남뉴스데일리Vietnam News Daily》 편집국 차장)

"아세안은 무리하게 정치 통합까지 바라지 않고 있어 실패할 가능성은 낮다. 브렉시트와 같은 사례는 아세안에서는 거리가 있는 얘기다."(헤르마완 카타자야Hermawan Kartajaya 마크플러스MarkPlus CEO)

'아세안경제공동체AEC와 원아시아의 미래' 세션에서는 브렉시트가 아세안 통합에 미치는 영향에 대한 열띤 토론이 진행됐다.

아세안은 EU 모델을 지향하지 않지만, 브렉시트로 인해 전 세계적으로 확산되는 신고립주의가 아세안 통합에 악영향이 될 수 있다는 우려가 제기됐다. 이 세션에 참석한 아세안 대표 언론인들은 이러한 악영향을 방지하기 위해서는 10개 회원국들이 모두 혜택을 누릴 수 있도록 아세안 통합 과정을 설계해야 한다고 입을 모았다. 1967년 창설된 아세안은 2015년 말에 정치·안보, 경제, 사회·문화 등 3개 축의 아세안 공동체를 출범시키며 새로운 이정표를 세웠다. 하지만 일부 회원국만 번영을 누린다면 앞으로 통합 과정에 브레이크가 걸릴 수 있다는 진단을 내렸다.

무엇보다도 인구 6억 3,000만 명세계 3위, GDP 2조 6,000억 원세계 7위 경제블록인 AEC의 효과를 극대화하고, 이를 알리는 데 회원국들이 집중해야 할 것으로 지적됐다. 단일 시장 구축, 재화, 서비스, 자본, 전문 인력 등의 역내 자유 이동을 통해 경제가 성장하고 있다는 인식을 공유해야 한다는 얘기다.

서정인 주 아세안 대표부 대사는 "아세안은 크게 ① 현재 소득 수준이 낮지만 향후 발전 가능성이 높은 미얀마, 라오스, 캄보디아 등 메콩 경제 지역, ② 제조업 지역인 인도네시아, 베트남, 태국, 필리핀, ③ 고소득 지역인 싱가포르, 브루나이 등 3지역으로 구성돼 있다. 회원국 간 경제 격차가 EU에 비해 큰 상황인데, 경쟁이 아닌 협력 관계를 만들어가기에 더 좋은 조건이라고 본다"고 말했다.

그는 이어 "전 세계 경제가 침체에 빠진 상태에서 아세안은 연간 5% 이상의 높은 성장률을 보이고 있다"며 "30세 이하의 젊은 인구 비중이 높아 향후 발전 가능성도 크다. 2015년 말 AEC가 출범하면서 연간 경제 성장률이 1% 포인트 정도 증가할 것"이라고 전망했다. 또한 "AEC라는 단일 시장 출범은 '파이'가 커진다는 의미이기 때문에 개별 국가 차원이 아니라 아세안 시장 전체를 보고 진출해야 한다"며 "기존의 '투자국 본사–아세안 지사' 개념에서 벗어나 아세안 내 분업화와 집중화 전략이 필요한 시점"이라고 말했다. 서 대사는 특히 "2013년에 이미 아세안에 대한 외국인직접투자FDI가 중국보다 높게 나왔다"고 강조했다.

인도네시아 미디어 대표로 참여한 슈엡 카그다Shoeb Kagda《글로벌아시아매거진Global Asia Magazine》편집장은 "아세안 기업들이 다른 회원국을 아직 경쟁상대로만 인식하고 투자를 꺼리는 경향이 있는데 회원국별 장점을 잘 살려 협력을 확대할 필요가 있다"고 말했다.

AEC 출범과 함께 아세안 회원국 간 관세 장벽은 대부분 철폐됐다. 2025년까지 비관세 장벽도 단계적으로 없앨 계획이다.

서 대사는 "경제 통합을 위해 총 506개의 조치가 나왔는데 그중 90%가량이 달성됐다. 2025년까지 100%를 달성하기 위해 각 회원국이 노력하고 있다"고 설명했다. 브렉시트가 향후 아세안 통합에 미칠 수 있는 영향에 대해선 "실물경제에는 큰 영향이 없을 것으로 예상되지만 정치적인 측면에서 볼 때 통합 속도를 늦추는 빌미가 될 수 있다"고 말했다. 그는 또 "아세안 통합이 지역 평화, 안정에 기여하고 있는 만큼 아시아가 하나로 통합되는 '원아시아One Asia' 현상의 플랫폼이 될 수 있을 것"이라고 전망했다.

필리핀 미디어 대표로 참석한 아모르 로페즈Amor Lopez《마닐라불러틴Manila Bulletin》데스크 에디터는 "아세안의 경제 통합을 낙관적으로 보며, 향후 EU를 추월할 수도 있을 것"이라 말했다.

아세안 컨설팅 기업인 마크플러스의 헤르마완 CEO는 "아세안은 한국이 기업가정신을 발휘해 새로운 성장의 계기를 마련할 수 있는 기회의 시장"이라며 한국이 적극적으로 아세안 시장을 공략할 필요가 있다고 역설했다. 덧붙여 "2014년부터 2015년까지 통계를 살펴보면 일본·중국 등은 아세안 투자 규모가 상승 추세이지만 한국은 줄어들었다"라고 지적했다. 그는 또 "현대, 롯데는 좋은 브랜드 이미지를 지녔지만 현지화 전략이 미흡해 인도네시아에서 큰 성과를 내지 못했다. 인도네시아 시장에서 맹활약 중인 일본 기업들이 어떤 현지화 전략을 펼쳤는지 참고할 만하다"고 지적했다.

베트남 미디어 대표로 참석한 응우옌하이반《베트남뉴스데일리》편집국 차장은 "한국이 2014~2015년 베트남에 대한 FDI 1위 국가였지만, 2016년 9월까지의 수치에서는 중국이 한국을 제치고 1위에 올랐다. 이는 AEC 출범 후 투자 현황을 반영하는 통계라 더욱 의미가 크다"고 말했다.

이 외에도 태국《방콕포스트Bangkok Post》의 우메시 판데이Umesh Pandey 편집국장, 싱가포르《스트레이츠타임스The Straits Times》의 라비 벨루어Ravi Velloor 부편집장 등도 참여해 아세안의 미래에 대해 활발한 토론을 펼쳤다.

사드 배치:
동북아 군사력의 균형 찾기

연사 **피터 페이스**(전 미국 합동참모본부 의장)
김태영(전 국방부 장관)
프리드베르트 플뤼거(전 독일 국방부 차관, 킹스칼리지 에너지연구소장)

사회 **김상우**(전 국회의원)

"고고도미사일방어체계이하 '사드THAAD'는 공격해 들어오는 미사일만을 요격하기 위해서 고안됐다. 북한이 한·미에 대한 공격 가능성을 공개적으로 밝히는 상황에서 이를 방어하지도 않는 것은 말이 안 된다."

피터 페이스Peter Pace 전 미국 합동참모본부 의장은 '사드 배치: 동북아 군사력 균형 찾기' 세션에서 이같이 말하며 사드를 반대하는 중국을 분명하게 비판했다. 사드의 전략적인 효용성과 배치 장소를 놓고 한국사회가 치열한 논쟁을 벌이고 있는 현실에서 한국과 미국, 독일의 전직 국방 분야 최고위급 책임자들이 연사로 나선 이 세션에 대한 관심은 뜨거웠다.

특히 연사 중 한 명이자, 제2차 이라크 전쟁 시기였던 2005년부터 2007년까지 세계 최강 전력의 미군 전체를 통솔했던 페이스 전 의장은 "만일 더 많은 곳에서 (북한의) 탄도미사일 발사 사실을 좀 더 빨리 탐지한다면 미사일이 어느 곳을 향하고 있는지 더욱 빠르게 확인할 수 있을 것"이라며 사드 레이더의 방어적 속성을 강조했다. "사드가 중국의 대륙간탄도미사일ICBM을 파괴하기 위한 무기체계"라는 세간의 의심에 대해서도 "사드는 단·중거리 탄도미사일 방어 체계이기 때문에 한국에 배치된 사드로 미국을 방어한다는 것은 말이 되지 않는다"고 말했다. 만일 미국 본토에 대한 미사일 공격이 발생한다면 이는 한국이 아닌 미국 영토인 알래스카나 캘리포니아에 위치한 미사일 방어 전력을 활용하게 될 것이라는 것이다.

페이스 전 의장은 "어떤 공격용 미사일도 발사되지 않는다면

(요격용) 사드 미사일도 발사되지 않을 것"이며 "북한의 핵·미사일 프로그램이 사라진다면 당연히 사드도 존재할 필요가 없을 것"이라고 한·미의 한반도 사드 배치 결정의 책임이 북한 김정은 체제에 있음을 재차 강조했다. 이어서 "사드에 대한 중국의 우려도 이해는 되지만 군사적인 측면에서 볼 때 중국이 사드를 걱정할 이유는 전혀 없다"고 설명했다.

페이스 전 의장과는 달리, 1990년대 초반 냉전을 종식하고 통일을 이룬 독일의 프리드베르트 플뤼거Friedbert Pflüger 전 국방부 차관은 제3자의 시각에서 사드 배치를 둘러싼 갈등을 극복할 수 있는 외교·협상에 방점을 찍었다. 그는 "한·미가 사드 배치와는 별개로 (중국·러시아·북한 등과) 대화를 해야 한다. 지정학적으로 한국에 사드 배치가 필요할 수는 있겠지만 그 결과 반발하는 중국과 러시아가 더욱 가까워지는 것도 고려해야 한다"고 지적했다. 플뤼거 전 차관은 "민주주의 사회에서는 한 사안에 대한 다양한 생각이 있을 수 있다"며 "사드 배치의 효용성 등에 의문을 제기하는 사람들을 애국자가 아니라고 생각하는 것 역시 문제"라고 조언했다. 이어서 1970년대 미국과 러시아가 각각 동·서독에 SS-20 중거리탄도미사일과 첨단 순항미사일을 배치해 촉발된 위기가 대화·협상을 통해 해결됐던 사례도 제시했다.

그러나 김태영 전 국방부 장관은 페이스 전 의장보다 더욱 강경한 논리로 사드 배치 필요성을 역설하며 북한과의 대화에 부정적 견해를 밝혔다. 김 전 장관은 "사드는 방어, 북한 미사일은 공격을 목적으로 하고 있어 사드와 북한 핵·미사일을 맞교환할 가치가 생기지 않는다. 북한에 더 강력한 경제 제재를 가하고 이를 가지고 경제와 핵·미사일 문제를 절충하는 식으로 대화가 가능할 수 있을지는 모르겠다"고 말했다. 또한 "남북이 평화롭게 공존할 수 있는 체제를 지향하는 것은 필요하지만 현 상황이 과거 동·서독처럼 대화와 협상으로 풀릴 것은 아니다"고 덧붙였다.

한편 페이스 전 의장은 이날 세션에 앞서 장대환 매경미디어그룹 회장과 만나 한반도 정세와 한·미 동맹에 대한 견해를 나눴다. 페이스 전 의장은 도널드 트럼프가 제기한 주한미군 방위비 분담금 인상 등의 이슈에 대해 "백악관 오벌 오피스Oval Office, 대통령 집무실에 들어서면 정보 브리핑을 듣고 분명한 현실을 인식하게 될 것이고 미국의 방위 공약은 확고하게 유지될 것"이라고 말했다.

이에 장 회장은 "2016년 봄, 한·미 연합군사훈련에 한국군 30만 명이 동원됐는데 세계에서 병력 30만 명을 투입해 미군과 합동훈련을 할 수 있는 군대는 한국군밖에 없다"며 강력한 한·미 동맹을 강조했다.

세계 지정학 질서의 개편 방향

연사 투르키 알 파이살(킹파이살센터 소장)
에드윈 퓰너(헤리티지재단 창립자)
마얀코테 켈라스 나라야난(전 인도 국가안보보좌관)
미구엘 모라티노스(전 스페인 외무부 장관)

사회 한승주(전 외교부 장관)

제2차 세계대전과 미국·소련 간 냉전시대를 거치면서 형성된 20세기 국제사회 질서로는 오늘날 전 세계 곳곳에서 벌어지는 지정학 위기를 극복할 수 없다는 진단이 나왔다. 구질서를 따르지 않는 국가가 속출하면서 위기가 고조될 것이고, 아시아가 '화약고'로 떠오를 것이라는 전망도 나왔다.

투르키 알 파이살 Turki Al Faisal 사우디아라비아 킹파이살센터 소장은 '2017 지정학 전망' 세션에서 "현재 글로벌 지정학 위기는 구조적인 문제에 따른 것"이라며 "제2차 세계대전 이후 세계 평화를 지키기 위해 UN에 의해 만들어진 '굿거버넌스Good Governance' 가 구질서로 여겨지면서, 장차 책임감 있는 리더십이 등장하지 않으면 무정부 상태가 될 것"이라고 경고했다. 이어서 "이제 냉전시대의 국제 질서 관리방법을 대체할 필요가 있다. 과거처럼 전쟁이 아닌 UN 상임이사국이 중심이 돼 신질서를 모색해야 한다"고 주장했다.

마얀코테 켈라스 나라야난Mayankote Kelath Narayanan 전 인도 국가안보보좌관도 "사이버 전쟁 등 과소평가할 수 없는 새로운 위협이 등장하고, 다양한 변화가 가속화되면서 세계 질서가 혼란스러워졌다"며 "전 세계 국가들이 국제사회의 규칙을 따르지 않으면서 2017년에도 분쟁은 해소되지 않을 것"이라고 내다봤다. 그는 특히 아시아가 지정학 분쟁의 중심 지역이 될 것으로 예상했다.

또한 나라야난 전 보좌관은 "중국, 인도, 파키스탄 그리고 한국에 이르기까지 아시아의 군사력 비중이 높아지고 있다. 게다가 북한과 파키스탄 등의 핵무장도 계속될 가능성이 있다"고 지적했다. 이어 "미국의 '아시아 회귀'가 약해지면서 핵우산이 펼쳐지지 않을 수 있고, 러시아의 아시아 회귀라는 새로운 변수가 더해지고 있다"며 "아시아 국가 간 불협화음이 늘어날 것"이라고 우려했다.

다만 그는 인도·파키스탄 간 핵무기 충돌 가능성에 대해서는 "둘은 불필요한 충돌을 관리할 외교 역량이 충분한 나라"라며 "어느 한쪽의 선제공격이 있지 않은 한 충돌 가능성은 없다고 자신 있게 말할 수 있다"고 단언했다.

나라야난 전 보좌관은 2017년에 중국과 러시아의 전략적 관계가 공고해질 것으로 내다봤다. 그 이유로 "러시아는 동아시아에서 중국이 갖는 위치를 인정해주면서, 유라시아에서 자신이 갖는 특별 지위를 중국으로부터 인정받고 싶어 할 것"이라고 말하면서 "그러면 아시아의 작은 나라들은 경제·안보적인 이해에 따라 미국·중국·러시아 중 하나를 택해야 하는 상황에 놓이지 않을까 생각한다"고 덧붙였다. 그러면서 "결국 이해관계에 따라 국가 간 동맹관계가 이뤄질 것"이라고 보았다.

미국 대통령선거가 지정학적 위기에 어떤 영향을 미칠지에 대한 언급도 나왔다. 에드윈 퓰너 헤리티지재단 창립자는 아시아를 화약고로 만들고 있는 북핵과 관련해, "도널드 트럼프 정부는 동북아 핵 확산 문제에 더 잘 대응할 것"이라며 "왜냐하면 기존 질서에 얽매이지 않기 때문"이라고 말했다. 새 질서에 어울리는 미국의 리더로서 도널드 트럼프가 제격이라는 주장이다. 이어서 "현재 미국 공화당은 북한을 대하는 중국 정부의 자세를 납득하지 못하고 있다. 중국이 북한을 통제하는 데 많은 역할을 하도록 압력을 가해야 한다"고 주장했다.

그 밖에 미구엘 모라티노스 전 스페인 외무부 장관은 "새 인물인 안토니우 구테헤스Antònio Guterres 전 포르투갈 총리가 차기 UN 사무총장으로 낙점된 일이 새 국제사회 질서를 만드는 계기가 돼야 한다. 쉽진 않겠지만 새 사무총장에게 새 질서를 구축할 책임을 부여하면 좋을 것 같다"고 제안했다.

북한 붕괴론의 실현 가능성

브루스 커밍스 시카고대학 석좌교수

브루스 커밍스Bruce Cumings는 북한 등 한반도 문제를 오랜 기간 연구한 미국의 대표적인 학자다. 1960년대 평화봉사단의 일원으로 한국을 찾은 뒤로 한국 문제에 관심을 가지고 한국 현대사 연구에 몰두했다. 특히 1981년에 펴낸《한국전쟁의 기원》은 수정주의적 관점에 입각해 한국전쟁을 다룬 대표적인 저서다. 그는 38선 확정의 책임은 물론이고 단독정부 수립에 의한 남북 분단 고착화의 책임이 미국에 있다고 주장해 커다란 관심을 불러일으켰다. 다만 구소련 붕괴로 1990년대 기밀문서가 공개된 뒤 "한국전쟁은 북침이 아니라 남침"이라고 단언했다. 2007년 제1회 후광 김대중 학술상을 수상했고, 현재 시카고대학 역사학과 석좌교수로 활동하고 있다.

"북한 붕괴론이 계속해서 흘러나오는 이유는 세 가지로 해석할 수 있다. 첫째는 꿈을 꾸고 있는 것이고, 둘째는 대북 정책의 부재를 변명하기 위한 것이며, 마지막으로는 북한에 대해서 무지하기 때문이다."

미국 학계 최고의 한국 현대사 전문가로 꼽히는 브루스 커밍스 시카고대학 석좌교수는 인터뷰를 통해 이같이 밝혔다. 커밍스 교수는 "한국은 물론 미국에서조차 북한 붕괴론을 진지하게 논의한 지가 20여 년이 넘는다. 그 결과가 무엇인지는 현 상황을 통해 쉽게 이해할 수 있다"고 전했다. 또한 "베를린장벽이 무너졌던 당시에도 '북한이 조만간 무너질 것이란 기대는 버려야 한다'는 칼럼을 썼다가 한국계인 처가로부터 비난을 받은 적이 있다. 그때도 내 말이 맞았던 것처럼 지금도 북한 붕괴를 기대하는 것은 옳지 않다"고 덧붙였다. 그는 동료 겸 제자인 한국계 우정은 박사와 결혼해 두 자녀를 두고 있다.

북한 정권에 대해서는 "권력 승계가 효율적으로 이뤄졌다"며 안정적 상태라는 평가를 내렸다. "만약 쿠데타 등의 방법으로 현 정권을 밀어내려는 사람이 있다면, 1971년 마오쩌둥에 대항했던 린뱌오 林彪, 국가주석 자리를 두고 다투다 사망함와 같은 결말을 맞이할 것"이라며 "김정은이 정권을 공고화한 것으로 본다"고 밝혔다. 더불어 2013년 장성택 숙청에 대해서는 "전혀 예상치 못한 일이었다. 그의 아버지나 할아버지에게 숙청당했던 인물들은 2년 후 복귀하는 등의 일도 있었는데, 김정은의 숙청은 전혀 다른 방식이었다. 그렇다고 북한 정권이 불안정하다고 생각하지 않는다"고 덧붙였다.

한반도 주변의 긴장감을 극대화시킨 사드에 대해서는 "미국이 남한과 긴밀한 동맹을 이어가기 위해 남한이 중국과 가까워지는 것을 막기 위한 수단일 뿐"이라며 "중국을 자극해 대북 제재 공동 전선을 방해하고 있다"고 평가했다. 덧붙여 "북한의 미사일 공격을 막을 다른 방법도 많으며, 북한 정권은 스스로를 궤멸에 이르게 할 선택을 하지 않을 것"이라고 강조했다.

커밍스 교수는 "북한을 완벽하게 제재하는 것은 불가능하다"고 첨언하기도 했다. 중국이 동참하더라도 수많은 중국 기업이 북한과 거래하는 것을 원천적으로 차단할 수는 없다는 주장이다. "북한의 핵실험 이후 제재에 동참한 중국의 의지는 신뢰할 만하다. 그러나 서해상에 군함을 늘어세워 모든 출입을 통제하지 않는 한 완벽한 제재는 불가능하다. 미·중 관계를 감안하면 당연히 실현될 리가 없는 일이다"라는 의견을 밝혔다.

미·중 양강 구도에 끼어 외교가 난관에 봉착한 한국 상황에 대해서는 "1992년 중국과 수교를 시작한 후 한국이 펼친 균형외교는 상당히 높은 평가를 받을 만하다. 그러나 지금은 조금 어려워진 상황"이라며 "사드를 도입한 현 정권이 중국과 관계를 회복하기는 쉽지 않겠지만, 2017년 대선을 통해 탄생할 정권이 그 역할을 맡을 수 있을 것"이라고 말했다.

커밍스 교수는 미국 대통령선거 결과가 동아시아와 한반도 정세에 끼칠 영향에 대해서는 '트럼프 변수'를 강조했다. 트럼프 집권기 미국의 대북 정책과 관련해 "주한미군과 주일미군의 필요성에 의문을 제기할지, 북한과 직접 대화에 나설 것인지 등을 지켜봐야 할 것이다. 실제로 이런 일들을 벌이는 것은 쉽지 않겠지만, 우리는 지켜봐야 한다"고 했다. 또한 "트럼프는 대통령으로서 전례가 없는 특성을 갖고 있어 쉽지 않은 작업이 되리라 본다"고 밝혔다. 다만 트럼프가 주장하는 동맹국 방위분담 증강론에 대해서는 "실현될 가능성이 없다"고 잘라 말했다. 그는 이와 관련해 "그저 협상의 기술이라고 본다. 한국은 이미 상당한 방위분담금을 내고 있다. 사실 트럼프는 한국과의 방위분담 현황을 잘 알지도 못하고 있을 것이라고 생각한다"고 말했다.

또한 그는 "북한의 미사일은 전쟁 억제용일 뿐"이라며 "이를 막기 위해서는 평화적인 접근방법이 필요하다"고 강조했다. "(남·북한 관계를 회복하기 위해서는) 햇볕 정책이 우선이며 아직까지는 유일한 방법"이라는 것이다. 이에 따라 "김대중·노무현 정권 10년간 남·북한 관계를 돈독히 하기 위한 많은 진전이 있었고, 통일을 위한 김대중 전 대통령의 노선은 옳았다. 관계 회복과 긴장 완화, 상호 이해에 수십 년이 필요할 거라 생각했다"고 덧붙였다.

이란처럼 경제 제재 끝에 핵무기를 포기하게 될 수 있지 않느냐는 질문에는 "이란과 북한은 상황이 완전히 다르다. 이란은 석유 의존도가 높기 때문에 제재조치가 큰 압박을 줬을 것이다. 반면 북한은 수출도 없고 수입도 없는 나라다. 그나마 얼마 안 되는 교역도 대부분 중국과 이뤄지고 있다"고 말했다. 또한 "이란은 직접적 위협이 될 수 있는 이스라엘과 인접해 있다. 이란을 공격해야 한다고 끝없이 주장하는 이스라엘 탓에 이란도 협상무대에 오를 수밖에 없는 상황이었다"고 분석했다.

커밍스 교수는 자신이 외국인으로서 친북, 반한, 반미로 불린 독특한 경험도 소개했다. "박정희·전두환 군사정권 아래서는 지저분한 인신공격까지 이어졌다. 비자조차 발급받지 못할 정도였지만, 1985년 김대중 전 대통령이 귀국하던 당시 그의 안전을 보장하기 위해 동행하며 겨우 비자를 발급받을 수 있었다"고 말했다. 또한 그는 군사정권 아래 금서로 지정됐던 《한국전쟁의 기원》이 수차례 상을 받은 사실을 언급하며 "동료 학자들의 평가, 기록에 의한 평가는 이러했지만 한국 정부는 정치적 이유로 비난만 이어갔다"고 했다.

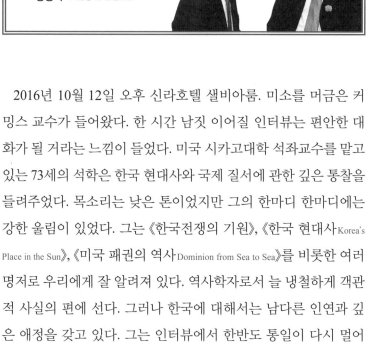

미국은 아시아를
떠나지 않을 것

브루스 커밍스 시카고대학 석좌교수
장경덕 《매일경제》 논설위원

　　2016년 10월 12일 오후 신라호텔 샐비아룸. 미소를 머금은 커밍스 교수가 들어왔다. 한 시간 남짓 이어질 인터뷰는 편안한 대화가 될 거라는 느낌이 들었다. 미국 시카고대학 석좌교수를 맡고 있는 73세의 석학은 한국 현대사와 국제 질서에 관한 깊은 통찰을 들려주었다. 목소리는 낮은 톤이었지만 그의 한마디 한마디에는 강한 울림이 있었다. 그는 《한국전쟁의 기원》,《한국 현대사Korea's Place in the Sun》,《미국 패권의 역사Dominion from Sea to Sea》를 비롯한 여러 명저로 우리에게 잘 알려져 있다. 역사학자로서 늘 냉철하게 객관적 사실의 편에 선다. 그러나 한국에 대해서는 남다른 인연과 깊은 애정을 갖고 있다. 그는 인터뷰에서 한반도 통일이 다시 멀어질 수 있다는 데 대한 안타까움을 숨기지 않았다. 하지만 한국의 미래에는 햇살이 가득할 거라고 믿고 싶어 한다. 오랫동안 가슴에 품었던 질문부터 던졌다.

장경덕 논설위원이하 '장경덕' 내 평생에 통일을 볼 수 있을까? 준비도 없이 통일 대박을 바랄 수 있을까?

브루스 커밍스 석좌교수이하 '커밍스' (커밍스는 한국에 올 때마다 같은 질문을 받았다.) 김대중·노무현 정부 때는 남북 화해 정책이 상당히 빨리 통일을 이끌어낼 수 있겠다고 낙관했다. 이명박·박근혜 정부 때 남북 관계는 다시 냉전시대로 돌아갔다. 지금은 생전에 남북통일을 볼 수 있을지 비관적이다. 독일은 진정한 통일이 얼마나 오래 걸리는지 보여줬다. 북한 사람들은 동독 사람들보다 통일이 되면 훨씬 더 많이 적응해야 할 것이다.

장경덕 북한은 스스로 무너지지 않을까? 흡수 통일은 가능할까?

커밍스 1989년 이후 줄곧 북한 붕괴를 기대해서는 안 된다고 말했다. 내일 아침에 틀리게 될지도 모르지만 지금까지는 맞았다.

장경덕 왜 그런가?

커밍스 미하일 고르바초프Mikhail Gorbachev는 소련이 무너지도록 내버려두었다. 소련의 이데올로기를 포기했기 때문이다. 하지만 북한 지도부는 그럴 생각이 전혀 없다. 그들에게는 지금까지 옹호했던 모든 걸 포기하고 남한에 흡수되는 건 상상할 수도 없는 일이다. 북한 지도부는 끝까지 싸우려 할 것이다.

장경덕 통일을 이루려면 뭘 해야 하나?

커밍스 김대중 전 대통령이 취임하면서 남북 화해와 협력으로 정책을 완전히 바꾸는 걸 보고 충격을 받았다. 또 노무현 전 대통령과 정상회담을 한 김정일이 북한 남서부를 개방하는 데 합의하는 걸 보며 깜짝 놀랐다. 1930년대에 프랭클린 루스벨트Franklin Roosevelt의 미국이 소련과 관계를 정상화할 때 스탈린은 자국민 수백만 명을 죽이고 있었다. 리처드 닉슨Richard Nixon은 문화혁명으로 수백만 명이 죽어가던 중국과 관계를 정상화했다. 미국은 그저 괴이한 독재국가인 북한이 모든 걸 포기하고 사라져주기만 바라고 있다. 이런 상황에서 북한은 결코 변하지 않을 것이다. 조지 W. 부시 전 대통령이 북한을 악의 축으로 몰고 선제공격론으로 위협한 것은 미국 외교에서 최악의 재앙이다. 이라크의 후세인 정권이 무너진 것은 핵무기가 없었기 때문이라고 믿는 북한은 어떤 상황에서도 핵을 포기하지 않을 것이다. 미국 지도자들보다 북한을 더 잘 이해하는 한국 사람들이 긴장 완화와 화해를 주도해야 한다.

장경덕 한국 외교의 딜레마에 관한 질문을 하겠다. 우리는 미국과 동맹을 강화해야 하나? 미국과 중국 사이에서 어떤 균형을 추구해야 하나?

커밍스 미국이 중국보다 훨씬 강력한 힘을 갖고 있고 한국 안보의 중요한 보증인guarantor이므로 한미 동맹 외에 다른 선택지가 없다.

중국도 한국이 미국과의 동맹을 포기할 것이라고 기대하지 않는다. 한미 동맹을 계속 유지하면서 중국을 다루는 데 최선을 다할 수밖에 없다.

장경덕 싱가포르의 한 외교 전문가가 이런 말을 한 적이 있다. "아시아는 중국이 1,000년 후에도 여전히 이 지역에 있으리라는 걸 안다. 하지만 미국이 100년 후에도 이곳에 있을지는 알 수 없다." 그렇다면 우리는 미국이 언제까지 우리 곁을 지킬 것으로 믿을 수 있나?

커밍스 내가 2010년에 《미국 패권의 역사》에도 썼듯이 1850년대 이후 미국은 태평양을 떠난 적이 없으며 앞으로도 세계 경제에서 가장 역동적인 환태평양 지역을 버리지는 않을 것이다.

(인터뷰는 미국 대선이 한 달도 채 남지 않은 시점에 이뤄졌다. 커밍스는 그때까지만 해도 도널드 트럼프가 승리하지 못할 것으로 보고 있었다. 하지만 트럼프가 대통령이 되더라도 미국이 완전한 고립주의로 돌아가지는 못할 것으로 자신했다.)

제2차 세계대전 이전에 엄청난 군사력을 가졌던 독일과 일본이 지금은 군사적으로는 '벌레' 수준이다. 한국과 일본에 그토록 오랫동안 미군이 주둔하고 있는 건 젊은이들에게는 놀라운 일이다. 하지만 이는 현실이다. 미국은 전 세계에 900개 넘는 미군 기지를 두고 있다. '엉클 샘Uncle Sam, 미군을 상징하는 가상인물'이 자본주의 선진국들의 평화를 유지하는 시스템이다. 그중 어느 나라도 완전히 독립적으로 자국을 방어하지 못한다. 어느 나라도 그걸 원하지 않는다.

일본이 완전한 정상 국가가 되겠다는 건 우익을 위한 정치적 수사일 뿐이다. 일본 지도자들은 정말로 스스로 중국과 맞서야 한다면 기절할 것이다.

장경덕 21세기 한국의 태양은 뜨고 있나, 아니면 지고 있나?

커밍스 내가 20년 전에 쓴 《한국 현대사》의 원서 제목은 "Korea's Place in the Sun"이었다. 19세기 독일 문헌에서 따온 문구를 쓰면서 이 제목이 어떻게 받아들여질지 몰랐다. 나는 천 년 전 신라가 세계에서 가장 앞서나간 나라 중 하나였다고 본다. 조선시대에도 빛나는 역사가 있었다. 나는 한국이 다시 세계 역사의 밝은 햇살 아래 오랫동안 차지했던 자리를 되찾기를 바라는 마음으로 이 제목을 달았다. 이 제목은 많은 찬사를 받았다. 나는 한국의 미래를 이 제목보다 잘 표현하기 어렵다고 믿는다.

새로운 단계에 들어선
미국과 사우디아라비아의 관계

투르키 알 파이살 킹파이살센터 소장

투르키 알 파이살은 사우디아라비아 왕자이며, 테러학 최고 권위자 중 한 사람이다. 1977년부터 2001년까지 20년 이상 사우디아라비아 정보국 국장으로 활동했다. 1979년 메카에서 일어난 인질극 진압 작전에 직접 참여할 정도로 테러학에 실전 경험을 갖고 있다. 정보국 국장 재임 당시 청년이었던 오사마 빈 라덴으로 하여금 CIA 주관 아래 미국의 아프가니스탄 내 공작을 주도하게 하기도 했다. 2005년부터 2007년까지 미국 주재 대사로 근무하며 9·11 테러 이후 미국과 사우디아라비아의 국제관계 회복에 앞장섰다. 현재 킹파이살센터 소장이다.

"미국과 사우디아라비아의 관계는 새로운 국면으로 접어들었다. 마치 색깔이 완전히 달라진 것 같다."

2000년대 중반 주미 사우디 대사를 지냈으며 킹파이살센터 소장이자 사우디아라비아 왕자인 투르키 알 파이살은 인터뷰에서 미국과의 관계를 이같이 진단했다. 사우디아라비아는 오랜 기간 미국의 대표적인 중동 지역 동맹국이었지만, 최근 양국 관계는 급속히 냉각되고 있다. 2016년 3월에는 오바마 당시 미국 대통령이 자국 언론과의 인터뷰에서 사우디아라비아를 포함한 일부 동맹국들을 '안보 무임승차자free rider'라 지칭했고, 9월에는 미국 의회가 이른바 '9·11소송법미국인이 사우디아라비아 등 테러 관여 의심 국가를 상대로 소송을 제기할 수 있게 한 법'을 통과시켰다. 파이살 소장은 특히 오바마 대통령의 인터뷰가 보도된 후 '오바마 씨, 우리는 무임승차자가 아닙니다Mr. Obama, we are not free riders'라는 제목의 영문 공개서한으로 무임승차론을 반박하기도 했다.

파이살 소장은 이러한 갈등의 원인을 '여론'에 돌렸다. 미국 내에서 해외 군사작전을 반대하는 목소리가 높아지면서 미국 정부도 동맹국의 방위분담 등을 논하게 됐다는 뜻이다. 그는 "9·11소송법은 국제법을 거스르는 옳지 못한 법이다. 그런데 여론의 압박으로 인해 의회를 통과하게 됐다. 이 같은 미국과의 관계 변화는 사우디아라비아에 분명 큰 과제로 다가오고 있다"고 덧붙였다.

다만 중동 지역의 안정을 위해 미국은 결국 사우디아라비아와 우호 관계를 유지할 것이라 분석했다. 파이살 소장은 "존 케리John Kerry 미국 국무부 장관이 중동 지역에서 활발하게 움직이고 있다.

그의 대다수 활동이 사우디아라비아와 이해관계가 맞아떨어진다. IS 및 각종 테러집단 격퇴, 이스라엘-팔레스타인 분쟁, 시리아 문제 등을 그 예로 들 수 있다"고 강조했다. 양국관계가 극단적으로 나빠질 가능성은 없다는 설명이다. 그는 또 "사우디아라비아가 미국에 엄청난 자금을 투자한 것을 감안하면, 경제적으로도 양국은 떼어놓을 수 없는 관계를 이어갈 것"이라 밝혔다.

한편 파이살 소장은 2017년 개통될 예정인 고속철도를 비롯해 국가 전체를 연결하는 철도망 사업에 대한 기대감도 표시했다. 이는 석유 의존도가 높은 국가 경제구조를 개혁하기 위한 '비전 2030Vision 2030'의 일환으로 진행된 사업이다. 사우디아라비아는 철도망을 통해 북서지방 광산지대에서 생산된 광물을 국토 동쪽 걸프 만의 항구도시들까지 효율적으로 운송한다는 구상을 갖고 있다. 또한 이슬람교의 성지인 메카와 메디나를 잇는 고속철도가 2017년 운행을 시작하면, 매년 250만~300만 명으로 추정되는 이슬람 순례객들의 이동이 한층 편리해질 전망이다. 파이살 소장은 이와 관련해 "영토 내에 두 성지를 갖고 있는 것은 왕국의 축복이다. 동시에 사우디아라비아는 성지를 찾는 신도들을 잘 맞이하고 이슬람의 발전을 이뤄내야 하는 책무를 갖고 있다"고 밝혔다.

파이살 소장이 강조한 또 하나의 개혁 분야는 '인재 개발'이다. 그는 "젊은이들이 직업에 필요한 역량을 갖출 수 있도록 교육 분야에 특별히 신경 쓰고 있다. 이 같은 정책에 힘입어 10년 전만 해도 7~8개 수준이었던 대학교 수가 현재는 40~50개에 달한다. 오늘날 글을 읽을 수 있는 사람의 비율도 95%에 이른다"고 밝혔다.

정부의 해외유학 프로그램도 활발하게 운영돼 한국에만 600여 명의 학생들이 머물고 있는 것으로 전해졌다.

파이살 소장은 또한 "여성의 경제 참여율이 현재 7%에 불과한데, 2030년까지 35%까지 올릴 계획"이라 밝혔다. 덧붙여 "오늘날 사우디아라비아 국민들은 근로하고 싶은 욕구가 강하다. 이런 열망을 반영해 개혁 작업을 펼치면 비록 나는 성과를 보지 못한다 해도 다음 세대에 이르러 꽃을 피울 수 있을 거라고 자신한다"고 밝혔다.

파이살 소장은 또 "정부 소유 사업들을 상당수 민간에 양도할 계획도 있다. 이를 통해 비효율적인 부분이 많이 개선될 것으로 기대한다"고 말했다. 이 외에 친환경에너지, 관광 등의 산업에도 관심을 표했다. 파이살 소장은 "친환경에너지를 개발하는 것도 전통적인 자원 강국으로서 사우디아라비아가 관심 갖는 부분이다. 태양광, 풍력 등이 해당한다"고 덧붙였다.

한편 북핵 위기가 고조되는 것에 대해서는 우려를 표했다. "북한은 아주 심각한 위기를 불러일으키고 있다. 한국뿐만 아니라 전 세계를 자극하는 일이다. 사우디아라비아는 한국의 전통적 우방으로서 북한 문제를 해결하기 위해 공동의 노력을 기울일 준비가 돼 있다"고 전했다.

유가에 대해서는 "석유수출국기구OPEC가 결국에는 감산 합의에 이를 것으로 본다. 유가는 점차 상승할 것"이라고 기대했다.

또한 파이살 소장은 "나 역시 브랜드를 밝힐 수는 없지만 한국 차를 타고 있다"며 한국과 사우디아라비아 간 관계가 점차 돈독해

지고 있음을 강조했다. "양국은 1960년대부터 상호간 주요한 교역대상국이었다. 많은 사우디아라비아 사업가들이 한국에 투자했고, 한국 기업들은 사우디아라비아 개발에 뛰어들었다. 이런 관계가 잘 발전돼왔고 앞으로도 이어질 것이라 믿는다"라고 말했다.

중남미 정치개혁 선두주자
코스타리카의 도전

루이스 기예르모 솔리스 코스타리카 대통령

2014년 코스타리카 대선에서 승리해 60여 년 우파 정권을 종식시킨 현직 대통령이다. 중도좌파 시민행동당PAC 소속이다. 코스타리카는 '중남미의 스위스'로 불리는 영세 중립국으로서 다른 중남미 국가와는 달리 안정된 민주주의 체제를 유지하고 있다. 부패 척결, 경제 성장과 빈부 격차 해소를 내걸고 당선된 솔리스 대통령은 권위주의를 타파하는 행보로 국민들의 지지를 받고 있다.

1981~1987년 코스타리카대학 교수로 근무했으며 1983~1985년 미시간대학에서 풀브라이트 연구원을 지냈다. 1958년 코스타리카 산호세 출생으로 코스타리카대학 역사학과를 졸업하고 미국 뉴올리언스 투레인대학에서 라틴아메리카 연구로 석사학위를 받았다.

군대가 없는 나라, 국토 4분의 1이 국립공원이며, 전력의 98%를 수력발전으로 생산하는 나라…….

루이스 기예르모 솔리스Luis Guillermo Solís Rivera 코스타리카 대통령은 세계지식포럼 특별세션에서 "우리는 세계 최강국은 아니지만 '다른' 방법으로 살아갈 수 있다는 사실을 세계에 보여주고 있다. 지구 자원을 지혜롭게 사용해서 평화와 이해를 바탕으로 한 사회를 만드는 것이 우리가 해야 할 일"이라고 강조했다. 특별세션에 참석한 황교안 국무총리는 "지금 세계에 가장 필요한 것은 '혁신'이 아닐까 생각한다. 이번 포럼 참석자들의 지혜와 경륜으로 인류가 더 큰 번영의 길로 함께 나아가는 대혁신의 다양한 방법들을 모색해줄 것으로 기대한다"고 축사를 밝혔는데, 이와 상통하는 맥락이었다.

한국을 공식 방문해 2016년 10월 12일 박근혜 대통령과 정상회담을 가진 솔리스 대통령은 바쁜 비즈니스 외교 일정을 쪼개 아시아 최대의 지식축제인 세계지식포럼을 찾았다. 이번 방한 중에 고려대학교에서 코스타리카뿐 아니라 중앙아메리카의 안정과 평화 정착에 기여하고 전 세계인들이 희망하는 인류 보편적 가치를 추구해온 공로로 명예 정치학 박사학위를 받아 의미를 더했다.

60여 년 동안 지속됐던 우파 정권에서 중도좌파 정부로 첫 정권교체를 만들어낸 솔리스 대통령은 2014년 취임 이후에 각급 관공서에서 대통령 사진을 떼도록 지시하는 등 탈권위주의 노선을 택하며 새바람을 일으키고 있다. 그는 동성 커플의 결혼 법제화에 열성적인 찬성 입장을 보이는 진보적 인권 옹호론자로, 대통령궁에 동성애자 인권을 상징하는 무지개 깃발을 내걸어 눈길을 끌기도 했다.

솔리스 대통령이 참석한 세션은 이른 아침에 열렸다. 그럼에도 코스타리카가 보여주는 '지속가능한 지식경제'의 길을 살펴보려는 청중들이 몰리며 성황을 이뤘다. 솔리스 대통령은 "혁신과 지식을 통해 발전을 추구하는 중요한 주제를 논의할 수 있는 대화와 토론의 장을 마련해줘서 감사하다"고 인사하며 운을 뗐다.

그는 역사학 교수 출신답게 지식 기반 경제를 지향하는 과정에서 일관되게 추진했던 '교육 중시' 정책을 강조했다. 또 "코스타리카는 공화국을 성립하기 10년 전인 1838년에 첫 번째 여학교를 설립했을 정도로 공교육에 적극적인 투자를 하고 있고 GDP의 8%를 공교육에 투자하도록 명시했다"고 밝혔다.

또한 솔리스 대통령은 교육을 단지 인적자원을 육성하기 위한 도구가 아니라, 국민들로 하여금 변화하는 환경에 적응하게 하고 그들에게 지식과 창의력을 제공해 일자리를 찾도록 해주는 사회 안전망으로서 주목했다. 이어서 "국민들이 지식과 기술을 갖추고 있지 않다면 수백만 명이 뒤처지고 나아가 사회 불안 요소로 전락할 것"이라며 "소득 격차를 줄이고 여성의 경제 참여를 늘리는 것이 포용적 성장의 과제"라고 역설했다.

특히 자국이 군대가 아닌 UN 등 다자 체제를 통해 국가 안전을 보장받고 있는 현실에 대해서도 언급하며 각국이 국방 예산을 줄여야 한다고 말해 눈길을 끌었다. 그는 "각국이 군비를 줄이고 국제 다자 기구들로 하여금 세계 평화와 안전 보장에 대한 책임을 지도록 해야 한다"는 견해를 밝혔다.

현재 세계적으로 불고 있는 이른바 탈세계화 바람에 대한 견해를 묻는 질문에 대해서는 "세계화는 '사실'이지만 신자유주의는 '선택'의 문제"라고 답변했다. 자신의 정치적 정체성을 '사회민주주의'라고 밝힌 그는 "세계화에 대해 생각한다고 해서 모두가 신자유주의자가 될 필요는 없다. 시장은 아주 좋은 신하가 될 수 있지만 악랄한 주인도 될 수 있다"며 세계화의 명암을 선별적으로 취하겠다는 입장을 보였다. 동시에 "나는 한국과의 FTA를 적극 지지하고 해외 투자자들에게도 최고의 인센티브를 제공할 것"이라고 말했다.

한편 솔리스 대통령은 특별세션 연설 이후에 이뤄진 인터뷰를 통해 한국과 무역 규모를 확대하고 더 많은 민주주의적 가치를 공유하길 희망했다. "한국은 기술과 과학, 경제 성장이 어떻게 인간에게 혜택을 주는지 살펴볼 수 있는 좋은 예"라고도 말했다. 이어서 코스타리카가 파나마 운하와 해저 광케이블 등으로 동서남북을 연결하는 다리 역할을 하고 있다며 "한·중미_{한국과 중미 6개국} FTA를 통해 코스타리카의 네 번째 아시아 교역 파트너가 된 한국이 FTA로 교역량이 몇 배나 늘어나 대단한 기회를 창출할 것"이라고 설명했다. 또 "수개월 내에 FTA를 타결해서 한국과의 격상된 관계에 걸맞은 교류와 협력을 이어나가고 싶다"고 밝혔다.

솔리스 대통령은 자신이 코스타리카에서 진두지휘하고 있는 탈권위적 정치 실험과 리더십론論에 대한 의견도 밝혔다. "우리는 탈권위주의를 넘어서 매우 투명한 정책을 펼치려 하고 있다"며 "코스타리카는 오랜 기간 매우 심각한 정치적 부패를 겪어와 이를 혁파하기 위해 열린 정부에 대한 새로운 논리와 방법을 도입하려는 것"이라고 말했다.

특히 그는 세계적으로 불확실성이 높아지고 있는 상황에서 '강력한 리더십'을 강조했다. 신新고립주의적 성향을 가진 정치인들이 세계 곳곳에서 주목을 받는 것에 대해 "다자주의가 계속해 국제관계에서 근본적인 축이 될 수 있도록 할 수 있는 강력한 리더십이 필요하다. 나는 UN이 더 많은 역할을 하길 바라고 다른 측면에서 지역이 하나의 (정치, 경제) 블록으로 통합되는 것이 국제관계에 도움이 될 것이라고 생각한다"고 덧붙였다.

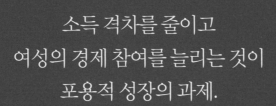

소득 격차를 줄이고
여성의 경제 참여를 늘리는 것이
포용적 성장의 과제.

– 루이스 기예르모 솔리스 (코스타리카 대통령)

GREAT

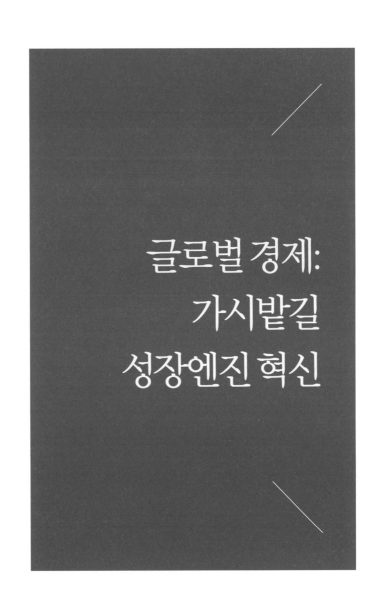

글로벌 경제:
가시밭길
성장엔진 혁신

INSTAURATION

새장에 갇힌
독수리(미국)의 생존법

존 테일러 스탠퍼드대학 교수

　존 테일러John Brian Taylor 스탠퍼드대학 교수는 통화이론 분야의 대가다. 중앙은행이 기준금리를 결정할 때 경제 성장률과 물가 상승률에 맞춰 적정 수준을 정하도록 하는 테일러준칙Taylor's rule을 고안했고《블룸버그마켓Bloomberg Market》지를 통해 세계에서 가장 영향력 있는 사상가로 선정된 바 있다. 1946년생으로 프린스턴대학을 졸업하고 스탠퍼드대학에서 경제학 박사학위를 받았다. 현재 스탠퍼드대학 경제학과 교수, 후버연구소Hoover Institution 선임연구원을 맡고 있으며 미국 재무부 차관2001~2005년을 역임했다.

인류는 1980년대 같은 경제 대호황기를 다시 맞이할 수 있을까? 아니면 저성장, 저소비, 저투자를 가리키는 뉴노멀New Normal시대를 영원히 받아들여 이에 걸맞은 삶을 살아야 하는 것일까?

세계은행이 2016년 6월 발표한 2017년도 글로벌 성장률 전망치는 2.8%다. 2016년 1월에 전망할 때는 3.1%였지만 6월에는 이 전망치를 0.3%포인트 하향 조정했다. 세계 성장률은 갈수록 낮아지고 있다.

경제 현상 진단과 회복 방안을 놓고 석학들의 논쟁이 뜨겁다. 노벨경제학상 수상자로 케인스주의자Keynesian의 대표인 폴 크루그먼Paul Krugman 뉴욕시립대학 교수는 오늘날 경제를 구조적 장기침체secular stagnation로 진단했다. 전 세계 경제가 성숙 단계에 진입하면서 일반적인 정책으로는 수요 창출이 어렵기 때문에 대규모 경기부양 정책을 통해 성장률을 높이자는 제언이다.

하지만 통화 정책 운용의 지침인 '테일러준칙'을 창시한 세계적 석학 존 테일러 스탠퍼드대학 교수는 이 같은 진단과 해법을 정면으로 반박한다. 왜 그는 케인스주의자의 주장에 찬성하지 않는 것일까?

인터뷰와 세션 '테일러준칙: 글로벌 금리 향방'을 통해 테일러 교수에게 세계 경제가 나가야 할 방향을 물었다. 그는 트럼프 정부에서 경제 정책의 핵심을 담당하는 인사로 지목된다.

테일러 교수는 세션에서 지도 한 장을 들어 보였다. 국제통화기금IMF이 전망한 2016년 글로벌 성장률이다. 회색이 칠해져 있는 국가는 성장률이 0~3%인 국가이고, 파란색은 3~10%인 국가다.

IMF가 전망한 2016년 GDP 연성장률

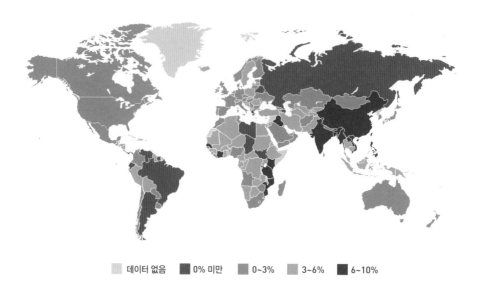

데이터 없음　　0% 미만　　0~3%　　3~6%　　6~10%

2016년 글로벌 성장률 평균치는 약 3% 수준. 이에 대해 테일러 교수는 "지도에서 색깔이 다른 것은 개도국이냐 선진국이냐와 같이 경제 규모 때문에 그런 것은 아니다. 한국, 미국, 일본, 유럽 모두 0~3%에 있지 않느냐"고 반문했다.

　그는 또 한 장의 사진을 손가락으로 가리켰다. 사진은 새장 안에 독수리가 갇혀 있는 모습이다. 여기서 잠깐. 새장의 영어 발음게이지cage 과 케인스주의자의 영어 발음게인지언Keynesian은 운율이 비슷하다. 독수리는 미국을 상징한다. 테일러 교수는 《이코노미스트The Economist》지의 표지에 사진 한 장이 실렸는데 거북이에게 채찍질을 하는 미국인이었다. 아무리 거북이느린 경제 성장률에 채찍질을 해도 달라지지 않는다고 누군가는 주장하지만 나는 달리 생각한다"고 선을 그었다. 그러면서 "우리는 새장 안에 갇혀 있는 독수리를 날려줄 수 있다"고 강조했다. 케인스주의자 때문에 세계 경제가 실패했다고 우회적으로 비판한 것이다.

테일러 교수는 미국의 사례를 들어 케인스주의자의 주장을 조목조목 반박했다.

우선 경기부양책의 효과다. 1882년부터 지금껏 발발한 금융 위기와 그 극복 과정을 살펴보면, 위기 직후 2년간 경기 반등기에서는 연평균 6%에 달하는 성장률이 나타났지만 2008년 글로벌 금융 위기 직후에는 2%에 그쳤다. 또 미국 기준금리는 1950~1990년 연평균 4%대에 달했지만 1995년 이후 지금까지 연평균 2%대로 떨어졌다. 기준금리 인하를 통해 수요 진작을 했지만 성과는 없었다는 설명이다.

또 다른 예도 들었다. 고용지표다. 미국의 인구 대비 경제활동인구 비중은 2000년 67%에서 현재 62.5%로 하락했다. 당시 미국 정부는 현재 65.5%로 하락할 것으로 전망했는데 3%포인트나 격차가 있는 것이다. 돈을 풀었어도 고용 여건은 개선이 안 됐다는 뜻이다.

테일러 교수는 소비 촉진도 안 됐다고 힘줘 말했다. "금융 위기를 전후해 케인스주의자들은 가계가 소비를 안 하고 저축을 하기 때문에 경제가 활성화되지 않고 있다고 진단했다. 하지만 위기 이후 돈을 풀어 저축률을 1980년대보다 떨어뜨렸는데도 현재 소비가 살아났느냐"고 반문했다. 성장, 고용, 소비 어떤 면에서도 경기부양 정책의 약발이 먹히지 않았다는 비판이다.

테일러 교수는 미국이 실시한 양적 완화가 '나비 효과'를 초래했다고 날선 비판을 했다. 양적 완화는 기준금리가 제로에 도달한 직후 추가 경기부양을 위해 중앙은행이 시중에 유동성을 주입하는 방식이다. 테일러 교수의 설명에 따르면 양적 완화 정책은 금융위기 직후 한시적으로만 실시했어야 했다. 미국은 2008~2009년에 1차 양적 완화를 실시했고 이어 2010년 2차, 2012년 이후 3차를 실시했다.

2~3차 양적 완화는 '악순환'의 원인이 됐다는 지적이다. 그 과정은 이렇다. 2008년 금융 위기 극복 이후 미국이 양적 완화를 지속하자 유로존이 한 술 더 떠 동참했다. 그 여파로 일본 엔화만 매력이 높아졌고 달러당 엔화값은 2006년 120엔대에서 2010년 70엔대까지 치솟았다. 발등에 불이 떨어진 아베 정부도 돈 풀기에 뛰어들어 달러당 엔화값을 다시 120엔대까지 끌어내렸다. 그 결과는 어땠을까. 테일러 교수는 "미국, 유로존, 일본 등 핵심 경제 축이 돈 풀기에 나서면서 자국 화폐가치를 떨어뜨리자 전 세계 중앙은행들도 수출을 걱정해 기준금리를 인하할 수밖에 없었다. 오히려 돈이 풀려도 경제는 살아나지 않는 유동성 함정이 초래됐다"고 강조했다.

그렇다면 경제를 반등시키는 방법은 무엇일까? 자유주의 경제학자답게 테일러 교수는 개혁만이 정답이라고 설명했다.

구체적으로 그는 ① 통화·재정 정책을 안정적이고 예측 가능하게 수행하고 ② 부정부패 없이 법 원칙을 준수하며 ③ 시장 메커니즘을 작동시키고 ④ 사회적 신뢰도를 높이며 ⑤ 민간이 잘하는 영역에는 정부가 개입하지 않는 등 이른바 '경제적 자유를 위한 5대 원칙'을 실현할 것을 제안했다.

테일러 교수는 5대 원칙은 시대별로 국민의 요구에 따라 '진자'처럼 흔들린다고 설명했다. 1960~1970년대는 원칙에서 거리가 먼 시대였고 1980~1990년대는 원칙이 강조된 시대라는 것이다. 하지만 자유경제 원칙이 되돌아올 시점인데 그렇지 못하고 있다고 말했다. 이것이 진짜 경제 위기라는 설명이다.

참고로 1981~1989년은 공화당의 영웅 로널드 레이건Ronald Reagan 대통령 집권기였고, 테일러 교수는 조지 W. 부시 대통령 정부 시절 미국 재무부 차관2001~2005년을 역임했다. 공화당원들은 레이건 시대를 황금시대Golden Age로 기억한다. 실제로 레이거노믹스Reaganomics는 성공적 경제 운영책이긴 했다. 실업률은 7.5%에서 5.4%로 낮아졌고 성장률은 평균 3.4%에서 최대 8.6%에 달했다. 레이건은 수요 촉진보다는 대규모 조세 감면 정책 등을 통한 자유시장 경제 정책을 썼다.

테일러 교수는 우선 정부 예산을 정상으로 돌리자고 강조했다. "미국의 GDP 대비 국가 부채가 100%를 넘었는데 현재 속도라면 2050년 500%를 돌파할 것으로 전망된다. 이런 경제는 지속가능하지 않다"고 지적했다. 또 그는 "재정확대 정책을 실증 분석하면, 2008~2010년 경기부양책이 단행됐지만 효과는 미미했다. 김진일 고려대학교 교수가 연구한 것인데, 부채를 줄이는 디레버리징deleveraging을 할 때 오히려 단기적·장기적으로 효과적이었다"고 말했다. 통화 정책도 원래대로 되돌려야 한다고 강조했다. 그는 "사람들은 금리가 낮을수록 경제가 좋아진다고 착각한다. 하지만 낮은 기준금리는 채권 금리를 떨어뜨려 연금소득자 등 노령층의 소득을 갉아먹고 결국 사회적 비용으로 되돌아올 것이다"고 경고했다. 지나친 저금리는 축배가 아닌 독배라는 지적이다. 구체적으로는 미국의 경우 1960년대와 1980년대 물가 상승률이 같은 4%대였지만, 기준금리는 각각 4.8%, 9.7%로 크게 달랐다. 성장 지표를 보면 경제는 1960년대보다 1980년대가 좋았다는 것이 그의 주장이다.

대신 5대 원칙에 따라 4대 개혁을 실시하면 고성장이 도래하는 시기를 앞당길 수 있다고 거듭 강조했다. 부채 개혁budget reform, 규제 개혁regulatory reform, 통화 개혁monetary reform, 조세 개혁tax reform이 그 해법이라는 것이다. 그는 "규제 정책을 담당하는 연방 공무원 수는 2008년 18만 명에서 2016년에는 23만 명까지 늘었다"고 지적했다. 그러면서 "규제 개혁에 대한 저항이 강하다면 단기적으로는 조세 개혁을 통해 기업 투자 유인을 확대하는 것이 방법이 될 수 있다"고 강조했다.

대표적 성공 사례로는 중국의 개혁개방 정책과 FTA 등을 꼽았다. 그는 "중국이 현재 글로벌 강국으로 부상한 것은 경기부양 정책 때문인지 생각해봐야 한다. 구조개혁을 하고 개혁개방을 펼쳤기 때문에 가능했던 것 아니냐"고 반문했다. 또 FTA를 통해 경제 영토를 넓힌 한국도 대표적 개혁 사례로 꼽았다.

불황기에는 개혁이 쉽지 않고 호경기 때나 가능한 것 아니냐는 질문에는 "민주주의 아래서는 국민들이 어떤 선택이든 할 수 있다. 역대 정책을 봐도 경제 상황이 안 좋았을 때 개혁을 했다"고 말했다.

아울러 그는 개혁이 고통스럽다는 인식은 잘못됐다고 강조했다. "개혁에 대한 회의주의는 경제 성장에 걸림돌이 되는 위험 요소다. 너무 늦었다는 생각도 잘못됐다. 오히려 개혁이 성장에 보탬이 되고 국민들의 삶의 질에 보탬이 된다고 설득하는 것이 맞다." 포퓰리즘에 맞설 것을 강조하는 이유가 바로 여기에 있다. 그는 "경제학자의 정책 효과가 느려지면 이는 정치인들의 악몽으로 바뀐다는 말이 있다. 그만큼 단기 정책에 매몰되지 않을 리더십이 중요하다"고 말했다.

테일러 교수는 테일러준칙의 창시자답게 중앙은행들이 테일러준칙에 맞게 움직일 것을 강조했다. 1980~1990년대 미국을 비롯한 다른 나라들에서 적용됐던 것처럼 오늘날에도 유효하다는 것이 그의 철학이다. 테일러준칙이 지켜졌을 때 오히려 글로벌 경제가 더 잘 작동됐다고 그는 보고 있다.

이에 "일부에서는 미국의 적정금리가 3%_{현재 0.25%}여야 한다는 주장이 있다. 테일러준칙은 2010년 이후 기준금리를 인상하라고 제안하고 있다"고 말했다. 또 그는 한국의 적정 기준금리에 대해선 "경제 성장률과 물가 상승률을 고려한 테일러준칙으로 보니 1.8%가 적정하다. 기준금리 1.25%는 낮은 수준이다"고 총평했다.

로버트 배로가 보는
경제 회복의 길

로버트 배로 하버드대학 교수

로버트 루카스Robert Lucas, 토머스 사전트Thomas Sargent와 함께 신고전주의 거시경제학의 창시자로 꼽힌다. 87개국의 경제학자들이 협업해 만든 경제학 전문 웹사이트인 RePECResearch Papers in Economics이 선정한 '가장 영향력 있는 경제학자' 5위로 선정됐다. 1974년에 집필한 논문 〈정부 채권은 순자산인가?〉에서 노벨경제학상 수상자 로버트 솔로Robert Merton Solow의 주장을 정면으로 반박하며 세계적인 주목을 받았다. 현재 이 논문은 거시경제학 논문 중 공식적으로 가장 많이 인용되는 논문이다. 그는 매년 노벨경제학상 수상자 후보로 거론된다. 현재 스탠퍼드대학 후버연구소의 선임연구원이자 뉴욕 연방준비은행 고문으로도 활동하고 있다.

로버트 배로 하버드대학 교수는 인터뷰에서 한국 정부가 추진 중인 조선·해운·철강 구조조정 방향성을 긍정적으로 평가했다. 고부가가치 부문에 제조업 투자 역량을 집중해 노동생산성을 끌어올리는 데 주력해야 한다면서 한국의 경제 문제에 해법이 될 만한 단초를 제시했다.

배로 교수는 2016년 한국에서 진행 중인 철강·조선·해운·석유화학 등 구조조정 정책을 평가해 달라는 질문에 대해 "경제 회복을 위해서는 생산성 회복이 중요하다. 사양 산업에 대한 지원보다는 하이테크서비스, 의료, 금융, 제조업 부가가치 등 경쟁력을 높일 수 있는 방향으로 정책 지원이 집중돼야 한다"고 역설했다.

또한 "제조업 기반이 불가피하게 이동하고 있다면 재정 여력을 경제력을 높일 수 있는 방향으로 선택적으로 활용해야 한다. 현재 세계 경제의 최대 문제는 생산성이 개선되고 있지 않다는 데 있다"고 진단했다.

경제 성장과 관련해서는 한국이 과거에 가졌던 고성장에 대한 눈높이를 점진적으로 낮춰야 한다고 조언했다. "한국은 그동안 놀라운 성장을 거듭하며 일본만큼이나 경제 규모가 커졌다. 이는 20년 전에는 상상할 수 없던 수준"이라고 평가했다. 그러나 "앞으로 연간 3% 안팎의 성장이 그리 나쁘지는 않다는 점을 한국이 인식할 필요가 있다"고 지적했다.

한국이 채택해야 할 적절한 통화 정책을 묻는 질문에 대해서는 "한국이 비정상적인 저금리 정책에서 벗어나 규제 완화, 기업투자 활성화 등 생산성을 높일 수 있는 구조개혁에 나서야 한다. 오히려 한국이 미국에 앞서 금리 인상에 나서는 상황이 전개되어도 좋을 것"이라고 말해 눈길을 끌었다. 덧붙여서 "현실적으로 작은 경제가 먼저 금리를 올리기 쉽지 않다는 것을 알고 있지만 일종의 제안으로 검토해볼 수는 있을 것으로 생각한다"고 말했다.

향후 한국 경제를 살리기 위한 한 축으로는 FTA 등 교역 활성화를 손꼽았다. 한국이 추가적으로 FTA 문호를 더 넓혀야 하는지를 묻자 배로 교수는 "물론이다"고 단언했다. 더불어서 "한국이 자유무역을 통해 성장해야 영향력을 키워갈 수 있다. 성장 과정에서 왕성한 교역을 넓혀가는 게 중요하다"고 말했다.

그는 "미국 대선에서 표출된 보호무역주의protectionism 공약은 진심이 아니다"라고 선을 그었다. 동시에 "한미 FTA 반대 등 선거 국면에서 나타난 발언은 표심을 의식할 수밖에 없기 때문에 나타난 포퓰리즘 현상이다. 미국 경제 현안인 노동생산성을 끌어올리기 위해서도 자유무역은 필요하다"고 역설했다.

덧붙여서 "무역 개방 시 제품 가격이 내려가고, 중간재 수출 등 이익을 보는 주체가 분명히 있다. 하지만 당장 일자리를 잃는 현상이 눈에 더 잘 띄고, 또 이들의 정치적 목소리가 커진 상태"라며 "장기적으로는 자유무역주의가 모든 경제 주체들에게 혜택을 주는 정책이라는 점을 미국이 깨닫게 될 것"이라고 말했다.

세계 경제 문제와 관련해서는 자유주의 경제학의 거두답게 재정 정책과 통화 정책만으로는 경제를 살릴 수 없다고 봤다. 정부 규제와 간섭을 최소화해 시장이 자생적으로 살아날 수 있는 환경을 먼저 조성하는 게 중요하다는 얘기다.

배로 교수는 "미국은 2009년 글로벌 금융 위기 이후 GDP 성장이 거의 없었는데 위기 이후 연평균 고용 증가율은 1.7%로 상당히 높다. 고용은 늘었는데 GDP는 정체됐다는 것은 결국 생산성이 아주 저조하다는 뜻"이라고 총평했다.

미국 제로금리 정책과 관련해서도 "미국 중앙은행이 2008~2009년 금융 위기 이후 저금리 정책을 고수했던 것은 실수였다. 미국은 제로금리에서 점진적으로 3~4%대까지 명목금리를 높여야 한다"고 말했다. 특히 금융 위기 이후 연방준비제도의 저금리 정책에 대해 "인위적으로 신흥시장을 망치고, 경제가 정상 상황으로 돌아오는 것을 막고 있는 조치"라고 혹평했다.

배로 교수는 현재 세계 경제의 최대 문제로는 재정·통화 정책 부재가 아니라 노동생산성이 회복되지 않고 있다는 점을 손꼽았다. 이에 대한 해법으로는 규제 완화, 조세제도 개혁, 기업가정신 회복 등 전통적인 구조개혁을 들고 나왔다. 동시에 "재산권, 자유무역, 노동시장 등 시장 활동에 대한 비효율적 규제의 완화, 사회기반시설infrastructure에 대한 투자, 교육·보건·제조 등 친시장적 정책이 경제 성장을 촉진시킨다. 미국 중앙은행의 (제로금리) 정책이 경기 안정에 기여했는지는 논란의 여지가 있지만 생산성 확대에는 확실히 도움이 안 됐다"고 진단했다.

배로 교수는 이 같은 논법은 한국은행 금리 정책에도 똑같이 적용된다고 분석했다. "향후 한국은행이 기준금리를 낮춰야 할지 여부를 논의한다고 들었는데, 중요한 것은 금리를 낮추는 게 생산성에는 도움이 안 된다는 점"이라고 지적했다.

성장엔진 회복을
위한 8가지 정책

로버트 배로
하버드대학 교수

배로 교수는 세계 경제가 저성장 국면에 접어든 가장 큰 원인을
'노동생산성 하락'으로 꼽았다. 인터뷰에서 "세계 경제가 새로운
성장엔진을 모색하는 방법을 생산성 향상에서 출발해야 한다"고
강조했다. 반면 재정·통화 정책을 통해 수요를 진작시켜 성장률을
단기적으로 끌어올리는 것은 바람직하지 않다고 지적했다.

그는 특히 각국 정부가 규제 완화와 재산권 보호, 자유무역 확대
등 시장친화적인 정책을 펴는 것이 저성장 국면을 탈출하는 필수
요건이라고 주장했다. 그가 제시하는 성장엔진 회복을 위한 8가
지 정책은 다음과 같다.

다음은 로버트 배로 교수와 나눈 일문일답이다.

Q. 미국을 포함한 세계 경제가 저성장 국면에 접어들었나?

그렇다. 미국 경제의 1인당 평균성장률은 1%대에 불과하다. 이는 역사적으로 정체 국면인 1870년대와 1930년대를 제외하면 가장 낮다. 2009년 이후 미국 경제의 특징은 고용증가율이 연평균 1.7%로, 성장률을 감안하면 매우 높다는 것이다. 2009년 이후 미국 경제는 '고용 없는 회복'이 아니라 '고용 있는 저성장'이라고 요약할 수 있다. 이런 현상이 발생하는 가장 중요한 이유는 노동생산성이 떨어졌기 때문이다. 근로자 1인당 GDP 증가율은 2009~2015년 0.4%로 1999~2009년의 1.9%에 비해 매우 낮다. 이런 점이 미국을 포함한 세계 경제를 저성장 국면으로 이끄는 주요 원인이다.

Q. 세계 경제의 새로운 성장엔진은 무엇인가?

세계 각국이 노동생산성을 향상시키는 것이 새로운 성장엔진이 될 것이다. 통화 정책이나 재정 정책 등 수요를 진작시키는 정책보다는 성장에 기여하는 핵심 요소들의 능력을 향상시키는 것이 중요하다. 경기회복을 비즈니스사이클 측면에서 볼 것이 아니라 구조적인 능력을 향상시키는 쪽에 초점을 맞춰야 한다.

Q. 저성장 국면에서 탈출하기 위한 경제 정책은 무엇인가?

구체적으로 8가지 정책을 제시한다. 자본주의 경제 규칙과 재산권 보호를 강화하고 자유무역을 확대해야 한다. 다음으로 시장경제를 옥죄는 불필요한 규제를 완화하거나 없애야 한다. 사회의 사회기반시설을 강화하고 교육과 건강 분야와 관련해 더욱 효율적이고 강력한 제도를 만들어야 한다. 각국은 재정관리를 한층 강화해야 한다. GDP 대비 적자폭을 급속히 늘리는 것은 바람직하지 않다. 효율적인 조세제도를 도입해야 하고 물가 상승률이 완만히 진행될 수 있도록 통화 정책을 펴야 한다. 이 같은 시장친화적인 정책은 성장과 밀접한 관련이 있다. 이런 정책들은 세계 모든 나라들의 성장엔진을 회복하는 데 도움이 될 것이다. 미국은 지난 2007년 이후 확장적 통화 정책을 펴고 사회안전망에 대한 지출을 계속 늘려왔지만, 이런 정책들이 성장과 관련이 있다는 지표는 발견할 수 없다.

Q. 미국의 적정 성장률은?

장기 GDP 성장률인 2% 수준은 유지할 수 있을 것으로 본다. 이 정도의 성장률을 유지하기 위해서는 앞에서 열거한 구체적인 정책들이 시행돼야 한다. 최근 미국 대통령선거 과정에서 후보들이 주장하는 최저임금 인상, 이민 제한, 보호무역 확대 등의 정책은 성장에 해가 된다.

Q. 미국의 금리 인상과 일본의 양적 완화 등 세계 경제의 불균형이 커지고 있다.

각국의 통화 정책은 성장의 관점에서 볼 때 부수적인 문제다. 초저금리는 민간의 투자 수익률을 낮춘다는 점에서 바람직하지 않다. 제로금리와 확장적 통화 정책의 기조는 수정될 필요가 있다. 이 같은 통화 정책의 문제는 성장에 본질적으로 기여하지 않는다는 점이다. 공급 측면에서 근로자들의 생산성을 높이는 게 근본적인 해법이다.

Q. 중국 경제에 대한 향후 전망은?

중국의 1인당 GDP 증가율은 1970년대 후반부터 고성장을 거듭해왔다. 특히 1990년대 이후에는 연간 성장률이 8%를 웃돌았다. 이 정도의 성장률은 거시경제 예측 모델이 예측한 바를 크게 웃도는 놀라운 일이었다. 2015년까지 중국 경제는 성공적이었다. 하지만 미래는 지금까지와 다를 것이다. 중국의 1인당 GDP 증가율은 3~4% 정도를 기록할 것으로 보고 있다. 중국이 앞으로도 종전과 같은 성장률을 기록할 것이라고 전망하는 것은 비현실적이다. 하지만 3~4%대의 성장률이 나쁜 것은 아니다. 중국 정부는 현재 상태를 명확히 진단하고 3~4%대의 성장률을 기록하는 것도 대단한 성과라는 인식을 가져야 한다.

Q. 영국의 브렉시트와 미국의 보호무역주의가 세계 경제에 미칠 영향은?

보호무역주의가 확산되면 세계 경제에 매우 부정적인 영향을 미칠 것이다. 다만 브렉시트로 자유무역이 퇴보할 것이라는 예측에는 동의하지 않는다. 영국은 EU나 미국과의 협상을 통해 자유무역을 확대하는 기조를 유지해나갈 것이다. 또 영국은 시장친화적인 정책을 펴나갈 것이다. 이런 과정을 통해 브렉시트는 오히려 세계 경제의 성장에 기여할 수 있다. 반면 EU와 같은 거대 경제공동체들은 과도한 원조와 규제 강화 등으로 오히려 사회주의적인 정책을 펼 가능성이 있다. 결론적으로 영국이 다른 EU 국가들보다 시장친화적인 정책을 펼 것으로 본다.

Q. 개도국과 선진국 간의 차이가 커지고 있다. 어떻게 보나?

1970년 이후 세계 경제가 발전하면서 많은 빈곤 문제를 해결했다. 특히 중국, 인도, 인도네시아 등의 국가들에서 수많은 사람들이 빈곤에서 탈출하면서 전 세계적으로 복지도 향상됐다. 빈곤 문제는 사하라 사막 이하의 아프리카 국가들에 집중된다. 칠레, 한국, 말레이시아, 폴란드 등의 경제발전으로 부자와 가난한 나라 간의 격차는 축소됐다. 많은 나라들이 성장을 촉진하는 정책을 펼 경우에 세계 경제 전체적으로 빈국과 부국 간의 격차는 줄어들 것으로 보고 있다.

Q. 한국 경제가 저성장 국면에 접어들었다. 정책 대안을 권유한다면?

한국은 지난 수십 년간 고도성장하며 선진국 문턱에 진입했다. 구매력을 감안한 한국의 1인당 GDP는 3만 4,000달러로 일본에 근접해 있다. 한국이 최근 들어 성장률이 2%대로 하락한 것은 다른 선진국의 사례를 감안할 때 이상한 것이 아니다. 한국 경제가 2%대의 성장률을 기록한다는 것을 침체로 볼 수 없다. 경제가 고도로 성장하면서 자연스럽게 성장률이 떨어지는 것으로 이해해야 한다. 하지만 한국도 시장친화적인 정책 기조를 계속 유지해야 한다는 것은 분명하다.

양적 완화 그 이후, 신통화전쟁

연사 리처드 윔(홍콩대학 교수)
　　　사카키바라 에이스케(전 일본 재무성 재무관)
　　　에스워 프라사드(코넬대학 교수)

사회 김인철(성균관대학교 교수)

"미국은 양적 완화를 통해 고용 안정과 가격 안정 등 주요 목표를 다 이뤘다. 단기적으로는 성공적이었지만, 장기적으로 소비 진작과 생산성 증가 등 경제의 구조적 변화를 이끌었는지는 더 두고 봐야 할 문제다."

에스워 프라사드Eswar Prasad 코넬대학 교수는 무제한적인 통화 정책으로 불리는 양적 완화 정책이 단기적으로 고용을 창출하고 소비를 진작하면서 미국 경제에 성공적인 역할을 했다고 평가했다. 특히 "양적 완화를 실시한 미국 연방준비위원회의 목적은 미국의 가격 안정과 고용 안정이었다. 인플레이션은 정부의 목표수치에서 안정적으로 움직이고 있으며, 특히 실업률은 자연실업률보다 더 낮은 5% 수준까지 내려가면서 성공적인 정책이 됐다"고 설명했다. 그럼에도 "명확하게 생산과 소비를 비교하면 소비 진작에 비해 생산량이 적었고, 단기적으로 부양된 측면도 있다. 지속가능한 성장인지에 대한 부분은 확답하기 어렵다"고 덧붙였다.

총·칼로 전쟁을 하던 시대는 끝났다. 21세기는 경제전쟁의 시대다. 그중에서도 2008년 미국발 금융 위기 이후 나타난 각국의 양적 완화 정책은 해당국의 수출경쟁력을 강화시키지만 인근 국가의 경쟁력을 인위적으로 약화시킨다는 점에서 논란을 가중시키고 있다. 인근 국가까지 양적 완화 정책을 무차별적으로 실시할 경우 장기적으로는 모든 나라의 통화 정책이 불확실성을 키우고 신뢰성을 상실하면서 모두가 피해를 입는다는 결론에 이르기 때문이다.

실제 시발점이 된 미국에서 양적 완화를 통해 단기적인 경제 성장목표를 이루자, 일본, 중국까지 양적 완화를 시도하면서 전 세계가 양적 완화 대열에 참가하고 있다. 특히 한국의 이웃국가인 일본은 아베노믹스로 대변되는 양적 완화로 효과를 보고 있다. 사카키바라 에이스케榊原英資 전 일본 재무성 재무관은 "공격적인 양적 완화로 엔화값이 떨어지고 수출경쟁력이 상승하는 등 일본 경제에도 긍정적 영향이 나타나고 있다. 양적 완화 이후 장기 침체를 겪던 일본 부동산 가격도 16% 이상 상승했고, 2014년 소비세 인상 등을 감안하면 성공적인 정책이라는 평가를 받고 있다"고 전했다.

중국에서의 양적 완화 정책은 수출을 통해 경쟁력을 향상시키려는 의도보다는 중국 내 디플레이션을 해결하기 위해 도입됐다. 리처드 웡Richard Wong 홍콩대학 교수는 "중국에서는 디플레이션을 막기 위한 양적 완화가 일부 효과를 보고 있지만, 이 같은 정책이 장기적인 저금리로 이어지면서 경제에 왜곡이 발생하고 있다. 부동산이나 자산의 극심한 인플레이션이나 부의 재분배 문제가 제기되면서 장기적으로 양적 완화가 중국의 경제 안정에 기여할지는 알 수 없는 우려스러운 상황이 되고 있다"고 설명했다.

무차별적인 팽창주의 통화 정책을 우려하는 목소리도 나오고 있다. 김인철 성균관대학교 교수는 "양적 완화로 국제금융제도의 붕괴를 우려하는 시각도 있다. 세계적인 금융 위기에 대한 경계로 IMF를 개혁해야 한다는 논의도 나오는 실정"이라고 지적했다. 에이스케 전 재무관도 "통화 정책도 경쟁이기 때문에 다른 나라는 반응할 수밖에 없고 향후 어떻게 조율할지는 어려운 문제다. 각국의 중앙은행이 모이거나, G20 등이 머리를 맞대고 조율 방안을 논의할 필요도 있다"고 설명했다.

이에 대해 프라사드 교수는 "달러처럼 한 통화가 국제시장을 지배하는 것은 이상적이진 않지만, 세계에서 달러 한 통화만은 믿을 수 있는 화폐라는 측면에서는 도움이 되는 것도 사실이다. 경쟁적인 통화절하는 신흥국 입장에서는 늘 당하는 것처럼 생각될 수도 있다. 국제적인 조율보다는 강력한 실물경제로 통화의존도를 줄이는 식의 근본적인 대책이 중요하다"고 조언했다. 이어서 "통화스왑currency swaps 같은 세이프티넷safety net을 형성해 통화 부분에서 방어능력을 키우는 것도 한 방법"이라고 전했다.

중국 경제의 3대 버블: 부채, 부동산, 위안화

천즈우 예일대학 교수

 2006년 월스트리트 와이어Wall Street Wire가 선정한 '가장 영향력 있는 중국 10대 경제학자'로 꼽힌 저명한 경제학자다. 중국 경제를 비판적으로 분석하고 냉철하게 평가하는 것으로 유명하다. 그의 파격적인 자유주의 성향은 저서인 《중국식 모델은 없다沒有中國模式這回事》를 통해 알려졌다. 그는 "중국의 경제적 성공은 중국 국가 주도 경제 발전모델 덕분이 아니라 정반대로 무역 개방과 제조 및 서비스 분야의 민영화 때문이다"라는 주장을 하며 국유기업의 개혁을 촉구했다. 또 중국 경제가 곧 위기를 맞을 것이란 예측을 내놓기도 했다. 중국 트위터 웨이보微博의 팔로워 수가 1,000만 명 이상을 기록해 버슨마스텔러Burson-Marsteller가 선정한 '웨이보 내 가장 영향력 있는 정치적 인물 10명'에 선정됐다.

"동북아 국가들은 모두 커다란 도전에 직면해 있다. 일본의 경우 양적 완화를 통한 통화 정책이 한계를 드러내고 있고, 중국은 버블 붕괴의 위험에 노출되어 있다. 한국은 높은 중국 의존도로 인한 도전에 직면하게 될 것이다."

천즈우Chen Zhiwu 예일대학 교수는 한·중·일로 대표되는 동북아 정세에 대해 모두 커다란 도전에 직면해 있다고 진단했다. 천 교수는 중국 경제를 비판적으로 분석하고 냉철하게 평가하는 것으로 유명하다. 중국인답지 않다는 평가를 들을 정도로 파격적인 자유주의 성향은 그의 저서인《중국식 모델은 없다》를 통해 알려졌다.

천 교수는 동북아 정세에서 가장 큰 도전에 직면할 국가로 일본을 꼽았다. 1990년 이후 20년 동안 저성장 상태였던 일본이 여전히 위기에 놓여 있다는 것이다. 그는 "일본은 양적 성장을 통해 성장을 시도했지만 효과가 아주 좋지 않았다. 화폐 정책은 단기적인 작용은 할 수 있지만 전체 경제의 구조상 문제를 없앨 수 없다"고 평가했다.

천 교수는 중국 경제에 대해서도 비관적인 전망을 내놨다. 지방정부와 국유기업의 투자로 이뤄낸 중국의 경제 성장은 단기적 효과밖에 얻을 수 없다는 것이다. "IMF는 2016년 중국 경제가 6%대 성장을 할 것이라고 내다보았지만 중국의 경제 구조는 건강하지 못하다. 버블이라는 커다란 위기에 직면해 있다"고 부연 설명했다.

천 교수가 설명하는 중국 경제의 버블은 부채, 부동산, 위안화의 3가지에 있다. 특히 그는 부동산 버블을 가장 위험하다고 봤다.

"2016년 하반기 중국 대출 가운데 73%가 개인과 가정의 주택 구입용 모기지였다. 2015년 6월 증시 붕괴 사태처럼 부동산 시장에서도 이런 위험이 있을 수 있다"고 예측했다.

위안화 버블에 대해서도 시장의 예측과는 다른 견해를 보였다. 위안화 가치가 버블 수준으로 절상됐다는 것이다. "중국 정부는 인민폐의 가치를 떨어뜨리는 것을 국제 경제 측면에서 창피한 일이라고 생각하고 있다. 유지하거나 절상하는 것이 중국의 정치적 목표가 될 것"이라고도 설명했다.

한국 경제에 대해서는 중국 경제에 대한 높은 의존도를 향후 미래를 결정짓는 관건으로 꼽았다. 특히 최근 양국의 경색된 관계를 고려할 때 밝게만은 볼 수 없다는 것이다. 중국의 버블 붕괴, 불안정한 경제·정치 상황은 한국 경제에 큰 영향을 미칠 것이라고 진단했다. "한국 경제의 장점은 현대자동차같이 중국을 대상으로 수출해왔던 기업이 한국 경제를 꾸준히 견인해왔다는 것이다. 이는 안 좋은 점이 될 수도 있는데, 중국의 경제·정치 위기가 한국의 경제 위기로 이어질 수 있기 때문"이라고 예를 들어 설명하기도 했다.

그럼에도 불구하고 그는 한국 경제에 여전히 낙관적인 측면이 있다고 봤다. 한국 제조업은 브랜드 파워 면에서 높은 위치를 견지하고 있다는 것이다. "지난 30년간 미국에서 살았고 일했는데 20년 전을 기억해보면 한국의 현대자동차나 LG전자는 미국사회에서 브랜드 순위가 높지 않았다. 하지만 현재는 그 기업들의 평판이 매우 높아져 중국을 비롯한 세계 제조업 브랜드가 롤 모델로 삼을 정도가 됐다"고 말했다.

G2 패권과 뉴노멀 경제

연사 천즈우(예일대학 교수)
　　　 장쥔(푸단대학 교수, 푸단대학 중국경제연구소 소장)
　　　 에스워 프라사드(코넬대학 교수)
　　　 크리스토퍼 리(S&P글로벌차이나 대표이사, 대변인)

사회 성태윤(연세대학교 교수)

"중국이 개혁을 단행해서 구조적 문제를 해결할 수만 있다면 잠재 성장률을 실현할 수 있다고 본다. 그러면 10년가량 중간 성장률은 유지할 수 있다."(장쥔Zhang Jun 푸단대학 교수)

"위안화는 준비통화로서 조건을 갖추지 못했음에도 불구하고 준비통화의 위치를 점했다. 자본시장이 개방되고 환율을 자유롭게 변동할 수 있게 된다면 위안화의 역할은 더 중요해질 것이다."(에스워 프라사드Eswar Prasad 코넬대학 교수)

"민영화된 기업은 시장에 빠르게 대응하지만 국영기업은 경영진이 극단적이거나 대범한 조치를 취하지 못한다. 국영기업에서 대규모 부채가 생기는 우려스러운 상황에서 벗어나기 위해 시장 재조정이 필요하다."(크리스토퍼 리Christopher Lee S&P글로벌차이나 대표이사)

"중국 경제는 부동산·부채·환율의 세 가지 버블이 붕괴될 위험에 있다. 특히 부동산이나 환율 버블은 부채 버블에 비해 먼저 조정이 이뤄질 것이다. 이에 대비해야 한다."(천즈우 예일대학 교수)

2000년 들어 무섭게 성장했던 중국 경제의 성장률이 2010년 이후 떨어지면서 한계를 얘기하는 목소리가 커지고 있다. 중국과 미국의 경제학자들은 중국의 경제 성장이 각종 벽에 부딪친 상태라고 지적했다. 그러면서도 중국의 인구와 기술 발전을 감안할 때 중국에서의 기회는 여전하다는 분석을 내놨다.

장쥔 푸단대학 교수는 중국 경제를 1970년대 일본 경제와 비교하면서 경제 구조개혁에 대한 과제를 던졌다. "총수요와 생산성을 향상시키는 구조개혁을 진행할 때 안정적 상태를 유지하는 균형 잡기가 가장 어려운 과제가 될 것"이라고 말했다. 중국 출신 경제

평론가인 그는 "중국 경제가 가진 잠재력을 과소평가해서는 안 된다"며 미국 주도의 세계 경제의 질서 변화 가능성을 언급해 주목받았다. 그는 현재 푸단대학 중국경제연구소장이자 외국 대학을 포함한 20개 대학에서 겸임교수로 있다. 2009년 '신중국 60년 경제건설에 영향을 끼친 경제학자'로 선정됐고, 2015년 제7회 중국경제이론혁신상을 수상했다.

장 교수는 "중국 정부는 부채를 축소하고 6% 성장률을 안정적으로 유지하려 한다. 대대적인 부양책을 추진해서 총수요를 일정 수준으로 유지하기보다는 성장률을 안정적인 선에서 유지하려는 모습을 볼 수 있다"고 현 상황을 판단했다. 이어 그는 "중국 경제가 대규모 조정을 하고 구조개혁을 단행하는 작업은 많은 시일이 소요될 것이다. 일본이 주는 교훈은 초고속 성장 시대에서 둔화 성장 시대로 전환 과정이 순조롭지 않다는 것"이라고 덧붙였다. 이에 대한 근거로 "불확실성 리스크가 산재한 상황에서 성장률 6%를 5년이나 그 이상까지 유지하는 것은 어렵다"고 말했다. 또한 "중국 경제가 과도기에서 상당한 시간을 소요할 것으로 보인다. 앞으로 5~10년을 봤을 때 잠재 성장률은 오늘날보다도 낮아질 수 있다고 본다"고 경고했다.

에스워 프라사드 코넬대학 교수는 "앞으로 중국 경제에 흥미로운 상황이 전개될 것"이라며 말문을 열었다. 제도나 실물경제에 대한 개혁 없이 금융 개혁만 진행하는 현재 상황은 버블 관리에는 도움이 될지 모르지만 불균형이라는 리스크가 존재한다는 것이다. 미국의 대표적인 싱크탱크인 브루킹스연구소 선임연구원인 그는 세계적인 베스트셀러인《달러 트랩The Dollar Trap》을 집필한 환율 전문가이기도 하다. 그는 이 책을 통해 금융 위기 속에서 달러화 강세가 지속되는 현상을 해설했다. 1990년부터 2006년까지 IMF에서 중국부문장과 금융부문장을 각각 역임했다.

프라사드 교수는 환율 전문가답게 위안화에 대한 전망을 내놨다. "34개의 중앙은행이 중국 중앙은행과 스왑 계약을 맺는 등 위안화가 주요한 외화 보유 통화로 격상됐지만 여전히 한 가지 문제가 있다. 자본시장과 환율이 개방되지 않았고 금융시장이 제대로 개발되지 않았다는 점은 외화 보유 통화로서의 중요도를 떨어뜨리는 요인"이라고 말했다. 이어서 "시진핑 주석 이후 금융 개혁을 단행했지만 그럼에도 위안화는 달러의 패권을 차지하지 못할 것"이라고 말했다. 그 근거로 "금융 개혁과 동시에 실물경제에 대한 개혁이 있어야 하는데 그것이 없다. 금융시장 개혁이 효과적으로 작동하려면 실물경제, 특히 국영기업의 개혁이 수반되어야 한다"고 설명했다. 그는 이런 상황을 "개혁 자체가 리스크를 만들고 있다. 불균형 자체가 리스크"라고 진단했다.

크리스토퍼 리 S&P글로벌차이나 대표이사는 중국 국영기업의 재조정이 급선무라는 진단을 내놨다. 그는 16년간 S&P글로벌의 다양한 보직을 거쳐 현재는 중국 기업과 시장 등급에 대한 S&P글로벌신용평가의 공식 대변인을 겸하고 있다. 그는 먼저 중국의 신용 위기에 대한 입장을 내놨다. "중국의 부채 비중이 매우 높은데 현금 흐름과 수익성 부분이 특히 문제다. 산업이 어렵고 상황이 빠르게 개선될 것이라는 징후도 포착되지 않고 있다"고 말했다.

이어서 "이런 문제는 부채 비중이 높은 국영대기업이 부채를 충분하게 상환할 수 있는 현금 흐름을 창출하지 못하고 있기 때문에 발생한다. 그렇다고 디폴트default, 채무불이행를 하기에는 기업과 정부의 부채가 혼동돼 이마저도 힘들 것"이라고 우려했다.

그가 내놓은 대안은 '민영화'다. 비국영기업으로 자본이 유입돼야 한다는 것이다. 그는 "부분적 혹은 비전략적 산업에는 민영화가 필요하다. 정치적 문제가 있어 정부가 이 경로를 취할지의 결정은 정부 의지가 있어야 가능하다"고 설명을 덧붙였다.

천즈우 예일대학 교수는 중국의 '버블'에 집중해야 한다는 의견을 내놨다. "정치·경제 시스템과 인센티브라는 유인책을 봤을 때 부채 버블이 먼저 꺼지기는 힘들 것으로 보인다. 중국에서는 대출자 상환을 강요할 수 없기 때문에 정부가 조치를 취하지 않으면 이 버블은 손쉽게 터지지는 않을 것"이라고 설명했다. 그러면서 "지난 3개월간 중국 대출 가운데 73%가 개인과 가정의 주택 구입용 모기지였다. 2015년 6월 증시 붕괴 사태처럼 부동산 시장에서도 이런 위험이 있을 수 있다"고 예측했다.

▍뉴아베노믹스 집중 해부

연사 시라카와 마사아키(아오야마가쿠인대학 특임교수, 전 일본은행 총재)
　　　에스워 프라사드(코넬대학 교수)
　　　박상준(와세다대학 국제학술원 교수)

사회 최도성(가천대학교 교수, 국제부총장)

'아베노믹스 2라운드' 세션에서는 일본 정부가 다시금 불을 지피고 있는 '뉴아베노믹스'를 집중 해부했다. 아베노믹스에 대한 평가는 극과 극이다. 강력하고 일관된 정책으로 일본 경제에 활력을 불어넣은 전략이라는 평가와 함께, 막대한 돈을 쏟아붓고도 성과는커녕 시장 불확실성만 키운 '아베노리스크Abenorisk'라는 비판도 나온다.

이날 연사들은 대규모 양적 완화에 기댄 아베노믹스의 한계에 대해 한목소리를 냈다. 그리고 통화 완화 정책을 넘어 경제의 체질을 바꾸고 시장의 신뢰를 되찾을 수 있는 구조개혁이 최우선 과제라는 데 의견을 모았다.

일본은행BOJ 총재를 지낸 시라카와 마사아키白川方明 아오야마가쿠인대학 특임교수는 아베노믹스의 통화 완화 정책에 대해 "시장에 통화를 공급해 불안정을 해소하는 것은 어느 정도 효과가 있긴 했지만 금융 정책은 안정 효과만으로 완성되는 것이 아니다. 통화 완화는 결국 시간을 버는 것에 불과하다"며 비판적인 입장을 견지했다. 또한 "시장이 장기간에 걸친 양적 완화에 의존한다면 변화에 대응할 힘이 약해지고 결과적으로는 구조개혁을 실행하기도 힘들어진다"고 했다. 그는 아베노믹스의 실천방식인 '세 개의 화살' 중 마지막 화살인 구조개혁을 뚝심 있게 단행해야 한다고 강조했다.

시라카와 교수는 구조개혁이야말로 인구 고령화로 인해 활력을 잃은 일본 경제를 끌어올릴 해법이라고 덧붙였다. "지난 10년 동안 구조개혁의 속도가 빠르지 못한 이유는 공공질서, 공정성, 수명 등 비경제적인 가치를 추구하는 일본사회의 특성과 경제적 효율성을 위한 구조개혁이 상충했기 때문이다. 비경제적인 지표와 경제 성장의 절충점을 고민해야 하는 이유"라고 설명했다. 이어서 고령화로 인해 실버 민주주의가 부상하고 있다고 진단하면서 "고령 인구는 후대의 삶에 대해서 좀 더 고민하고 고려해야 한다. 지금 구조개혁을 제대로 단행하지 않으면 일본 경제에 타격이 있을 것이다"라고 강조했다.

프라사드 교수도 "일본 정부와 중앙은행의 정책과 발언이 효과가 없는 건 정책에 대한 신뢰가 무너졌기 때문이다. 신뢰를 회복하고 거시경제 정책과 현실의 탈동조화를 극복하기 위해서는 구조조정이 절실하다"고 진단했다. 덧붙여서 "구조조정을 통해 경제생산성에 대한 기대감이 형성돼야 아베노믹스의 나머지 화살들도 효과를 발휘할 것"이라고 지적했다. 특히 "일본 당국의 노력이 부족했다는 의미가 아니다. 최선을 다해도 안 될 것이라는 불신이 팽배해 있다"며 구조개혁의 불가피성을 국민들, 특히 고령층과 청년층에게 인지시켜야 한다고 덧붙였다.

박상준 와세다대학 국제학술원 교수는 "일본의 취업시장은 호황인데 실질임금은 오히려 감소 추세다. 아베노믹스가 꿈꾼 선순환 구조는 고용 창출이 소비 증대로 이어지는 지점에서 그 고리가 끊겼다"고 운을 떼면서 일본의 경험에서 한국이 어떤 교훈을 얻어야 하는지에 대해 주목했다. 그는 일본의 '잃어버린 10년'의 원인을 공급과 수요 측면에서 각각 노동력의 부재, 소비 및 투자 촉진의 실패라고 분석했다. 또 과도한 업무로 40~49세 한국 남성의 사망률이 일본의 같은 연령대보다 30% 높고 여성 고용률은 저조한 부분을 지적하며 근로 시간을 유연화하고 여성 일자리를 늘리는 방안을 제시하기도 했다.

이날 사회를 맡은 최도성 가천대학교 국제부총장은 2016년 9월 일본은행이 내놓은 장단기 채권금리 조정 정책 방향이 적합한 것인지에 대해 질문을 던졌다. 이에 대해 시라카와 교수는 "새로운 정책 틀이나 물가 상승률 목표 달성이 경제 문제를 해결해주는 것은 아니다. 근본적인 메커니즘부터 바꿔야 한다"고 답했다.

구조개혁 없는 통화 정책은 한계

시라카와 마사아키
아오야마가쿠인대학 특임교수, 전 일본은행 총재

재임기간 총리가 여섯 번이나 바뀐다면 중앙은행장은 어떤 심정일까. 시라카와 마사아키 아오야마가쿠인대학 특임교수는 일본은행 총재로 재임할 당시에 늘 새로운 정부와 새로운 금융·통화 정책을 만들기 위해 고군분투했다. 임기 막판에는 아베 정부의 양적 완화에 대해 날선 비판을 가한 연설을 한 뒤 강단으로 돌아갔다.

그는 인터뷰에서 정책 입안자와 학자를 넘나드는 면모를 보였다. 통화 완화 정책의 장기 효과에 대한 의문을 여전히 제시하면서도 일본 경제가 부활할 수 있는 방법을 다각도로 고민했다. 다음은 그와 일문일답이다.

Q. 일본 경제가 안고 있는 문제가 한국 경제에도 고스란히 나타나고 있다. 가
   장 큰 원인은 뭐라고 생각하나?

인구 문제다. 한국은 일본이 앞서 겪은 저출산·고령화 문제를 일본보다 빠른 속도로 겪고 있다. 하지만 한국뿐 아니라 유럽 등 선진국에서도 이 같은 현상이 일어나고 있다. 이는 전 세계적인 성장률을 떨어뜨리는 요인이 되고 있다. 인구 문제를 해결할 수 있는 건 '구조개혁'이고 나라마다 사정에 맞춰 진행하고 있다. 시간이 많이 걸리는 문제라 끈기 있게 진행해야 한다.

Q. 일본의 구조개혁 정책 중 긍정적으로 평가하고 싶은 건 무엇인가?

여성의 노동 참여를 높여가고 있단 점이다. 물론 아직도 갈 길이 멀지만 육아로 인한 경력 단절을 시간제 일자리로 보강하고, 전문성을 계속 유지하게끔 하는 정책이 효과를 내고 있다. 이제 남편만이 한 가정의 생계를 책임지는 가장이라는 생각에서 일본사회가 겨우 벗어난 것처럼 보인다. 출산율도 높아질 걸로 기대한다.

Q. 출산율을 높여 인구만 증가시키는 게 무슨 의미가 있느냐는 지적도 있다.

국가의 지속이나 나라 경제에 대해 길게 생각하지 않는다면 그런 지적이 있을 수 있다. 그러나 인구가 줄어드는 건 배에서 노를 저을 사람이 점점 사라지는 것과 같은 이치다. 사회 전반적으로 활력이 떨어지게 된다. 인구가 계속 줄어드는 지방의 경우 사회적 안전망과 인프라가 점점 사라지고 있지 않은가.

**Q. 세계 경제와 관련한 고견 부탁드린다. 리먼브라더스 사태로 촉발된 금융
위기 이후 세계 경제가 회복됐다고 보는가?**

아직이다. IMF가 매년 발표하는 성장률을 보면 아주 최악인 순
간은 벗어났지만 그 오름세가 지지부진하다. 장기 침체 상태로 보
인다.

**Q. 유럽 중앙은행, 일본은행 등은 통화 정책을 통해 경기를 부양하려고 했고,
마이너스 금리까지 단행했는데 효과가 잘 나타나지 않는다. 왜인가?**

통화 정책의 한계에 대해서는 나뿐만 아니라 많은 경제학자들
이 동감하는 문제다. 단기적으로 보면 물론 효과가 있다. 그러나
장기적으로 보면 돈을 풀어서 소비를 진작한다는 명제가 단순히
들어맞는 시대가 아니다. 현재 세계 경제는 불확실성이 너무나 커
졌고, 이를 하나의 요소로 해결한다는 것은 거의 불가능한 일이
됐기 때문이다. 마이너스 금리라는 것도 마찬가지다. 미래를 담보
삼아 현재를 사는 방식이라고 생각한다. 그래서 통화 정책과 함께
구조개혁이 필요하다. 구조개혁과 생산성 제고, 재정개혁이 동반
돼야 성장률이 오를 수 있다.

Q. 양적 완화에 여전히 비판적인 입장을 가지고 있다고 이해해도 되나?

시장에 통화를 공급해 불안정을 해소하는 건 효과가 있긴 했다.
그러나 금융 정책은 안정 유지에만 매몰되어선 안 된다. 장기간
양적 완화에 시장이 의존한다면 변화에 대응할 힘이 약해지고 결
과적으로는 구조개혁을 실행하기도 힘들어진다.

Q. 2016년 10월 10일 일본은행이 2% 인플레이션을 달성하기 위해 통화 완화 정책을 지속한다는 발표가 있었는데 그에 대해선 어떤 생각인가?

전날 소식을 전해 듣긴 했다. 하지만 나는 현재 정책 입안자(구로다 하루히코黑田東彦 일본은행 총재)가 아니므로 현재의 정책에 대해 평가하기엔 어려움이 있다.

Q. 역사가 오랜 기업은 있어도, 미래가 촉망되는 일본 기업은 잘 안 보이는 것 같다. 일본에 산업 혁신의 기회가 있다고 보는가?

변화가 있을 때 혁신이 생겨난다고 본다. 그 변화가 부정적인 것이라 하더라도 혁신의 기회는 분명히 있다. 일본에선 저출산·고령화 문제가 20년 전부터 거론됐다. 사람들은 이를 재앙이라고만 받아들이지 않았고 보살핌 로봇 서비스나 의료 서비스, 제약 산업 등에서 저마다 노력했다. 이를 통해 일본은 조금씩 재기의 움직임을 보이고 있다고 생각한다. 일본의 행보가 한국에 귀감이 될 수 있을 것이라 생각한다.

포용적 성장과 뉴노멀 경제:
OECD 특별세션

연사 신관호(고려대학교 교수)
윤희숙(KDI 재정복지정책연구부 부장)
아눕 싱(조지타운대학 교수, 전 IMF 아시아태평양국 국장)
더글러스 프란츠(OECD 사무차장)

사회 윤종원(주 OECD 대한민국 대표부 대사)

저성장, 빈부 격차의 확대, 실업률 증가에다 환경오염까지. 전통적인 케인스 경제학은 글로벌 경제에 더 이상 통하지 않았다. 포용적이고 지속가능한 경제 성장을 위한 새로운 패러다임이 필요하다고 석학들은 지적한다.

'자본주의 4.0: 경제 정책 패러다임의 미래'는 한국의 OECD 가입 20주년을 맞아 마련된 특별세션이었다. 여기서 세계 각국의 석학들은 경제적 약자도 포함할 수 있는 경제 정책에 대해 열띤 토론을 벌였다. GDP를 뛰어넘어 복지 분야를 포괄할 수 있는 새로운 경제 지표를 만들어야 한다는 지적도 있었다.

더글러스 프란츠Douglas Frantz OECD 사무차장은 "세계적으로 경제 위기감이 커지고 있는 시점에서 우리는 위기 이전의 일들을 답습하고 있다. 기존의 방식과 기존의 GDP를 대신할 새로운 접근법을 찾기 위해 연구를 계속하고 있다"고 밝혔다.

프란츠 사무차장은 2015년 11월 2일 OECD 사무차장으로 취임했다. 과거에는 미국 공무 차관보를 지냈고 존 케리 상원의원 당시 미국 상원 외교위원회 수석조사관과 사무관으로 활동했다. 그 전에는 35년간 신문기자와 편집자로 활동했다. 현재는 OECD의 사무차장으로 UN과의 협력을 통해 지원 국가들이 2030년까지 지속가능한 개발 목표를 달성할 수 있도록 OECD 개발 의제의 전략적 방향을 세우는 데 기여하고 있다. 그는 또 동남아시아, 라틴아메리카와 아프리카를 위한 OECD의 지역 계획 및 과학, 기술, 혁신을 포함한 국제관계 포트폴리오 감독을 맡고 있다.

프란츠 사무차장에 따르면 GDP 대체 지표의 개발은 현재 OECD

내 500명의 박사들이 논의와 연구를 집중하고 있는 부분이다. 핵심은 포용적 생산성이다. 프란츠 사무차장은 "모든 경제 주체들이 골고루 성장의 혜택을 누릴 수 있는 포용적 성장이야말로 미래에 유일한 가능성을 던져준다. 또한 불평등 해결에 유일한 길이라고 생각한다. 남녀를 기준으로 소득 격차나 직장 진출 수치에서 가장 큰 격차를 보이는 나라가 한국이다. 여성들은 남성에 비해 소득이 훨씬 낮다. OECD 국가 중 남녀 격차가 가장 큰 국가"라고 지적했다. 남녀가 얼마나 동등하게 능력을 발휘하는가 등이 새로운 경제 지표의 주요 변수가 될 수 있다는 뜻이다.

이어서 프란츠 사무차장은 글로벌 경제의 포용성이 아직은 부족하다고 지적했다. 생산성과 포용성은 여전히 반비례한다. 미국이나 유럽 기업들은 생산비용을 줄이기 위해 여전히 중국 등 아시아나 남미 지역을 선호한다. 문제는 이런 가운데 대규모 실업이 발생한다는 사실이다. 그는 "2억 6,000만 개의 일자리가 사라질 위기에 빠졌다. 맹목적인 생산성을 좇는 기업의 특성상 어쩔 수 없는 측면도 있다. 다만 대량 실업에 빠진 이들에 대한 재교육이 무엇보다 중요하다"고 덧붙였다. OECD는 글로벌 경제의 속도와 기업의 생산성 추구 속에서 발생하는 실업은 어쩔 수 없는 현상이라고 보고 있다. 다만 대량 실업에 대처하기 위한 정부 차원의 재교육이 유일한 답이라고 분석했다.

IMF 아시아태평양국장을 지낸 아눕 싱Anoop Singh 미국 조지타운 대학 교수는 "글로벌 경제의 비극은 고속 성장기에 쌓인 부와 자산이 제대로 분배되지 못했다는 데 있다. 또 다른 문제는 세계 경제가 이처럼 빨리 변하는데 주요 국가의 정부 정책이 이를 따라가지 못하면서 시간차가 발생하고 또 다른 불균형이 발생했다는 점이다"라고 말했다.

그는 한국의 아킬레스건을 여전히 정부 규제라고 봤다. 과거 IMF 시절의 경험을 회상하며 "향후 10년 사이에 무역투자나 서비스 부분에서 규제로 인한 부담을 줄일 수만 있다면 한국은 OECD 상위권으로 도약할 수 있을 것"이라고 내다봤다.

신관호 고려대학교 경제학과 교수는 "지속적인 성장을 위해선 소득 불평등을 해소해야 한다. OECD가 GDP를 대체할 지표를 개발하는 과정에서 환경에 대한 고려도 반드시 필요하다. 이제 한국도 정책 입안할 때 환경에 대한 고려가 중요해졌다"고 지적했다.

일대일로와 자유무역

연사 잉고 월터(뉴욕대학 스턴경영스쿨 명예교수)
장쥔(푸단대학 교수, 푸단대학 중국경제연구소 소장)
헤르마완 카타자야(마크플러스 CEO)
마얀코테 켈라스 나라야난(전 인도 국가안보보좌관)

사회 박태호(서울대학교 국제대학원 교수)

자유무역은 자본주의 경제의 뼈대이지만 이제 자유무역을 떠드는 사람은 순진무구한 사람 취급을 받게 됐다. 자유무역이 불평등과 시장 불균형만 초래한다는 인식 때문이다. 거대한 글로벌 자본 앞에 신흥국들은 추풍낙엽처럼 쓰러졌고 한국도 예외는 아니었다. 이제 서로 무역의 장벽을 높이고 자국 시장과 기업을 보호하는 데 앞장서고 있다. 아무리 좋은 뜻으로 시작된 사업이나 청사진도 의심받는 시대다. 중국의 일대일로一帶一路, 육해상 실크로드 정책도 마찬가지다.

'2017 글로벌 시장 전망: 자유무역의 종말' 세션에서도 일대일로는 화제가 됐다.

먼저 나라야난 전 보좌관이 "중국의 일대일로는 자신에게 맞는 세상을 만들려는 정책일 뿐이다. 주변 국가를 더 이상 불편하게 해선 안 된다"고 포문을 열었다. 이에 중국을 대표한 장쥔 교수는 "정치인들은 언제나 이런 정책에 대한 비판을 내놓을 뿐이다. 일대일로에 많은 아세안 국가들이 참여해야 한다"고 반박했다.

'아시아를 하나로 묶자'는 시진핑 중국 주석의 일대일로 프로젝트도 자유무역주의와 일맥상통한다. 시 주석이 2013년 9월 주창한 일대일로는 아시아와 유럽, 아프리카 일부의 육로와 해상을 잇는 거대 토목 사업으로 이들 지역 65개국에 도로와 철도, 송유관 등을 깔아 지역적 통합을 가속화하는 사업이다.

그러나 중국 주도의 세계관을 불편해하는 목소리가 높아지고 관련 국가들이 지속적으로 저성장의 고통을 겪으며 사업은 난항에 빠진 상태다. 실제 중국 쿤밍昆明에서 출발해 태국, 말레이시아,

싱가포르를 연결하는 3,000km 고속철은 중국 이외의 지역에선 첫 삽도 뜨지 못하고 있다.

나라야난 전 보좌관은 "자유무역으로 대표되는 세계화가 모든 나라에 이득이 아니라는 점은 분명해졌다"고 전제한 후 "일대일로도 마찬가지다. 특정 국가가 주도하는 방식은 안 된다. 모든 나라가 함께 번영할 수 있는 길을 찾아야 한다"고 강조했다.

이에 대해 장쥔 교수는 "중국은 저성장 기조 속에서도 세계 무역 확대를 위해 많은 것을 양보해왔다. 일대일로에도 중국의 막대한 자금과 인력이 투입되는데 이제는 아세안 국가들의 적극 협력이 필요하다"고 맞섰다.

자유무역의 종말에 대해서도 의견이 달랐다.

나라야난 전 보좌관은 "자유무역 체제는 오래전부터 이미 취약해졌는데 특히 21세기 초반 소득 재분배를 할 시기를 놓치면서 사실상 사망선고를 받았다. 연간 7%의 성장률을 보이는 인도가 제4차 산업혁명의 주역이 될 수 있다"고 말했다.

반면 장쥔 교수는 "세계 경기침체의 원인은 자유무역 등 세계화가 아니다"라고 잘라 말했다. 이어 "정치인들은 현상에 대한 원인을 항상 외부에서 찾기 마련이고 저성장 구조가 고착화되자 이를 FTA 등 자유무역 탓을 하는 것이다. 자본과 투자가 국경을 쉽게 넘을 수 있어야 한다"고 재차 강조했다.

그러나 이들 오피니언 리더는 글로벌 경제의 불확실성에는 동의했고 향후 새로운 대안이자 시장은 아세안 국가들이 될 것이라고 입을 모았다.

카타자야 CEO는 "기술, 정치, 시장, 사회·문화 등 4대 축을 중심으로 한 변화는 불가피하고 기술은 계속 진화할 것이다. 이 같은 변화에 대응하기 위해선 국가들이 뭉쳐야 하는데 브렉시트처럼 경제 블록의 구속력이 약해선 안 된다. 그런 의미에서 아세안이 새로운 기회이며 2017년도가 이 시장의 투자 적기가 될 것"이라고 밝혔다.

잉고 월터Ingo Walter 뉴욕대학 스턴경영스쿨 명예교수도 "우리는 아시아에서 중국만 떠올리며 아세안을 간과해왔다. 역사의 흐름대로 중국도 대부분의 제조업을 아세안에 넘기고 다른 고부가가치 산업으로 넘어가게 될 것"이라고 전했다.

2017년 국제유가 전망

연사 타티아나 미트로바(러시아과학협회 에너지연구소 소장)
프리드베르트 플뤼거(전 독일 국방부 차관, 킹스칼리지 에너지연구소 소장)
팀 굴드(IEA 에너지 헤드)

사회 권세중(외교부 심의관)

'2017 유가아웃룩' 세션은 종잡을 수 없는 국제유가의 향방을 좇고자 하는 청중들로 가득 찼다. 이 세션에서는 국제에너지기구IEA를 비롯한 에너지 분야 전문가들이 모여 국제유가 전망과 세계 경제에 미치는 영향에 대해 집중 논의했다. 연사들은 각론에서 의견이 갈리기도 했지만, 저유가 시대를 탈출하기는 쉽지 않다는 데에는 의견을 모았다.

팀 굴드Tim Gould IEA 에너지 헤드는 "석유수출국기구는 더 이상 시장의 균형자가 아니다. 소비자와 비OPEC 산유국의 생산이 균형추 역할을 하고 있다. 2014년부터 이어진 저유가 기조에 러시아를 제외한 비OPEC 산유국들도 생산량을 줄이고 있다"고 분석했다. 그는 원유 가격이 회복돼 시장이 리밸런싱rebalancing, 수급 재조정되는 시점은 2017년 하반기가 될 것이라고 전망했다. IEA는 2016년 10월 11일 발표한 월간보고서에서 OPEC이 감산 약속을 지키지 않으면 2017년 중반까지 공급 과잉 상황이 지속될 것이라고 밝혔다.

이에 대해서 타티아나 미트로바Tatiana Mitrova 러시아과학협회 에너지연구소장은 "OPEC과 비OPEC 산유국들이 감산 혹은 최소한 동결 수준에서라도 합의하지 않으면 유가 회복까지는 2~3년이 걸릴 것이다. 막상 합의를 한다고 해도 OPEC 내부에서 그 약속이 깨질 가능성이 크다"고 말했다. 또한 "러시아 역시 원유 생산의 절반에 해당하는 민영기업의 감산을 강제할 수단은 없다"고 지적했다.

프리드베르트 플뤼거 킹스칼리지King's College 에너지연구소장은 감산 합의에 성공해도 유가 회복은 어려울 것이라고 진단했다. "OPEC이 리밸런싱에 성공하는 순간, 미국이 돌아올 것이다. OPEC과 러시아까지 감산에 합의하면 단기적으로 가격이 오를 순 있어도 그 자리를 결국 미국 셰일오일shale oil 업체들이 채워 상승 효과가 상쇄될 것"이라고 예상했다.

굴드 에너지 헤드는 "유가에 따른 반응은 즉각적인 게 아니다. 미국 기업들이 생산을 결정하고 실행에 옮기는 데에는 6개월에서 9개월 정도가 소요될 것"이라고 첨언했다.

플뤼거 소장이 강조한 또 하나의 변수는 미국 연방준비제도이사회의연준의 금리 인상이다. 그는 "금리 인상에는 세 가지 효과가 동반될 것이다. 첫째, 수요가 감소하고 경기침체가 올 수 있다. 이는 유가를 떨어뜨리는 압력으로 작용할 것이다. 둘째는 달러 강세로 인한 유가 하락이다. 마지막은 미국 셰일오일 업체들의 자금조달 비용을 상승시켜 몇몇 회사는 파산에 이를 수도 있다"고 말했다.

세 연사는 모두 파리기후협약으로 인해 구조적인 변화가 발생할 것이라는 데에 한목소리를 냈다. 공급이 아닌 수요가 정점을 찍고 하락하게 될 것이라는 얘기다.

한편 연사들은 전기차 공급이 유가에 큰 영향을 미치진 않을 것으로 예상했다. 플뤼거 소장은 "현재 전 세계에 공급된 전기차 수가 130만 대인데 이것으로 절감할 수 있는 원유량은 일일 1만 배럴에 불과하다. 100만 배럴을 절감하기 위해선 1억 3,000만 대의 전기차가 필요하다는 것인데, 수치상으로 보면 전기차가 원유 수

요에 미치는 영향은 미미하다고 볼 수 있다"고 설명했다. 이어서
"독일의 경우 전력의 40%가 석탄화력 발전으로 만들어진다. 전기
차가 곧 친환경은 아니란 의미"라고 말했다.

파리협약의 실효성은 어디까지

연사 데이비드 키스(하버드대학 교수)
　　　티에리 드 몽브리알(프랑스 국제관계연구소 소장)
　　　한덕수(기후변화센터 센터장)
　　　팀 굴드(IEA 에너지 헤드)

사회 도널드 존스턴(홍콩대학 경제학과장, 전 OECD 사무총장)

신기후 체제, 이른바 파리기후변화협약이하 '파리협약'의 실효성 논란이 벌어졌다. '기후 변화의 충격에 맞서' 세션 토론에 나선 연사들은 2020년 만료 예정인 교토의정서에 비해 파리협약이 한 단계 더 진보했다는 데 대해서는 의견을 같이했다. 2017년 11월 초에 발효되는 파리협약의 목표는 산업화 이전 대비 지구 평균기온 상승을 '2℃보다 상당히 낮은 수준으로 유지'하고, '1.5℃ 이하로 제한'하기 위해 노력하자는 것이다.

하지만 강제성 없는 파리협약이 지구의 기후 변화 속도를 늦추는 데 얼마나 효과가 있을 것인지에 대해서는 낙관론과 비관론이 첨예하게 엇갈린다.

한덕수 기후변화센터장은 "교토의정서는 구속력이 있고 의무목표도 설정됐지만, 세계 온실가스 배출량의 20%를 차지하는 중국이 빠지는 등 실제 참여 국가 수37개국가 적었다. 하지만 파리협약에는 195개국이 참여하고 있다"고 말했다. 또한 "강제성은 없지만 지구 평균기온 상승을 2℃ 이하로 유지한다는 합의가 이뤄졌고, 목표치에 대한 갱신을 5년마다 하게 돼 있다. 갱신 시 기존 목표보다 퇴행해서는 안 된다는 진보의 원칙도 세워놓았다"라고 덧붙였다. 티에리 드 몽브리알Thierry de Montbrial 프랑스 국제관계연구소장도 한덕수 센터장과 의견을 같이했다. 몽브리알 소장은 "기후 변화와 관련된 국가 간 협상을 계속해서 프로세스를 개선시켜 나가는 게 중요하다. 협상 자체에서도 배우는 게 있고, 또 거기서 좋은 협상 사례를 만들어간다는 것만으로도 의미가 있다"고 설명했다.

반면 데이비드 키스David Keith 하버드대학 공공정책학 교수가 본 파리협약의 미래는 장밋빛이 아닌 잿빛이었다. 그는 스톡홀름협약의 교훈을 잊어선 안 된다고 강조했다. 스톡홀름협약은 다이옥신, 합성살충제DDT, 폴리염화바이페닐PCB 등 12가지 유해물질의 사용·생산 및 배출을 저감·근절하기 위해 체결된 국제협약으로 2004년 5월 발효됐다. 키스 교수는 "스톡홀름협약으로 인해 환경오염 원인물질 처리에는 성공했지만, 기후 변화에는 진전이 없었다. 왜냐하면 기후 변화는 집단행동의 문제이기 때문"이라고 말했다.

기후 변화를 막기 위해 이산화탄소 배출량을 줄이면 그 혜택은 현 세대가 아닌 다음 세대가 누리게 된다. 자국뿐 아니라 타국의 다음 세대한테도 혜택이 돌아간다. 그러다 보니 투자에 인색해질 수밖에 없다. 키스 교수 말대로라면 파리협약에 사인한 195개국은 '합리적인 자기이익 보호'를 위해 협상에 나서는 시늉만 하고 있을 뿐이다. 국제사회에서 소외받지 않기 위한 행동으로 해석해야 한다는 주장이다.

이러한 한계를 극복하기 위해 키스 교수는 새로운 기구의 설립이 필요하다고 말했다. "실질적인 기후 정책을 위해서는 '기후클럽'이 있어야 한다. 자금을 투자하고 기후클럽 국가들로 구성된 무역장벽을 세워야 한다"고 밝혔다. 무역장벽 내의 실질적인 혜택을 기후클럽 가입 국가끼리 누리게 하고, 이곳에 가입하길 원하면 이산화탄소 배출을 줄이라고 조건을 내걸어야 한다는 것이다.

인센티브의 필요성에 대해서는 한덕수 센터장도 동의했다. 그는 "기술 이전, 재정적 지원 등의 인센티브를 기후협약 실천 국가에 줘야 한다. 또 개별 국가 내에서도 중앙·지방정부, 학계, 비정부기구NGO, 시민 간 협력이 중요하다"고 강조했다. 기후클럽 설립 주장과 관련해서는 "보호주의를 강화하는 것처럼 보일 수 있지만, 기후변화협약을 지키기 위한 움직임이기 때문에 기존 보호주의와는 다르게 생각해야 할 것 같다"고 말했다.

저유가 이겨낸 셰일가스의 미래

연사 고야마 겐(일본에너지연구소 본부장)
  타티아나 미트로바(러시아과학협회 에너지연구소 소장)
  팀 굴드(IEA 에너지 헤드)

사회 김연규(한양대학교 교수)

"산유국들이 셰일가스 업체들의 성장을 막기 위해 2014년부터 배럴당 30~40달러의 유가를 유지하는 저유가 정책을 폈지만 결국 실패했다. 셰일가스 업체들이 비용 절감에 성공하면서 살아남았고 이제는 석유, 셰일 간의 새로운 경쟁으로 생산량이나 가격 면에서 수급 재조정이 일어날 것이다."

고야마 겐小山健 일본에너지연구소 본부장은 '셰일의 미래: 에너지 산업 신시나리오' 세션에서 이같이 밝히며 새로운 에너지의 시대가 올 것을 예고했다. 그는 "셰일가스의 운영 효율이 지속적으로 개선되면서, 70달러 이하의 유가에서는 셰일가스의 채산성이 없어 셰일가스 업체가 파산할 것이라는 산유국들의 기대를 꺾어버렸다. 특히 셰일가스 기업들이 가격에 따라 생산량까지 조절할 수 있는 스윙에너지swing energy 기업으로 성장하면서 사우디아라비아, 러시아 등 산유국들이 저유가와 석유 과잉공급에서 벗어나는 전략도 검토하고 있다"고 밝혔다.

팀 굴드 IEA 에너지 헤드도 "셰일가스 시추비용이 20% 이상 감소했고, 운영비용도 줄어든 것으로 판단된다. 석유 등 에너지 가격 변동에 대한 셰일가스의 민감성이 줄어든 셈"이라고 말했다. 김연규 한양대학교 교수 겸 에너지거버넌스센터장은 "미국의 셰일가스 업체들은 일부 파산했지만 여전히 저력을 가지고 있다. 미국에는 텍사스 쪽에 아직 개발되지 않은 유정도 많은 만큼 계속해서 생산기술이 발달하고 생산량도 늘어날 것으로 보인다"라고 밝혔다.

저유가에 따라 셰일가스의 종말을 예고했던 산유국의 전략이

와해되면서 석유와 셰일가스는 새로운 균형을 찾을 수밖에 없는 현실에 이른 셈이다. 이에 따라 산유국들은 미국발 셰일혁명에 대비해 새로운 공동대응 전략에 나설 전망이다.

타티아나 미트로바 러시아과학협회 에너지연구소장은 "사우디아라비아와 러시아 등 산유국들은 셰일로 인해 펼친 과잉공급, 저유가 정책에서 벗어나 감산이나 생산량 동결 등 새로운 방안을 찾고 있다. 산유국 간에 다양한 업무협약과 선언문이 나올 것으로 보인다. 산유국들이 실제로 감산에 나설지는 의문이지만 새로운 시도는 계속될 것"이라고 내다봤다. 또한 "유가는 2020년 배럴당 45~70달러, 2040년에는 70~115달러 정도의 가격대가 예상되지만 이는 어디까지나 예상이다. 다양한 불확실성이 있기 때문에 가격범위도 클 수밖에 없고 예상하기도 어려울 것"이라고 덧붙였다.

전문가들은 다만 석유 선호 현상과 소비량은 단기적으로 유지될 것으로 내다봤다. 셰일가스나 태양광, 풍력 등 신재생에너지보다 석유가 여전히 가장 큰 에너지원이라는 시각이다. 굴드 에너지 헤드는 "에너지 부분에서 셰일가스나 신재생 부분이 점차 늘고 있지만 소비자 차원에서 아직은 석유가 가장 큰 에너지원이며, 특히 발전, 산업생산 부분에서 석유를 벗어나기까지는 상당한 시간이 걸릴 것이다. 셰일가스의 경우도 채산성이 좋은 현재의 스위트 스팟sweet spot에서 벗어나 새로운 곳에서 시추하는 것은 상당한 비용상승을 감수해야 하는 측면이 있다"고 지적했다.

미트로바 연구소장도 "신재생에너지는 정부의 보조금으로 유지되는 분야로, 이 분야에 새로 뛰어든 국가들은 보조금 없이 쓸 수 없는 데 반해 (에너지를 많이 필요로 하는) 자동차 시장은 커지고 있다. 이 시장은 전기차가 아닌 휘발유차를 선호할 수밖에 없기 때문에 석유 선호 현상은 당분간 지속될 것"이라고 전망했다.

고야마 본부장은 "석유 소비량은 선진국이 아닌 신흥국이 어떤 에너지를 소비할 것이냐에 달렸다. 태양광, 전기차, 연료전지 등이 증가하면 석유 소비량은 줄겠지만 신흥국에서는 전통적인 차량을 사용할 수밖에 없는 환경이다. 파리협약 같은 선진국의 탄소 배출 감축 전략에도 석유 수요는 줄어들기 어려울 것"이라고 설명했다. 이어서 "에너지는 생산 부분이 아닌 소비자 측면에서 이해해야 하고, 탈탄소화 전략에도 수송 부분이나 제조산업 부분에서 전통적인 연료에 의존하고 있기 때문에 석유 소비가 줄어드는 것은 아주 장기적 계획 속에서만 가능할 것"이라 내다봤다.

LNG 시장의 지각 변동, 동북아 LNG 허브 전략

연사 고야마 겐(일본에너지연구소 본부장)
타나시스 코피나코스(우드맥켄지 가스&파워 헤드)
김광진((주)한양 고문)
김용래(산업통상자원부 에너지산업정책관)

사회 김연규(한양대학교 교수)

"천연가스LNG가 공급과잉 시장이 되면서 매도자 우위에서 매수자 우위 시장으로 변화하고 있고, 기본 15년 이상 장기계약 관행도 바뀌고 있다. 대량 소비국인 중국, 한국, 일본의 경우 유통량을 기반으로 천연가스 트레이딩 허브터미널을 개발해 석유와 같이 자율경쟁시장을 만들 수 있는 기회를 맞고 싶다."

타나시스 코피나코스Thanasis Kofinakos 우드맥켄지Wood Mackenzie 가스&파워 헤드는 "LNG 시장 계약에 유동성이 생기면서 중·단기 거래가 늘고 있다. 자율경쟁시장이 생길 수 있는 3~4년 뒤에는 한국·중국·일본에서 대량 저장설비를 갖춘 LNG 허브터미널을 만들어야 한다"고 조언했다. 특히 "공급과잉으로 구매자가 유리한 조건을 제시할 수 있는 만큼 신흥 공급자들과 마케팅 모델을 만들어 상품시장을 열어갈 필요가 있다"고 덧붙였다.

LNG 시장은 그간 공급부족 시장이었다. 게다가 한국·중국·일본·대만 등 산업이 발달한 동북아시아 지역에 수요가 몰리면서 '아시아 프리미엄' 가격이 형성됐고 다른 국가에 비해 비싼 가격에 LNG를 받는 불이익을 겪어왔다. 또, 공급부족 시장에서 LNG를 조달받기 위해 15년에서 20년간 장기계약을 체결하면서 대표적인 에너지원인 석유에 비해 합리적인 가격에 연료를 조달하는 데 어려움을 겪었다. 하지만 LNG의 생산량이 늘어나면서 시장이 공급과잉으로 변화했고, 주요 수요처인 동북아시아 국가에는 새로운 기회가 생기고 있다.

특히 단기거래시장이 열릴 경우 석유트레이드 시장과 같이 선물거래시장이 열릴 수 있고, 동북아시아에 저장시설을 함께할 수 있는 허브터미널을 개발할 경우 인근 지역에 신성장동력이 될 수 있다는 시각이다. 한국과 일본은 동북아시아 LNG 허브터미널 구축에 합의한 바 있으며, 중국이 동참할 경우 시장은 더욱 확대될 전망이다.

김광진 (주)한양 고문은 "광양만 묘도에 94만 평(약 300만㎡)의 매립지를 확보하고 융복합에너지시설 유치를 추진하고 있다. 10개 이상의 대형 저장시설벙커을 개발할 수 있고, 인근에 20만 톤 이상의 대형 선박을 정박시킬 수도 있어, 저장이나 물류에서 유리하다"고 설명했다. 이어서 "일본의 경우 지진 문제로 안전설비를 갖출 경우 2.5배 이상의 비용이 들어가는 만큼 한국에 벙커설비가 들어오는 것이 더 안정적이다. 인근에 가스 수요처인 여수국가산업단지가 있는 점도 매력이다"라고 밝혔다.

향후 국내 LNG 허브터미널 구축 여부는 한국과 일본, 또 중국의 협의가 필요할 전망이다. 고야마 겐 일본에너지연구소 본부장은 "일본은 후쿠시마 원전 사고 이후로 LNG의 중요성을 인지하고 가격 문제를 비롯해 전략적인 접근에 나서고 있다. 한·중·일 각국 정부의 진정성 있는 협력과 전력·가스회사 등 이해 당사자들이 공존할 수 있는 방안으로 협력해야 할 것"이라고 밝혔다. 이어서 "공동의 해결 과제로서 단순한 저장, 유통과 더불어 원료를 가공해 다양한 제품으로 활용할 수 있는 LNG 다운스트림downstream 시장에 대한 규제 완화 방안 등도 고려해야 한다"고 덧붙였다.

김용래 산업통상자원부 에너지산업정책관은 "정부는 LNG 시장 형성을 위해 그간 가스공사에만 허용된 LNG 수입을 향후 자가 사용을 위한 경우에 개방하고, 가스공사의 배관망 활용과 수입자 간 거래 등도 허용할 계획이다. 허브터미널 부분은 한국 혼자서는 할 수 없기 때문에 중국, 일본 등 주변국과 논의하여 3국 간 협력 체계를 구축해나가겠다"고 말했다.

PART

03

GREAT

글로벌 투자:
새로운 전략

INSTAURATION

칼라일그룹 창립자에게 듣는 글로벌 투자 전망

데이비드 루벤스타인 칼라일그룹 공동 창립자, 공동 회장

데이비드 루벤스타인David Rubenstein은 세계 최대 규모의 사모펀드인 칼라일그룹 Calyle Group의 공동 창립자 겸 공동 회장이다. 칼라일그룹은 창립 이후 전 세계 40개 이상의 사무실과 2,000억 달러 이상의 자금을 운용하는 투자 회사로 자리매김했다. 미국 볼티모어 출신인 루벤스타인은 1970년 듀크대학을 수석 졸업했으며, 최우등학 생 모임인 파이 베타 카파Phi Beta Kappa 회원으로 선출되었다. 시카고대학 로스쿨 재 학 시기에는 《로 리뷰Law Review》 편집자로 활동했다. 1973년부터 1975년까지는 뉴욕에서 폴 바이스 리프킨트 와튼 앤드 개리슨 법률회사Paul, Weiss, Rifkind, Wharton & Garrison LLP 소속 변호사로 활동했다. 1975년부터 1976년까지는 미국 상원 법사 위원회의 헌법개정특별위원회에서 수석자문위원을 역임했다. 지미 카터 행정부였던 1977년부터 1981년까지는 대통령의 국내 정치 부보좌관으로 근무했다. 백악관에서 근무한 이후, 그리고 칼라일을 공동 창립하기 전에는 워싱턴에서 변호사로 일했다.

"향후 글로벌 경제 위기가 발생해도 금리를 더 이상 낮출 수 없다는 것은 문제다."

2,000억 달러의 자산을 운용하는 데이비드 루벤스타인 칼라일 그룹 회장은 전 세계적으로 글로벌 저금리 기조가 오랫동안 이어지는 것에 우려를 표명했다. 루벤스타인 회장은 "역사적으로 최저 수준의 금리가 경제에 꼭 좋은 것은 아니다. 주요 중앙은행이 경기부양을 위해 저금리 기조를 유지하면서 위기 때 추가로 금리인하 정책을 추진할 수 없게 됐다"고 말했다.

'칼라일로부터 듣는 글로벌 투자 전망' 세션에서 루벤스타인 회장은 청중에게 간단한 질문을 던지고 호응을 얻는 방식으로 강의를 이어갔으며, 현재 글로벌 경제가 직면한 문제와 해법에 대해 구체적 수치를 활용해 차근차근 설명해갔다. 종종 유머도 섞어가며 다소 광범위한 주제를 쉽게 전달하는 데 주력했다.

루벤스타인 회장은 우선 선진국과 신흥시장 모두 부진한 경제 성장률을 회복하는 것을 '제1의 도전과제'로 꼽았다. 선진국 상황에 대해서는 "OECD로 대표되는 선진국의 경제 성장률은 2000~2007년 평균 2.4%에서 2010년 이후 1.6%로 떨어졌다. 특히 미국은 1954년부터 2008년 경제 위기 때까지 매년 평균 2.9% 성장세를 보이다 2009년부터 연평균 2.2%로 하락했다"고 밝혔다.

신흥국에 대해서는 성장 둔화와 함께 기업들의 과도한 부채를 경제위협 요소로 지적했다. "신흥국은 선진국과 비교해 국가 부채는 상대적으로 적지만 기업 부채가 많다"는 것이다.

미국에서 반복되는 '7년 주기 위기설'도 불안 요인으로 언급했다. 루벤스타인 회장은 "미국은 제2차 세계대전 이후 7년에 한 번 정도 경기침체를 겪었는데 현재 7년 이상 성장세를 보이고 있다. 가장 최근의 침체 시기가 2009년이라는 점에서 앞으로 경제 전망이 밝지 않다"고 예상했다. 경기 흐름에는 일정한 주기가 있기 때문에 계속해서 성장가도만 달릴 가능성은 높지 않다는 의미다. 미국 내에서 2017년 말 혹은 2018년 초에 경제가 흔들릴 수 있다는 분석이 나오는데 이에 동의하고 있음을 내비친 것이다.

이런 불확실성의 시대에 루벤스타인은 투자의 대가답게 "자산운용을 잘할 수 있는 전문가에게 맡겨야 한다"고 단언했다. 그리고 주식·채권 등 전통 투자 대신 대체투자 등을 주요 투자 전략으로 삼는 사모펀드를 대안으로 제시했다. 그는 미국 투자자를 대상으로 실시한 설문조사 결과를 인용하며 사모펀드가 결국 답이라는 점을 누차 강조했다. 해당 조사에 따르면 미국 채권의 기대수익률은 연 1.8%인 반면 사모펀드는 9.1%로 나타났다. 루벤스타인 회장은 "결국 돈 있는 사람들은 갈수록 부동산·사회기반시설 등 대체투자를 하는 사모펀드에 투자해 소득을 늘릴 것"이라고 예상했다. 이어서 "세계적인 사모펀드의 수익을 보면 시장 벤치마크 수익률 대비 8~9%포인트 정도 격차를 내고 있다"고 덧붙였다.

부동산 등 비유동성 자산으로만 몰리는 경향이 향후 더 큰 위험 요소가 될 수 있다는 의견에 대해서 루벤스타인 회장은 "순자산 규모 중 5~10% 수준을 투자하는 것이 적절하다. 전통적 투자처에도 수익 발생 가능성은 존재하기 때문에 모든 달걀을 한 바구니에 넣지 않는 것은 당연한 전략"이라고 반박했다. 또 사모펀드가 개인보다는 자산이 많은 기관 중심으로 투자를 하고 있다는 한계를 지적하자, 루벤스타인 회장도 금융 지식은 충분하지만 소득이 많지 않아 투자할 수 없는 경우가 발생하는 환경임을 인정했다. 그럼에도 "현재 사모펀드 구조에는 편입되기 어렵지만 저소득자를 위한 (사모펀드 수준의) 새로운 금융상품이 등장할 것"이라고 전망했다.

칼라일그룹 본사는 미국 워싱턴에 있다. 투자 회사가 보통 뉴욕에 거점을 마련하고 있는 것과 다른 점이다. 지미 카터 전 대통령의 참모로 근무한 경험도 있는 루벤스타인 회장은 "사모펀드가 워싱턴에서도 성공할 수 있다는 걸 보여주고 싶었다"고 이유를 설명했다.

글로벌 머니쇼
화두는 장기 분산투자

연사 니컬러스 브랫(라자드자산운용 매니징디렉터)
　　　 저우핑(빈위엔캐피털 CEO)
　　　 앙드레 뤼에그(밸뷰자산운용 CEO)

사회 존 리(메리츠자산운용 CEO)

글로벌 자산운용가들은 세계지식포럼 '글로벌 머니쇼'에 참석한 국내 투자자들에게 다양한 지역과 성장기업의 주식을 장기 보유하라고 조언했다. 저금리·고령화 시대 글로벌 자산운용 전문가들이 제시한 투자해법은 수익성, 유동성, 변동성 등을 고려하면 결국 주식 외에 마땅한 투자처가 없다는 것이 공통된 의견이었다.

니컬러스 브랫Nicholas Bratt 라자드자산운용Lazard Asset Management LLC 매니징디렉터는 "미래 20년을 보고 주식에 100% 투자하라. 채권 비중은 0%로 가져가라"고 강조하며 주식 외에는 다른 수단이 없음을 강조했다. 투자 고수들은 장기투자자임을 강조하며, 주식투자를 두려워할 필요가 없다고 강조했다. 브랫 디렉터는 "1984년 처음 한국에 투자할 때 시가총액은 50억 달러였지만 32년이 지난 현재 1조 5,000억 달러까지 늘어났다. 한국 최고 기업에 변동성, 정치 요인, 유가 등을 생각하지 않고 1984년에 투자했다면 300배 수익을 냈다는 의미"라고 말했다. 이어서 "채권보다 주식 수익률이 더 높은 현실은 놀라운 변화다. 특히 주식은 배당금만으로 충분한 수익을 누릴 수 있다"고 덧붙였다. 한국은 2015년 처음으로 보통주 평균 배당수익률1.74%이 국고채 평균 수익률1.69%을 앞섰다.

연내에 미국 금리 인상 가능성이 커졌지만 주식 투자자에게는 오히려 기회라고 보는 의견도 있었다. 브랫 디렉터는 "대체로 경제 회복기 초반에 금리 인상 조치가 일어날 수밖에 없다. 현재 저금리 기조가 오래됐고 대체투자 수익률이 높지 않기 때문에 향후 6~12개월간 일어나는 금리 인상은 한국을 비롯해 글로벌 주식시장에 긍정적일 것"이라고 내다봤다.

중국은 불안감의 대상이 아닌 포트폴리오에 담아야 할 필수 아이템으로 언급되었다. 다만 지수보다는 특정 기업 및 업종에 집중해 투자하는 것이 더 전망이 밝다는 의견이다. 저우핑Zhou Ping 빈위엔캐피털Bin Yuan Capital 대표는 "중국 경제는 연간 6~7%가량 꾸준히 성장하고 있어 기회는 여전히 많다. 중국의 IT 기업에 주목하라"고 밝혔다. 핑 대표는 "텐센트는 기업공개IPO 이후 주가가 200배 오르는 등 인터넷 산업은 규모가 커질 것"이라고 내다봤다. 또 그는 '구舊경제'로 분류되는 중국 제조업 중에 자기자본이익률ROE 30% 이상인 우량 자동차 제조 및 부품 기업을 눈여겨보라고 주문했다. 브랫 디렉터도 "중국 시장은 규모상 간과할 수 없는 대상이지만 현재는 언더웨이트Underweight, 비중 축소다. 민간 IT 기업인 알리바바, 텐센트, 바이두 등은 훌륭한 투자 대상"이라고 동의했다.

2015년 글로벌 증시에서 강한 상승세를 보이다 2016년 고꾸라진 헬스케어 부문도 고령화 시대와 맞물려 여전히 매력적인 투자 분야로 꼽혔다. 앙드레 뤼에그André Rüegg 밸뷰자산운용Bellevue Asset Management 대표는 "글로벌 헬스케어 산업은 매년 10~15% 성장 중이다. 변동성이 존재하지만 헬스케어 업종의 주가 하락은 오히려 추가로 주식을 매입할 좋은 기회"라고 밝혔다.

고령화 시대 포트폴리오는 이렇게

연사 알렉시스 칼라(스탠다드차타드그룹 글로벌투자전략 총괄대표)
　　　조지 개넌(푸르덴셜파이낸셜 부사장)
　　　니시 야스마사(에셋매니지먼트원 대표)
　　　스티브 왓슨(캐피털그룹 중국대표)

사회 최만연(블랙록 한국대표)

"고령화 시대에는 인기 있는 특정 금융상품이나 일시적인 트렌드를 좇아가지 말고 장기적인 관점에서 분산 포트폴리오를 짜야 한다."

자산관리 경력만 20년이 넘는 알렉시스 칼라Alexis Calla 스탠다드차타드그룹 글로벌투자전략 총괄대표, 은퇴설계 전문가인 조지 개넌George Gannon 푸르덴셜파이낸셜 부사장 등 투자 전문가들은 "사회가 고령화될수록 장기적 관점의 은퇴설계가 중요하다. 금융기관들 역시 고객들에게 오늘 나온 신규상품만 팔 게 아니라 장기적 관점에서 자문을 제공하는 데 주력해야 한다"고 조언했다. 다양한 금융상품으로 포트폴리오를 구성하고 글로벌 분산투자를 통해 고령화 사회로 인한 투자 리스크를 줄여야 한다는 것이다.

칼라 대표는 "한국 투자자들은 한계가 있는 자국 시장에서만 기회를 찾지 말고 국경 바깥에서 기회를 찾아야 한다. 해외 주식이나 채권 외에 외국 통화 같은 투자상품에도 적극적으로 투자할 필요가 있다"고 조언했다. 이어서 "고령화 리스크를 줄이려면 다양한 나라의 포트폴리오에 분산 투자해야 한다. 출산율 등 각 나라의 경제 상황이 모두 다르기 때문"이라고 설명했다. 또 "단기 모멘텀에 집중하기보다는 시간을 가지고 가치 있는 것에 투자해야 한다. 젊은이들은 더 이른 시기부터 저축을 시작해야 하며 연금도 실시간으로 관리해야 한다"고 덧붙였다.

스티브 왓슨Steve Watson 캐피털그룹Capital Group 중국대표는 "투자자들이 저금리 시대에 어디에 투자해야 할지 몰라서 현금을 그냥 보유하고 있기 때문에 자산 가치가 갈수록 하락하는 것을 막지 못하고 있다. 고객의 연령, 자산 규모 등에 따라 전체 생애 흐름에 맞춘 포트폴리오 설계를 해줄 수 있는 자문 전문가가 필요하다"고 지적했다. 덧붙여서 "예를 들어 젊을 때는 하이리스크를 감수하고 나이 들면 리스크를 줄이는 식으로 투자 전략을 제공해야 한다. 그래야 투자자들도 안심하고 장기적인 안목에서 은퇴자산을 운영할 수 있다"고 말했다.

젊은 세대를 위해 자문 수수료가 적은 로보어드바이저Robo-advisor 서비스를 적극적으로 도입해야 한다는 주장도 제기됐다. 니시 야스마사西惠正 에셋매니지먼트원Asset Management One Co., Ltd. 대표는 "고령화 리스크를 극복하려면 결국 밀레니엄 세대의 역할이 중요하다. 소득이 낮은 젊은이들이 첫 투자를 쉽게 시작할 수 있도록 자산운용사에서 인터넷을 활용해 수수료를 낮춘 로보어드바이저 서비스를 적극적으로 도입할 필요가 있다"고 밝혔다.

니시 대표는 아베노믹스 이후 일본 정부의 재테크 정책에 대해 비판적인 견해를 내놨다. "리먼브라더스 사태 이후 매월 고정 수익을 주는 더블데커펀드Double Decker Fund, 신흥국 통화로 주식에 투자해 환차익을 노리는 상품가 나왔지만 환리스크가 크기 때문에 은퇴 준비를 위해 좋은 상품이 아니었다. 일본 정부는 최근 가이드라인을 제시하며 리스크가 높은 투자를 지양하는 동시에 일회성 투자를 피하라고 말하고 있다. 하지만 실질적으로 현재 보유하고 있는 예금·현금 등을 어떤 방식으로 전환해야 하는 것인지에 대해서는 국민들을 설득하지 못하고 있다"고 지적했다.

스티브 왓슨 캐피털그룹 중국대표는 "투자자는 연령, 자산 규모 등에 따라 전체 생애 흐름에 맞춘 포트폴리오 설계를 해줄 수 있는 자문 전문가의 도움을 받아라"라고 조언했다. 뤼에그 대표는 "스위스에서는 기대수명이 80세라면 60세에 현금 비중을 20% 유지하고 1년씩 현금 비중을 1%씩 늘리라는 말이 있다"고 자산 내 현금 보유 전략을 소개했다.

은퇴설계 전문가인 조지 개넌 푸르덴셜파이낸셜 부사장은 노후 대비를 위해 '디큐뮬레이션Decumulation'의 중요성을 강조했다. 디큐뮬레이션은 젊을 때 축적한 자산을 노후에 꾸준히 지급되는 현금 소득으로 바꾸는 '소비인출' 전략을 의미한다. 개넌 부사장은 "과거에는 보험을 드는 이유가 예상치 못한 사고에 대비하기 위해서였다면 최근에는 노후에 자산인출 수단으로 보험을 드는 경우가 많다. 금융사들은 리스크가 높더라도 수익률이 높은 첨단 보험상품을 설계해 고객들에게 제공할 필요가 있다"고 주장했다. 또 전문가들은 개인 연금상품을 보유할 것을 권했다. 공적연금을 납부하는 사람보다 수혜자가 더 늘어나는 상황에서 별도로 노후자금을 마련하는 것은 필수라는 것이 이들의 시각이다.

중국 큰손, 웨이제
금성투자그룹 회장의 투자법

웨이제 금성투자그룹 회장

웨이제Wei Jie는 중국의 금성투자그룹을 창업해 자산 규모 200억 위안약 3조 4,000억 원이 넘는 대기업으로 키운 기업인이다. 중국 기업으로서는 최초로 여러 분야 사업에 투자하여 관리하는 '산업 경영' 개념을 도입한 것으로 유명하다. 신속한 행동과 실력으로 앞선 기업을 빠르게 추월하는 웨이제의 '코너 추월' 원칙은 큰 화제를 일으켰다. 중국 도교를 기업 경영 철학의 바탕으로 삼은 '중국형 기업 경영 모델'의 창시자로도 유명하다. 국제기업인모임이 선정한 '2013년 중국 최고의 성과를 낸 50명'으로 꼽혔다. 금성투자그룹은 문화와 복지사업을 비롯한 10개 종목에 산업 체인을 보유하고 있다. 고아들을 지원하고 아동 병원을 설립하는 등 자선사업에도 열성적으로 참여하고 있다.

"중국은 지난 30년간 생수·커피·와인의 잔을 어떻게 하면 크게 만들까에 관심이 있었다면, 이제는 잔 안에 어떤 고품질의 생수·커피·와인을 담을지를 고민하는 시기를 맞이했다. 콘텐츠에 대한 중국의 이 같은 고민에 부응하는 투자를 해야 성공할 수 있다."

웨이제 금성투자그룹 회장은 중국에 새롭게 투자하는 회사는 인프라만 갖춘 신형 도시에 콘텐츠를 주입하는 투자를 해야 할 것이라고 설명했다. 투자의 귀재로 꼽히는 그는 한국에서도 2016년 10월 13일 코스닥 상장사인 연예기획사 판타지오엔터테인먼트를 전격 인수했다. 그가 인수한 판타지오의 주가는 시장의 관심을 받아 인수 사흘 만에 2,090원에서 3,390원으로 62% 상승하기도 했다.

웨이제 회장은 중국 투자의 키워드로 '역사의 순환'을 꼽았다. 300년 전 중국 청나라가 차지했던 세계 경제의 중심지 역할이 영국, 미국 등을 돌아 다시 중국으로 오게 된다는 것이 그의 주장이다. 그에 따르면 300년 전 청나라는 전 세계적으로 가장 발전한 나라였다. 특히 외국과의 무역을 통해 비단, 차 등 물건을 서양으로 수출하며 많은 외화와 금, 보석 등을 벌어들였다. 농경 기반의 중국 경제가 세계적으로 발전했던 시기다. 그는 "당시 중국의 부흥은 모든 부가 중국으로 몰렸기 때문이다. 해운이 발달해 상품이 해외로 나가고 중국은 세계의 재화를 끌어들이는 역할을 했다"고 설명했다.

중국이 세계 경제의 패권을 뺏기게 된 계기는 영국의 산업혁명이다. 중국으로부터 차, 비단 등을 수입해오던 영국은 200여 년 전기술혁명과 산업혁명을 통해서 전 세계의 중심이 됐다. 이렇게 중심의 지위를 확보한 영국은 100년 전 청나라와 같은 일을 했다. 무역을 하고 식민지를 확장했다. 전 세계로 역량을 확대하면서 미국과도 무역을 했다. 웨이제 회장은 "농경이라는 콘텐츠를 갖고 있던 청나라가 산업혁명이라는 콘텐츠를 개발한 영국에 1위 자리를 뺏긴 것"이라고 말했다.

그러다가 새로운 패권을 거머쥔 곳이 바로 미국이다. 제1, 2차 산업혁명을 거치고 영국으로부터 재화를 축적한 미국은 스스로 무역의 중심으로 거듭났다. 미국은 과학기술혁명을 거치면서 전 세계의 가장 선진적인 과학자를 모두 흡수했다. 전 세계 기술을 흡수해 자기 것으로 만든 뒤 스스로 세계 경제의 중심이 된 것이다. 영국이 너무 많은 기술 이전으로 미국에 세계의 중심 자리를 뺏긴 것과 달리 미국은 기술을 수출하지 않았다. 웨이제 회장은 "제3차 산업혁명을 거치며 과학기술 사회로 진입하면서도 미국이 여전히 세계 경제 중심의 위치를 유지하고, 일본은 부차적인 경제 중심지에 머물러 있는 것은 일본이 미국의 기술을 따라 하기만 할 뿐 혁명적인 사건을 일으키지 못했기 때문"이라고 설명했다.

그가 중국에서의 투자를 강조하는 것은 바로 중국이 다음 시대에 세계 경제 중심지 자리를 차지하기 위해 노력하고 있기 때문이라고 말했다. 그는 현재 중국이 하드웨어적인 인프라는 모두 갖췄고, 이를 채울 수 있는 소프트웨어를 끌어들이기 위해 전 국가적 투자를 하고 있다고 설명했다. "중국은 세계의 패권을 다시 찾을 수 있는 기회를 지난 300년간 갈망해왔다. 중국의 이런 발전은 거스를 수 없는 시대의 흐름"이라고 자신했다.

그가 콘텐츠에 대한 투자를 해야 한다고 말하는 것도 바로 이 때문이다. 웨이제 회장은 "중국은 미래 100년을 기술 기반 사회로 만들기 위해 신형 도시화를 구축해왔다. 이런 신형 도시에 담을 콘텐츠야말로 중국 투자에서 노려야 할 점"이라고 설명했다. 더불어 "대규모 공연장을 만들어도 이를 채울 콘텐츠가 중국에는 없다. 이를 채울 수 있는 것이 한국의 기술과 문화일 것"이라고 덧붙였다.

로보어드바이저 춘추전국시대

연사 고봉찬(서울대학교 교수)
폴 길리스(베이징대학 교수)
스티그 브로더슨(인베스터팟캐스트 공동 창립자)
김정범(미래에셋대우 파트장)

사회 김일수(위즈도메인 대표이사)

구글의 알파고가 이세돌 9단을 꺾은 2016년 3월. 인공지능의 뛰어난 능력에 사람들은 경악했다. 곧바로 언론에 '로보어드바이저robo–advisor'가 등장하기 시작했다. 자산관리를 인공지능이 대신해준다는 로보어드바이저는 인공지능의 출현과 함께 많은 관심을 받았다. 인공지능 시대, 로보어드바이저의 출현은 금융가에 많은 변화를 예고하고 있다.

'로보어드바이저의 미래' 세션에 참석한 전문가들은 가까운 미래에 로보어드바이저 춘추전국시대가 열릴 것으로 전망했다. 금융권 입장에서는 피할 수 없는 흐름이 됐다는 것이다. 다만 로보어드바이저가 '만능'이 아닌 만큼, 고객들은 자신이 원하는 분야에 맞는 로보어드바이저를 선택하고 활용해야 한다는 지적이 나왔다.

로보어드바이저란 '로봇robot'과 '투자 전문가advisor'의 합성어다. 고도화된 알고리즘과 빅데이터를 통해 인간이 수행하는 '프라이빗 뱅커Private Banker, PB' 대신 모바일 기기나 PC를 통해 포트폴리오 관리를 수행하는 온라인 자산관리 서비스를 의미한다. 사람을 직접 마주하고 상담하지 않고도 온라인 환경에서 자산 배분 전략을 짜주기 때문에 개인 맞춤형 서비스를 제공할 수 있고 수수료가 저렴하다는 것이 장점이다. 즉 알고리즘이 투자 수익률을 따져 이에 맞게 투자하는 서비스를 말한다.

김일수 위즈도메인WISDOMAIN 대표이사는 "로보어드바이저는 금융회사가 비용 절감을 위해 만든 것"이라고 설명했다. 기존의 자산관리는 일부 거액 자산가의 전유물이었다. PB가 자산을 관리하고 수익률의 일부를 가져가는 시스템이었던 것이다. 김일수 대표이사는 "프로그램을 짜서 자동으로 자산관리를 하게 되면 금융 회사 입장에서는 비용 절감이 가능해진다"고 설명했다. 폴 길리스 Paul Gillis 베이징대학 교수도 "PB 산업이 형성되면서 기관 투자가, 일부 개인 투자자가 받던 자산관리가 로보어드바이저를 통해 소액 자산가에게 확대되고 있다. 이로 인해 많은 자산이 로보어드바이저로 몰리게 되면서 금융권 입장에서는 로보어드바이저를 도입하지 않을 수 없는 시대가 됐다"고 덧붙였다.

현재 로보어드바이저는 대부분 ETF상장지수펀드, 특정 지수의 수익률을 얻을 수 있도록 설계된 지수연동형 펀드에 치중되어 있다. 하지만 시장이 확대되고 고객들의 다양한 요구가 접목되면서 점차 여러 분야로 확대되고 있다. 김일수 대표이사는 "로보어드바이저 전문업체들이 등장하면서 기존 금융권도 발 빠르게 움직이고 있다. 조만간 로보어드바이저의 춘추전국시대가 올 것이다"라고 전망했다.

인공지능 시대가 도래한 것도 로보어드바이저 확대를 부채질하고 있다. 특히 기계가 스스로 학습할 수 있는 '머신러닝' 기능이 탑재된 인공지능의 출현은 더 안정적이고 수익률 높은 로보어드바이저의 출현을 가능케 하고 있다. 김정범 미래에셋대우 파트장은 "증권사 중 6곳이 로보어드바이저에 참여하고 있다. 국내에서도 자산관리 시장이 곧 형성될 것으로 보는데 투자 성향에 맞는 다양한 로보어드바이저가 나타나게 될 것"이라고 말했다.

위즈도메인에서는 이날 그간 로보어드바이저에 적용되지 않았던 '기술가치'를 접목한 새로운 알고리즘을 공개했다. 기업이 갖고 있는 특허를 계량화해, 기술가치를 평가하는 알고리즘을 로보어드바이저에 넣은 것이다. 김일수 대표이사는 "기업의 경쟁력은 곧 기술력이라는 판단에 따라 만든 알고리즘이다. 특허번호만 넣으면 그 기업의 미래가치를 평가할 수 있다"고 했다. 위즈도메인이 만든 '주가기술비율Price Technology Ratio, 이하 'PTR''은 2010년 1월 5일부터 모의투자를 한 결과 연평균 22.08%의 수익률을 기록했다. 미국 상장기업 대상 모의투자에서는 28.2%, 일본 상장기업 대상으로는 40.5%를 기록했다. 김일수 대표이사는 "기술 가치가 높은 기업은 투자를 받아 기술이 실제로 실현될 수 있도록 도움을 얻을 수 있다. 단순히 수익률을 높인다는 생각보다는 중요한 기술의 실현에 도움을 준다는 데 더 큰 가치를 두고 있다"고 말했다.

하지만 로보어드바이저에 대한 우려 섞인 목소리도 나오고 있다. 현재 로보어드바이저는 대개 2008년 금융 위기 이후 태어난 만큼, 예상치 못한 위기 상황을 정확히 예측할 수 있는지에 대한 데이터가 축적되지 않았다. 로보어드바이저 업체가 갖고 있는 알고리즘이 과연 어떤 식으로 설계되어 있는지에 대한 투명성도 부족하다. 고봉찬 서울대학교 교수는 "현재 로보어드바이저가 전반적으로 유의미한 결과를 보여주고 있지만 이것이 언제까지 지속될지는 알 수 없다. 기계나 머신러닝 응용으로 초과수익의 기회가 없어진다면, PTR과 같은 무형자산 정보에 입각한 로보어드바이저도 초과수익의 기회를 잃을 수 있다"고 말했다.

대체투자,
3년 이상 보고 투자하라

연사 **앤드루 매캐프리**(애버딘자산운용 대체투자부문 대표)
　　　마틴 스탠리(맥쿼리 인프라&실물자산 글로벌대표)

"앞으로 3년 이후를 내다보는 장기적인 시각을 갖고 전체 투자 자산에서 대체투자 비중을 끌어올리면 저금리 환경에서 고수익을 올릴 수 있다."

세계지식포럼 행사와 함께 열린 글로벌대체투자포럼GAII 2016에서 앤드루 매캐프리Andrew McCaffery 애버딘자산운용 대체투자부문 대표가 기조연설을 통해 밝힌 견해다. 최근 10년간 글로벌 민간 연기금이 대체투자를 했을 경우 평균적으로 연 6%가량 수익률을 올렸다. 특히 전체 투자자산 중 대체투자 비중을 30% 이상으로 올릴 경우 연 수익률 8%에 가까워질 수 있다는 것이 매캐프리 대표의 설명이다.

현재 저금리 환경은 기관 투자가들에게 시련을 주고 있는 상황이다. 투자 수익률을 끌어올려 투자자들에게 높은 수익을 되돌려야 하지만 저금리로 인해 주식시장이 고평가되고 2008년 글로벌 금융 위기 이후 주택 가격이 크게 상승하며 수익률을 높이기 어려운 상황이기 때문이다.

매캐프리 대표는 이러한 어려움에 대한 해법으로 대체투자자산 내 포트폴리오 다변화 전략을 주장했다. 농업, 에너지 등 실물자산 부문을 비롯해 벤처 투자, 헤지펀드 등에 대한 투자 등이 그것이다. 그는 "벤처는 투자 규모가 작은 데다 전문성이 필요해 접근하기 어려운 것이 사실이다. 하지만 1990년대 IT 버블 때와 달리혁신이 아주 빠르게 전개되고 있어 차별화된 성과를 낼 수 있다"고 설명했다. 최근 헤지펀드 성과가 13년 이후 최저 수준을 기록하며 고전하고 있지만 미국 금리가 인상될 가능성이 있는 변동성장세에 대응해 효과적인 투자 수단이라는 설명도 곁들였다. 또한 "채권 수익률이 저점 대비 반등함에 따라 변동성 대응 전략이 필요하다"면서 헤지펀드 투자 필요성을 역설했다.

매캐프리 대표에 이어 두 번째 기조연설을 맡은 마틴 스탠리 Martin Stanley 맥쿼리 인프라&실물자산 글로벌대표는 저금리 시대에 사회기반시설 투자의 기회 요인을 설명하며 동시에 '사회적 책임 투자'에 관해서도 역설했다. 스탠리 대표는 "사회기반시설 투자의 경우 정부 보증 등의 조항으로 인해 안정적인 수익률을 낼 수 있지만 국가, 금융, 자산 가격, 규제 리스크 등이 숨어 있다는 사실을 명심해야 한다"고 말했다.

전 세계적으로 고령화 사회가 도래하면서 더 많은 공공서비스가 필요해짐에 따라 인프라 관련 투자 기회가 수익률 제고에 도움을 주는 상황이다. 동시에 인프라는 경제 성장의 성과를 전 국민에게 고루 배분하는 하나의 수단이다. 특히 유럽의 경우 시리아 사태 등으로 인해 이민자 숫자가 늘어남에 따라 인프라 관련 사회적 합의를 요구하는 목소리가 커지고 있는 상황이다. 이 같은 불확실성 때문에 수익 변동성이 발생하고 있다는 것이 스탠리 대표의 설명이다. 그는 "인프라가 많은 사람들의 삶에 영향을 미치고 있다는 점을 감안해서, 투자할 때 단순히 수익성만 고려할 것이 아니라 청렴성, 책임성 등도 동반해야 할 것"이라고 말했다.

이 같은 사회적 책임을 고려한 투자가 이뤄질 경우 인프라 민영화가 일반인들의 인식과 달리 나쁜 것만은 아니라는 사례도 소개했다. 스탠리 대표는 "국영기업이던 테임스워터Thames Water 수자원공사는 민영화가 이뤄진 뒤 설비투자가 늘어나며 영국 내 가장 질 높은 식수를 제공하고 있으며, 누수율은 지난 10년간 25%나 줄었다"고 말했다.

브렉시트 이후 유럽 부동산,
위기냐 기회냐

연사 베르트랑 쥘리앙라페리에르(아디안 부동산부문 대표)
로랑 자크맹(악사부동산운용 유럽대표)
디디에 웅글릭(레투알 회장)
콘라드 핀켄젤러(파트리지아부동산운용 국제자본시장 대표)
박정배(새마을금고중앙회 실물투자 팀장)
최영산(NH농협생명 해외대체부장)

사회 박병준(베스타스자산운용 상무)

2016년 6월 브렉시트 이후 방향성을 잃었던 글로벌 큰손들의 투자 나침반이 유럽 본토를 향하고 있다. 글로벌 주요 연기금·국부펀드와 자산운용사 등 기관 투자가들이 브렉시트 결정 이후로 '투자 1순위'로 꼽히던 영국 런던에서 벗어나 유럽 본토 주요 도시의 부동산으로 눈을 돌리고 있다는 분석이 제기됐다.

세계지식포럼과 연계해 열린 글로벌대체투자포럼GAII 2016에 참석한 국내외 주요 기관 투자가들은 브렉시트 여파로 직격탄을 맞은 영국 런던 부동산 시장이 최근에 서서히 회복세를 보이고 있지만, 불확실성이 여전히 남아 있는 만큼 당분간 투자에 신중해야 한다고 입을 모았다. 베르트랑 쥘리앙라페리에르Bertrand Julien-Laferrière 아디안Ardian 부동산부문 대표는 '브렉시트 이후, 유럽 부동산 시장, 위기냐 기회냐'라는 패널 토론에서 "런던 부동산 시장은 향후 가치가 더 하락할 수 있어 유의해야 한다. 특히 오피스 빌딩은 불확실성이 커 투자에 신중해야 할 때"라고 강조했다. 2017년 3월 예정된 영국과 EU 간의 탈퇴 협상 결과에 따라 오피스 빌딩 수요가 더욱 급감할 수 있다는 분석이다.

레투알L'Etoile의 디디에 웅글릭Didier Unglik 회장도 "탈퇴 협상이 본격화되면 브렉시트 결정에 따른 후폭풍도 가시화될 전망이다. 부동산 규제 완화와 낮은 세제 등 투자자에 유리한 시장 환경 덕분에 고평가됐던 런던 부동산 시장이 재평가받을 것으로 보인다"고 내다봤다. 이어서 "향후 부동산 가치가 하락할 가능성이 높아 손절매를 통해 손실을 최소화하는 방안도 고려해야 한다"고 덧붙였다.

다만 런던 부동산 시장 중에서 호텔 및 주택, 상가시설, 물류시설 등은 투자 매력이 여전하다는 분석도 나왔다. 쥘리앙라페리에르 대표는 "브렉시트 영향으로 런던 오피스 가격이 조정되리라 예상되지만 상대적으로 영향을 덜 받거나 파운드화 가치 하락으로 수혜를 받을 수 있는 호텔이나 주택, 상가시설, 물류시설 등은 주목할 만하다"고 말했다.

전문가들은 영국 런던 부동산 시장의 불확실성이 부각되면서 프랑스와 독일 등 유럽 본토의 주요 도시가 반사이익을 누릴 것으로 전망했다. 로랑 자크맹 악사부동산운용 유럽대표는 "유럽 부동산 시장에서 핵심 지역은 영국 런던과 프랑스 파리, 독일 베를린 등 주요 도시다. 브렉시트 이후 영국 부동산 펀드에서 이탈한 자금이 프랑스와 독일 내 주요 지역으로 향할 것으로 보인다"라고 분석했다.

특히 유럽 중앙은행이 향후 5년간 저금리 기조를 이어갈 것으로 예상돼 이들 지역의 투자 매력은 지속될 전망이다. 쥘리앙라페리에르 대표는 "프랑스와 독일의 핵심 도시는 임대료 인상 등에 힘입어 향후 부동산 가격의 상승 여력이 충분해 보인다"라고 설명했다.

패널 토론에 참여한 전문가들은 네덜란드와 스페인, 북유럽 등 유럽 내 다른 지역에 대한 관심도 주문했다. 박정배 새마을금고중앙회 실물투자 팀장은 "향후 네덜란드 부동산 시장 전망을 밝게 봐 2016년 호텔과 오피스가 들어선 복합건물에 투자했다. 스페인 등 남유럽이나 노르웨이 등 북유럽까지 투자 영역을 넓혀갈 계획"이라고 밝혔다. 자크맹 대표도 "장기적인 관점에서 스페인, 이탈리아 등 남유럽 주요 도시의 오피스 임대 수요가 점차 늘어날 전망"이라고 말했다.

한편 국내 기관 투자가들은 향후 지역별 투자 전략을 세분화해 대응할 것이란 계획도 밝혔다. 박정배 팀장은 "상승 여력이 적은 미국 주요 도시의 부동산에는 대출채권 투자를, 상승 여력이 많은 유럽 주요 지역 부동산에는 지분 투자를 진행할 계획이다. 상황 변동에 능동적으로 대처해 나가겠다"고 말했다.

최영산 NH농협생명 해외대체부장은 "2015년까지 해외 부동산에 지분 투자를 많이 했지만, 2016년 들어서는 대출채권 위주로 투자했다. 글로벌 네트워크를 구축해 현지 자산운용사와 조인트 벤처JV를 설립하는 방식으로 양질의 투자처를 발굴해 나가겠다"고 설명했다.

저금리 시대, 기관 투자가의 자산 배분 전략

연사 **양영식**(국민연금 운용전략실 실장)
사비에르 벨루아(아디안 총괄전무)
조성준(교직원공제회 전문위원)

사회 **앤드루 매캐프리**(애버딘자산운용 대체투자부문 대표)

대체투자 비중을 늘려가고 있는 기관 투자가들은 리스크 관리를 위해 금리 변동을 주시하고 있는 것으로 나타났다. 또 대체투자의 핵심 축인 사모펀드PEF의 리스크를 관리하기 위해서는 수익보다는 리스크 관리를 우선시하는 매니저를 엄선하는 것이 가장 중요하다는 의견에 공감했다.

글로벌대체투자포럼GAII 2016에 참석한 조성준 교직원공제회 금융투자부 전문위원은 "대체투자 비중을 늘려가면서 가장 주목하고 있는 부분은 금리다. 금리 상승 리스크가 커지고 있어 기존에는 안정성보다 수익성을 추구했지만 향후에는 변화가 있을 것으로 보고 있다"고 말했다. 이어서 "금리가 상승하면서 채권시장에 부작용이 발생할 수 있다. 채권투자를 줄이고 주식형 펀드나 대체투자 비중을 늘려갈 계획"이라고 밝혔다.

'저금리 시대 기관 투자가 포트폴리오 전략'을 주제로 한 패널 토론에서는 대체투자와 전통 자산 사이의 적절한 자산 배분이 무엇인지에 대한 논의가 이어졌다. 특히 대체투자에 대한 리스크 평가가 쉽지 않은 상황에서 기관 투자가들은 포트폴리오 구축에 관한 고민을 토로했다.

양영식 국민연금 운용전략실장은 "현재 25% 수준인 해외 투자 비중을 35%까지 늘리면서 대체투자에 대한 절대적인 자산 규모를 확대할 예정이다. 금리 등 거시적인 지표의 변화에 대응하기 위해 투자자산 분산과 다양화 방법을 고민하고 있다"고 말했다. 특히 포트폴리오 전략의 중요성을 감안해 국민연금 투자 기조를 기존 바텀업Bottom-up 방식에서 톱다운Top-down 방식으로 이동시킬 것임을 시사했다. 지금까지는 개별 투자 대상의 리스크 대비 리턴을 고려해왔지만 앞으로는 부동산, 사회간접시설, 실물자산 등 자산군별로 수익률과 위험을 분석해 자산 배분 비중을 먼저 정한 뒤 투자에 나서겠다는 설명이다.

운용자산 54조 원 규모의 유럽 1위 대체투자운용사 아디안의 사비에르 벨루아Xavier Belloir 총괄전무는 기관 투자가들에게 대체투자의 핵심인 사모펀드의 리스크 관리에 대한 부분을 조언했다. 벨루아 전무는 "지난 10년간 PEF는 기관 투자가들에게 주가 대비 초과수익을 제공해줬지만 리스크에 대한 부담이 항상 있었다. PEF는 비상장기업에 장기간 투자하기 때문에 지정학적 리스크가 존재할 수밖에 없다"고 말했다. 이어서 "그렇기 때문에 실력 있는 매니저를 선정하는 것이 가장 중요하다. 다양한 정보와 통찰력, 전문성을 갖고 있는 사람이 필요하다"고 강조했다.

조성준 전문위원은 "시장 상황에 맞춰 잘 적응하고 대응하는 매니저를 선택하고 관리하는 것이 맞다고 본다. 수익성을 지나치게 강조하는 매니저보다는 리스크를 관리하는 매니저를 선호한다"고 말했다. 양영식 실장은 "국민연금의 경우 운용사가 집중된다는 문제가 있어서 매니저 풀을 넓혀가려 하고 있다. 자금모집펀드레이징fund–raising 때와 같은 특정 시기만이 아니라 수시로 운용사들과 소통하기를 원한다"고 밝혔다.

한편 연기금의 PEF 투자가 늘어남에 따라 위험관리를 위한 PEF 리밸런싱 수단으로 떠오르고 있는 세컨더리 PEF 시장에 관한 소개도 이어졌다. 벨루아 전무는 "지난 5년간 많은 연기금 및 국부펀드들이 PEF 포트폴리오 리밸런싱 및 유동성을 확보하기 위해 세컨더리 PEF 시장을 활용하고 있다. 통상 5년이 걸리는 PEF 투자 회수 기간을 단축하고 수익률 제고에도 도움이 된다"고 설명했다.

발렌베리 가문이 전하는
투자 비법

토마스 폰 코흐 EQT파트너스 회장

토마스 폰 코흐Thomas von Koch는 스톡홀름상과대학Stockholm School of Economics에
서 금융경제학과 회계재무학 학위를 받았다. 1994년 스웨덴 발렌베리 가문이 세운
EQT파트너스EQT Partners에 입사해서 2014년 회장직에 올랐다. EQT파트너스는 북
유럽의 로스차일드라고 불리는 발렌베리 가문의 사모펀드 운용사다.

"우리가 투자 활동을 하는 목적은 투자자의 수익을 극대화하기 위해서가 아니라 투자 기업을 존경받는 기업으로 만들기 위해서입니다. 기업들이 사회에 긍정적인 영향을 주는 것이 무엇보다 중요합니다."

토마스 폰 코흐 EQT파트너스 회장은 글로벌대체투자포럼GAII 2016에서 "올바른 경영 활동이 기업 가치의 상승으로 이어지고 이는 곧 투자자들의 성과로 연결된다"며 이같이 말했다. EQT파트너스는 북유럽의 로스차일드라고 불리는 스웨덴 발렌베리 가문Wallenberg family의 사모펀드PEF 운용사다. 통상적으로 PEF들은 기업 인수 후 인력 감축 등 구조조정을 통해 비용을 줄이는 방식으로 실적을 개선시키는 데 반해, EQT파트너스는 인수 기업에 대한 구조조정을 하지 않는 것으로 유명하다. 코흐 회장은 "기본적으로 우리는 좋은 기업을 인수해 더 좋은 기업을 만든다는 투자 원칙을 바탕으로 인수 대상에 접근한다. 고용 증대는 결국 회사를 성장시킨다는 의미이기 때문에 투자 시점부터 직원 수를 늘린다"고 설명했다.

EQT파트너스가 인수한 회사들은 투자 기간에 연평균 10%의 고용 증가율을 기록했다. 또한 매출액 역시 연평균 8%씩 증가했고, 기업의 현금 창출력을 의미하는 상각전영업이익EBITDA, 고정자산에서 감가상각을 하기 전 단계의 이익은 매년 12%씩 늘어나는 성과를 달성했다. EQT파트너스가 투자한 펀드는 1995년부터 2016년 상반기까지 연간 내부수익률Gross IRR 42%를 달성했다.

코흐 회장은 EQT파트너스의 이 같은 투자 원칙에 대해 발렌베리 가문의 DNA가 녹아들었기 때문이라고 설명했다. 발렌베리그룹은 1856년에 설립된 스웨덴 최대 재벌로 일렉트로룩스, 에릭슨, 사브 등 20여 개 계열사를 소유하고 있다. 스웨덴 GDP의 30%가 발렌베리그룹에서 나올 정도로 영향력이 크다. 5대에 걸쳐 경영권을 세습하고 있지만 사회공헌에 앞장서 스웨덴 국민들의 존경을 받고 있다.

EQT파트너스의 최대 강점은 사람이다. 코흐 회장은 "우리가 인수한 기업들을 경영 진단한 결과 항상 문제로 지적된 것은 자본과 인재였다. 자본을 조달하는 것은 쉬운 문제이지만 적재적소의 인재를 구하는 것은 어느 집단에서나 어려운 일"이라고 말했다. EQT파트너스는 전직 장관과 총리, 주요 기업 CEO 출신 등 500명에 달하는 산업 전문가를 보유하고 있어 필요에 따라 인수 기업에 인력을 지원한다.

코흐 회장은 자본의 증가로 인해 사모펀드 시장의 경쟁이 심화되는 상황에서 전통 산업에 IT 기술이 접목됐을 때 매력적인 투자 기회가 발생할 수 있다고 강조했다. 이를 위해 EQT파트너스는 6억 달러(약 7,000억 원) 규모의 벤처캐피털펀드를 결성해 기술기업 투자에도 박차를 가하고 있다. 그는 "우리는 지금 기술의 대전환을 목도하고 있는 상황이다. 페이스북, 구글뿐 아니라 14조 달러에 달하는 IT 관련 투자 시장이 열릴 것으로 전망하고 있다"고 말했다. 이 같은 시장을 선점해야 PEF의 수익을 창출할 수 있다는 설명이다.

EQT파트너스는 1994년 설립돼 현재 300억 유로약 37조 원 규모의 자산을 운용하고 있으며 140여 개 기업에 투자한 경험이 있다. 설립 이래 단 한 번도 투자 기업에서 디폴트가 발생한 적이 없을 정도로 인수 기업에 대한 책임감을 강조하고 있다.

진화하는 PEF 투자 전략

연사 토마스 폰 코흐(EQT파트너스 회장)
브라이언 림(판테온 아시아투자담당 대표)
최억(KIC 사모주식팀 이사)
장기운(군인공제회 대체투자 2팀장)

사회 김수민(유니슨캐피털 한국대표)

사모펀드PEF 업계 전문가들은 최근 주목받고 있는 투자 업종으로 단연 헬스케어를 꼽았다. 전 세계적인 인구 고령화 추세가 PEF에서도 화두로 떠올랐다. 아울러 중견 중소기업 경영권을 인수하는 미드캡midcap PEF 시장이 향후 커질 것이라는 예상이다.

토마스 폰 코흐 EQT파트너스 회장은 글로벌대체투자포럼에서 "고령인구가 늘어나고 신기술이 도입되면서 서비스가 향상되고 있는 헬스케어 분야에 투자 관심이 높다"고 말했다. 특히 이와 관련해 자동화가 빠르게 이뤄지고 있는 서비스업종을 비롯해 관련 소프트웨어 분야에 대한 투자 매력도가 늘어나고 있다고도 했다. 헬스케어 분야의 유망 투자 지역으로는 동남아시아 지역이 꼽혔다.

최억 한국투자공사KIC 이사는 "경제 성장이 두드러지는 동남아시아 지역에서 좋은 기회를 가지고 있다고 본다. 동남아시아 헬스케어 시장이 특히 유망할 것이다"라고 말했다. 브라이언 림Brian Lim 판테온Pantheon 대표 역시 "아시아 이머징 국가의 기본 의료 서비스를 중심으로 보건, 병원 산업 등에서 미비한 부분이 있기 때문에 PEF가 큰 역할을 할 수 있을 것"이라고 분석했다.

PEF의 주요 투자 대상인 기업 경영권 인수바이아웃buyout 분야에서는 미드캡 PEF의 역할이 늘어날 것으로 진단했다. 김수민 유니슨캐피털Unison Capital 한국대표는 "가업 승계 이슈가 불거지며 많은 창업자들이 PEF를 승계 수단 중 하나로 활용하는 것을 고려하고 있다"라고 말했다. 기업가치평가작업밸류에이션valuation 측면에서도 미드캡 PEF가 유리할 것이라는 분석도 나왔다. 최억 이사는 "밸류에이션 측면에서 라지캡대기업 바이아웃보다 미드캡 바이아웃 쪽이 좀 더 나은 모습"이라고 말했다. 저금리에 따른 시장 유동성이 커지면서 기업가치가 급격하게 올라갔지만 아직까지 중견 중소기업 가치 상승폭은 상대적으로 낮다는 평가다. 이 같은 이유로 최근 미드캡 PEF들이 점차 늘어나고 있다는 것이 참가자들의 대체적인 견해다.

다만 미드캡 PEF 시장의 성장 속에서 옥석을 가려내는 투자자의 눈썰미가 중요하다는 조언이 있었다. 최억 이사는 "라지캡 PEF와 미드캡 PEF 간의 수익률 편차가 더 큰 것 같아 결국 운용사를 엄선하는 것이 중요한 문제"라고 지적했다. PEF의 운용 역량을 판단하는 우선 기준은 당연히 수익률이다. 이 밖에 운용사 선정에서 고려해야 할 요소로는 PEF의 투자 철학을 비롯해, 투자 국가의 문화에 대한 이해도 등이 지적됐다.

코흐 회장은 "글로벌 펀드라 할지라도 단순히 브랜드만 공유할 경우 통합된 하나의 펀드라고 볼 수 없다. 노하우 등이 공유되지 않은 글로벌 펀드보다는 해당 지역을 장악하고 있는 지역 펀드가 낫다"라고 말했다. 최억 이사 역시 "특정 국가에 투자할 운용사를 선정할 경우 해당 지역을 가장 잘 아는 운용사가 어디인지가 관건이다. 해당 운용사가 세계적으로 유명한지, 그 지역에서 유명한지의 여부는 중요치 않다"고 말했다.

인재 풀이 중요하다는 견해도 나왔다. 림 대표는 "자본을 가장 잘 투자할 수 있는 최고의 인재를 찾아야 한다. 시장이 성숙할수록 더 나은 인재 풀이 구성돼 더 좋은 투자가 가능하다"고 말했다. 그는 이 같은 사례로 중국, 인도 등을 꼽았다.

투자 신대륙,
실물자산을 찾아라

연사 쑨창(블랙소일 회장)

사회 짐 가스페로니(애버딘자산운용 실물자산 대표)

"농업, 에너지 등 실물자산은 다른 금융자산과 상관관계가 낮아서 분산 투자 효과가 높은 데다 물가 상승률을 고려한 절대수익 측면에서도 매력적이다."

글로벌대체투자포럼GAII 2016에서 짐 가스페로니Jim Gasperoni 애버딘자산운용 실물자산 대표는 이같이 밝혔다. 실물자산 분야 투자는 일반인은 물론 국내 기관 투자가에게도 낯선 영역이다. 그렇기 때문에 역설적으로 실물자산 투자에서는 좀 더 많은 투자 기회를 창출할 수 있다.

가스페로니 대표는 목재 투자를 그 예로 들었다. "목재에 투자할 경우 인플레이션 위험에 대비할 수 있을 뿐 아니라 시간이 지날수록 나무가 계속 성장하며 투자량이 자연스레 높아지는 효과를 거둘 수 있다"고 설명했다. 여기에 나무의 특성상 어린 나무는 종이 펄프 외의 용도를 찾기 힘들지만 커다란 나무는 주택 건축 가구 등 다양한 용도로 사용할 수 있다는 점도 장기투자 성과를 높일 수 있는 원동력이다. 10년 이상 장기투자할 경우 목재 투자가 고수익을 올릴 수 있는 비결이다.

농업 투자 역시 현재 토지 생산의 비효율성을 감안할 때 기관 투자가가 '좋은 전문가'를 구할 수만 있다면 효과적인 투자 대안이 될 수 있다. 가스페로니 대표는 "전 세계적으로 개인이 농지의 80%를 소유하고 있지만 생산량은 전체 대비 20~25%에 지나지 않는다. 이러한 비효율성을 감안할 때 농업 투자는 좋은 성과를 올릴 수 있다"고 말했다. 특히 미국의 경우 농부 나이가 통상 50~60세라는 점도 농업 투자 성과를 높일 수 있는 이유로 작용한다. 고령화로 인해 농기계에 대한 투자를 꺼리며 생산성이 낮아지는 데다 자식이 농업에 관심이 없기 때문에 해당 농지는 언젠가 매물로 나올 수밖에 없는 상황이다. 자연스레 매력적인 가격에 농지를 사들일 수 있는 기회가 열리는 셈이다.

쑨창Sun Q. Chang 블랙소일Black Soil Group Limited 회장 역시 이 같은 견해에 동의했다. 쑨창 회장은 "농업 분야는 소유권이 분산돼 있는 데다 아직까지 투자가 특히 부족하다. 중국 내 농업 생산성이 낮아 농산물 가격도 비싼 상황"이라고 말했다. 중국이 급속도로 경제 성장을 이룸에 따라 세간의 인식과 달리 중국 내 옥수수 가격은 국제 옥수수 가격 대비 2~3배 높다. 콩의 경우에도 10년 전까지는 수출국이었지만 현재는 95%를 남미 지역에서 수입하고 있는 상황이다.

쑨창 회장은 이 같은 현실에서 14억 명 중국인의 식량 안보를 걱정하며 사모펀드 형태로 중국 헤이룽장 성黑龍江省에 15만 에이커의 토지를 매입해 투자를 단행했다. 후진적인 농업 기술이나 경영에 현대적인 방법을 도입해 생산성을 획기적으로 끌어올려 수익도 내고 식량 안보에도 기여하겠다는 것이 그의 복안이다.

이 같은 실물자산 투자는 이제 막 시작 단계다. 글로벌 기관 투자가들의 실물자산 투자 비중은 2000년에는 거의 0% 수준이었다가 2012년에야 비로소 10%대로 진입했다. 기관 투자가들은 특히 2008년 금융 위기 때 기존 전통 자산인 주식, 채권 등에서 커다란 손실을 입으며 실물자산 투자로 눈을 돌린 상황이다.

실물자산 분야 투자처는 농업, 목재 외에도 다양하다. 가스페로니 대표는 "2012년까지 광업 부문에 자금이 많이 몰렸다가 최근 원자재 가격 하락으로 단기투자 기회가 생긴 상황"이라고 분석했다. 실물자산이 통상 장기투자처로 각광받지만 광업 같은 특수한 상황이 발생한 경우에는 단기투자 대상으로 삼아 장단기투자 포트폴리오를 구축하라는 조언이다.

농업, 에너지 등 실물자산 영역에서 기회를

앤드루 매캐프리
애버딘자산운용 대체투자부문 대표

"전통 투자 영역인 주식, 채권은 한계에 다다랐다. 그나마 대체투자 영역 중 부동산에 대한 접근은 활발하지만 이제는 농업, 에너지 등의 실물자산 영역에서 대단한 기회를 포착할 때다."

앤드루 매캐프리 애버딘자산운용 대체투자부문 대표는《매일경제》와 인터뷰하며 이같이 말했다.

애버딘자산운용은 유럽 최대 자산운용사로, 매캐프리 대표는 이 회사 대체투자부문을 총괄하고 있다. 대체투자부문이 다루는 전 세계 운용자산 규모만 1,480억 달러약 173조 원에 달한다.

다음은 그와 일문일답이다.

Q. 실물자산 투자가 새로운 투자 기회가 될 수 있다고 들었다.

우선 실물자산에 여러 기회가 있다. 그중에서도 농업과 제품 생산의 기회를 꼽고 싶다. 우리 회사는 미국에 투자 기회를 엿보고 있다. 캐나다, 호주도 들 수 있다. 특히 에너지, 셰일가스 혁명의 기회를 엿보길 바란다. 현재 유가가 많이 떨어졌다. 생산자들은 여전히 자본이 부족해서 캐피털의 수요가 크다. 여기에 투자하면 된다. 돈이 부족한 곳에 투자하면 된다는 원칙에 따른 투자, 거기서 수익이 나올 수 있다.

Q. 공적 영역보다 사적 영역이 더 기회라고 말했다. 사모펀드 시장을 얘기한 핵심은 무엇인가?

아시아 시장은 소비시장이다. 성장은 소득수준 증가에 기인한다. 우리는 서비스 종류에 집중할 필요가 있다. 가령 노령화가 가속화되는 가운데 헬스케어의 성장성에 주목하는 것이 대표적이라고 할 수 있다. 분야를 더 다양하게 해야 한다는 것은 강연에서도 이미 언급했다. 많은 사람들이 주목하고 있는 한 분야에 집중하기보다 여러 산업, 성장 산업으로 분산투자를 해야 한다. 이를 위해서는 공적 시장보다 사적 시장이 최적이다. 특히 기존의 기술 산업에 국한된 공적 시장과 달리 사적 시장은 새로운 기술에 기반을 둔 산업들이 중심을 이룬다. 현재 공적 시장을 보면 안전하고 이미 오래전에 검증됐던 산업, 공모 주식, 공모 채권 중심이다. 대부분 과거 기술이다. 유망 업종이라고 보는 헬스케어도 공적 시장에서는 제한적인 투자만 가능하다. 그래서 우리는 사적 시장에 집중해야 한다고 본다. 효율적으로 성장하는 회사에 대한 접근, 유망 업종을 추적하면서 좀 더 빨리 투자 수익처를 찾아낼 수 있는 기회는 공적 시장보다 사적 시장에 많다고 본다.

Q. 벤처기업 중 관심 있는 기업은 어떤 곳인가?

특정 기업을 제시하기보다는 테마별로 접근하고 싶다. 지역으로는 중국을 꼽고 싶다. 아시아 시장은 B2C, 특히 핀테크 서비스를 대량 제공하고 있다. 핀테크의 활성화와 글로벌 커뮤니케이션을 가능하게 하는 빠르고 간편하고 유기적으로 호환되는 기술 개발 등이 중국을 포함한 아시아 시장에서 유망한 분야라고 생각한다. 하지만 우리를 포함해 대부분의 글로벌 투자자들은 아직 아시아보다 선진 시장 투자에 익숙한 것이 사실이다. 우리 역시 실리콘밸리에 투자를 하고 있다. 아시아, 중국이 유망하지만 실리콘밸리에 투자해왔고 지금도 현재진행형으로 하고 있는 가장 큰 이유는 축적된 경험에서 오는 것이다. 그나마 부실 확률이 적지 않은가. 그러나 점차 아시아 핀테크 시장으로 투자가 확대되는 추세다. 우리의 경우 미국 실리콘밸리에서 현재 런던 핀테크 시장으로 확대했다. 투자 관점에서 보면 현재 런던 핀테크가 급부상하는 대세다. 소비자 중심 테마인 아시아와 이보다 좀 더 연륜 있는 유럽 등 트렌드를 파악하고 구체적으로 국가별 기회를 엿볼 수 있는 전략이 필요하다. 국가별 기호는 분명 존재한다. 큰 카테고리 안에서 시대적 트렌드를 읽고 개별 나라, 도시별 진행 환경에 맞춘 차별적인 투자 전략을 제시하라. 그리고 이건 너무나 당연한 얘기지만 회사별 아이디어가 넘쳐나는 시대다. 좀 더 적은 자본을 투입해 큰 부가가치를, 수익을 창출할 수 있는 시장임이 구체적으로 증명된 곳에 우리는 투자한다. 기술이나 아이디어가 어느 정도 실현됐을 때 자본을 투입한다는 뜻이다.

Q. 미국의 기준금리 인상이 기정사실화되는 분위기다. 한국에서도 주식, 채권 등 시장 참여자들이 제일 주목하고 있는 부분이다. 시장 자금의 흐름은 어떻게 바뀌어가고 있는가?

모두들 미국이 기준금리를 올릴 것으로 보고 있다. 하지만 올린다, 안 올린다의 문제가 아니다. 미국은 사실 기준금리 인상을 원하는 것 같지만 그걸 선택하기 위한 기본 근거가 있어야 한다. 연방준비제도이하 '연준'는 리스크가 적은 쪽을 선택할 것이다. 경제 전반적으로 저성장이 문제였다. 저성장이 아직 해결되지 않았다고 본다면 침착하게 대응할 것이다. 기준금리 인상 이후 달러 자산의 유동성을 걱정해야 한다. 금리를 당장 올리기 전에 어떻게 시장을 미리 관리해서 파급력을 낮출 수 있는지가 관건이다. 2017년 미국 정부에서는 재정 정책을 집행할 예정이다. 만약 연준이 재정 정책을 고려한다면 금리를 올릴 수 있다. 특히 시장 참여자들의 기대보다 더 많이 금리를 올릴 수 있다. 만약 그렇게 된다면 기존 자산들의 재평가 과정이 불가피하다. 위험한 대목이다. 그래서 미래의 기대되는 할인율이 높아지기 때문에 중장기적으로 이런 위험이 존재한다. 반면 시장을 안정적인 신호로 이해할 경우 금리 인상을 하겠다는 지금의 발언은 정상화 과정으로 보여 파급력이 적을 것이다. 현재 미국이 재정 정책에 주목하고 있는 것은 맞다. 금리를 올린다, 안 올린다의 선택형 답안이 아니라 올린다면 얼마나, 왜 라는 물음을 갖고 투자 대응을 하는 게 필요하다.

Q. 그렇다면 어떤 투자 전략이 필요하다고 보는가?

우리 입장에선 채권은 매력이 없다. 미국이나 유럽 투자가들이 아시아 채권을 볼 때는 분명 매력적이지만 대체투자자 입장에선 아니다. 채권은 금리에 지나친 영향을 받고 손실 가능성도 이미 커질 대로 커졌다. 다른 대체투자를 늘려야 하는 시기다. 어느 관 점이냐에 따라 달리 행동하길 바란다. 외환이나 금리 면에서는 선 진 시장보다 아시아 시장에 채권투자를 하는 게 더 좋은 것은 맞 다. 다만 대체투자를 더 추천하고 싶다. 만약 내게 무조건 채권투 자를 해야 한다는 조건을 건다면 사모채권을 제시하겠다. 선진국 의 경우 저금리, 마이너스 금리이기에 아시아의 매력적인 부분을 파악하고 사모시장으로 접근해볼 만할 것 같다.

Q. 본래 한국 기관 투자가들의 부동산 투자는 오피스 투자가 주였지만 최근 엔 수익률을 높이기 위해 경쟁이 덜 심한 유럽 내 호텔, 기숙사 등으로 투 자 확대 움직임도 나타나고 있다.

대체투자를 할 경우, 리스크 관리를 어떻게 할지 중요하게 봐야 한다. 대체투자는 투자자산이 어느 정도 품질을 유지하고 있는지, 외부 환경 요인이 어떤 영향을 주는지를 분석하는 능력이 중요하 다. 대체투자는 전통 투자보다도 더 많은 자본을 요구한다. 거기서 가치를 창출하려면 규제 위험도 고려해야 한다. 프로젝트 파이낸싱PF 투자를 생각해보자. 상대 신용도 같은 기본적인 고려 요소는 물론, 정부, 기관 등의 외부 규제가 어떤 영향을 미칠지 등도 봐야 한다. 이때 주요 정보의 접근이 어렵다는 점이 대체투자의 특징이기 때문에 객관적 정보를 수집하는 것이 중요하다. 그런데 나는 이것이 투자 기회가 될 수 있다고 본다. 이 같은 정보의 비대칭성에서 투자 기회가 생기기 때문이다. 아울러 투자 시 자본이 오래 묶여 있다는 점을 고려해볼 때 현금 흐름을 정확하게 파악하고 로드맵을 짜야 한다.

Q. 브렉시트 얘기를 안 할 수 없다. 브렉시트가 영국 외 아시아권 특히 한국의 자본시장에 기회라고 보는가, 아니면 위기라고 보는가?

중요한 이슈다. 하지만 중장기적 투자자 입장에서는 아직 브렉시트 요소를 예측하기 어려운 시점이라고 본다. 아직 국가 간 협의가 안 된 상태이기 때문이다. 그런데 중요한 점은 영국 파운드화 가치가 하락했다는 점이다. 영국 자산가들은 파운드화 하락을 보면서 불확실성이 어느 정도 반영됐다고 본다. 불확실성에 대한 할인율이 반영된 것이기 때문이다. 그래서 브렉시트에 따른 투자 기회는 있지만 선별적으로 보라고 말하고 싶다.

가령 부동산 가격은 떨어져 매수하기 적기이지만, 매달 들어오는 현금 흐름 등 주변 상황의 불안정성이라는 위험 요인을 고려해야 한다. 사모주식도 선별적인 투자 기회다. 유럽의 저금리 상황에서 안정화된 성장 통화 정책과 더불어 재정 정책이 뒷받침되어

야 한다. 장기적인 관점에서 유럽의 사회간접시설 투자가 유망하
다. 수익률이 증가하는 흐름을 보이고 있다. 눈여겨볼 만한 대목
이다.

북유럽의 로스차일드, 발렌베리의 투자 전략

토마스 폰 코흐
EQT파트너스 회장

"투자한 기업을 존경받는 회사로 만드는 것이 우리의 주 목표다. 기업이 좋은 비즈니스를 하는 것과 좋은 경영 행동을 하는 것이 다르지 않기 때문이다. 덕분에 1994년 첫 투자를 시작한 이후 EQT파트너스는 단 한 번도 투자 기업을 청산하는 경우가 없었다."

토마스 폰 코흐 EQT파트너스 회장은 글로벌대체투자포럼GAII 2016에 참석해《매일경제》와 인터뷰하며 이같이 말했다. EQT파트너스는 북유럽의 로스차일드로 불리는 스웨덴 발렌베리 가문이 소유한 사모펀드로 코흐 회장은 1994년 EQT파트너스 설립 멤버로 참여해 2014년 회장직에 올랐다.

Q. EQT파트너스가 갖고 있는 남다른 투자 전략이 있다면?

EQT파트너스가 추구하는 가치는 투자 회사를 통해 가장 많은 투자 수익을 돌려주는 것이 아니라 이 회사를 가장 존경받는 회사로 만드는 것이다. 그러다 보니 우리가 진행하는 투자 기간이 생각보다 더 길다. 정해진 기간 말고 투자 회수를 한 이후의 기간도 포함되는데 그 이유는 처음에 얘기했던 존경받는 회사가 된다는 것과 연관이 있다. 예를 들면 투자자에게 많은 돈을 돌려주는 것도 중요하지만 사회에 어떤 영향을 주느냐가 가장 중요하다. 긍정적 영향을 사회에 주기 위해 투자 회수 이후 5년 정도 추세를 지켜본다. 투자 이후에도 어떻게 커가는지 확인하고 어떻게 사회에 기여하는지를 알기 위해서다. 그렇게 하면 좋은 인재를 뽑을 수 있고 좋은 포트폴리오에 다시 투자할 수 있는 등 선순환이 가능하다. 그러한 의도와 목적을 갖고 투자한다.

Q. 수익 극대화가 제1원칙이 아니라면 투자자의 이해와 상충하는 것 아닌가?

장기적으로 봤을 때 투자자의 이해관계와 일치하는 구체적인 사례들이 있다. 결론부터 얘기하면 좋은 비즈니스와 좋은 경영 행동은 다르지 않다고 본다. 2007~2009년 금융 위기가 왔을 때 굉장히 힘들었고 많은 사모펀드들에서 투자한 기업들이 부도가 나거나 차압을 당할 수 있는 상황이었다. 우리는 1994년 투자를 시작한 이후 투자 기업을 청산한 적이 단 한 번도 없다. 그런데 해당 시기에는 이런 일이 충분히 일어날 수 있는 상황이었다. 당시 다른 사모펀드들은 투자자들에게 이익을 당장 돌려주기 위해 부실한 기업 포트폴리오를 은행에 넘기고 돈을 조금이라도 회수해 투자자들에게 주었다. 반면에 우리는 이 기업들을 포기하지 않고 끝까지 함께했다. 우리가 키울 수 있다고 은행을 설득했다. 결과적으로 2011년 무렵부터 회복이 됐고 결국 더 큰 수익을 투자자들에게 돌려줄 수 있었다. 물론 회사를 은행에 넘겼던 펀드들은 현금을 바로 손에 쥘 수 있었겠지만, 결과적으로 EQT파트너스가 투자자들에게 더 많이 돌려줬고, 투자자들도 우리의 판단을 믿었다. 다시 얘기하지만 좋은 비즈니스는 좋은 경영 행동과 다르지 않다고 본다.

Q. 이런 투자 전략을 세우게 된 계기가 뭔가?

EQT파트너스는 스웨덴 발렌베리 가문이 모태다. EQT 지분 구조는 발렌베리 가문이 20%, 다른 파트너들이 80%를 갖고 있다. EQT파트너스는 발렌베리 가문의 자회사 중 하나다. 발렌베리 가문은 1856년부터 시작된, 유럽에서 현존하는 가장 큰 재벌 그룹이다. 다른 재벌 그룹과 굉장히 다른 점 중 하나는 투자한 회사를 절대 포기하지 않는다는 것이다. 회사가 죽을 때까지 같이 서 있고 버텨주지, 당장의 이익을 위해 팔거나 포기하지 않는다. 덕분에 인구가 1,000만 명이 안 되는 작은 나라 스웨덴에서 시작한 기업인 일렉트로룩스, ABB 등을 세계화하는 데 많이 기여했다. 그렇기 때문에 발렌베리 가문에서 시작된 모든 DNA가 EQT란 회사에 녹아들어 있다.

Q. 투자 수익을 더 극대화해야 한다는 유혹에 직면한 적이 있는가?

우리도 자선사업가는 아니기 때문에 투자자들에게 이익을 돌려줘야 한다. 우리도 실수를 한 적이 꽤 있는데, 좋은 기업에 투자해서 3~4년 동안 더 좋은 기업을 만들어 3~4배 수익을 받고 팔았는데, 이때 너무 빨리 매각해 추가 수익을 거두지 못했다. 우리에게 기업을 산 투자자들이 이후에도 3~4배의 수익을 추가로 거두는 것을 보고 좋은 기업을 더 오래 들고 있어야 하는 게 아닌가 하는 생각이 들었다. 그러나 한편으로 우리가 포트폴리오 회사에 더 이상 줄 수 있는 가치가 없을 때는 더 좋은 가치를 낼 수 있는 기업이나 투자자에게 파는 것이 맞다고 본다.

Q. EQT파트너스가 기업을 인수한 뒤 고용이 연평균 10% 이상 증가하는데 이런 일이 어떻게 가능한가?

고용 증대 비결은 결국 회사를 성장시키는 것에 있다. 아울러 단순히 회사의 가치를 높여 투자자에게 수익을 돌려주기보다는 사회 전반적인 영향을 주는 좋은 비즈니스를 추구하는 발렌베리 가문의 DNA에 있다. 따라서 투자 대상 회사들은 좋은 회사들이며, 이렇게 좋은 회사를 인수해서 더 좋은 회사로 만드는 전략을 취하고 있다. 그게 나쁜 회사를 좋은 회사로 만드는 것보다는 자신 있는 분야이기도 하다. 우리의 이러한 전략이 녹아들어서 회사의 고용을 투자 시점부터 증대시킨다. 이후에도 지속적으로 증가해서 선순환적인 투자와 철학을 지킬 수 있는 것이다.

Q. 투자 기업에 대한 구조조정이 전혀 없었나?

우리도 실수한 적은 있다. 고급냅킨을 만드는 회사에 투자했는데 고급냅킨이 매우 대중화되며 가격이 25% 이상 떨어지면서 회사가 시장에서 지켜온 우위 위상을 잃었다. 우여곡절 끝에 10년 뒤 투자금액을 회수할 수는 있었지만 앞선 5~6년간 구조조정을 해야 하는 상황이 있었다. 우리는 이런 경우를 피하려고 하고 가능하면 구조조정 없이 회사를 이끌어나가려 하지만 투자자에게 투자금을 돌려줘야 할 의무는 지킨다.

Q. 회사를 더욱 좋게 만드는 비법은 무엇인가?

우리가 회사를 인수하고 경영 진단을 들어갈 때 꼭 해보는 것이 있다. 기존 임직원에게 지금까지 하고 싶었던 게 뭔지 리스트를 작성하게 하는 것이다. 리스트는 결국 두 가지로 요약된다. 자본과 사람이 없어서 하고 싶었던 것을 못 했다는 것이다. 사실 수많은 투자 기관이 있기 때문에 돈을 구하는 것은 어렵지 않다. 진짜 중요한 것은 적절한 사람을 구하기 어렵다는 것이다. EQT가 잘하는 게 사람을 구하는 것이다. EQT에는 500명 정도의 산업 상담사Industrial advisor가 소속돼 있다. 이 전문가들은 전 세계에 걸친 주요 기업 고위 전문가들이다. 스웨덴 전 재경부 장관이나 총리, GE캐피털 고위 인사를 비롯한 수많은 대표들이 이 네트워크에 속해 있다. 원하는 기업에 자본을 투자함과 동시에 경영진을 이 네트워크에서 영입하기 때문에 인력 풀을 지원하고 그 안에서 하지 못했던 비즈니스들을 할 수 있게 된다.

Q. 향후 유망 투자 분야는 어떠한가?

우리가 유망하게 보는 분야는 IT다. IT가 단어 자체로는 새롭지 않을 수 있는데, 우리는 여기서 두 가지 세상을 본다. 우리가 하는 것이 물론 대체투자이긴 하지만 겉으로는 전통적인 산업에 투자하는 회사로 보일 수 있다. 사실은 신기술 회사에 투자해 기술 혁신에 일조했다고 생각한다. 두 가지 예가 있다. 해충박멸 회사를 인수했는데 독성물질을 이용해 쥐를 잡는 게 아니라 신기술로 센서를 통한 24시간 감시 시스템으로 쥐를 비롯한 해충을 박멸하는 방법이다. 식당들과 계약을 맺어 설치하면 이후에는 비용이 들지 않는다. 엄청난 혁신이다. 초기 비용은 많이 들겠지만 우리는 이것이 비용이 아니라 투자라고 본다. 또 하나는 북미 쪽에서 코인 세탁기를 운영하는데 모든 결제를 휴대전화 앱으로 할 수 있게 만들어 엄청난 비용을 절감했다. 이렇게 과거와 현재의 융합으로 혁신을 이끌어냈다. 새로운 세상을 보는 핵심은 IT라고 생각한다. 그것은 우리 같은 PEF가 해야 할 일이다.

Q. 투자를 선호하는 기업과 그렇지 않은 기업의 차이점은 무엇인가?

저희가 좋아하는 기업은 지금의 혁신 트렌드를 이끌고 있는 기업들이다. 이튼Eton이라고 하는 셔츠 제조업체가 있는데, 셔츠를 잘 만들지만 최종 소비자가 어떤 수요를 갖고 있는지 어떤 사람인지의 정보가 굉장히 부족한 회사였다. 아마존이 들어온 초기에는 전체 백화점 매출이 20%나 감소했다. 그러나 곧 온라인 채널 판매로 소비자들이 어떤 치수로 언제 소비하는지 패턴을 파악할 수 있게 되면서 이것을 통해서 매출을 극대화할 수 있었다. 모든 것이 온라인화될 수 있을 것이라고 생각하지는 않지만 온오프 조합은 큰 시너지가 있다. 스포츠 용품과 관련해 소비재 산업에 투자한 적이 있다. 이 회사는 오프라인 매장들이 각지에 있어서, 소비자가 운동을 해야 하는데 운동화가 없다고 하면 15분 안에 그 지역으로 상품을 배달해주도록 했다. 이것도 온라인과 오프라인 조합의 사례다.

반대로 제조사가 유통부터 판매까지 독점하는 밸류체인value chain을 가진 회사에 대한 투자는 피한다. 만약 최종 소비자가 100 달러를 지불했는데 불과 며칠 만에 반값인 50달러에 해당 상품을 유통하는 회사가 있다고 가정하자. 이러한 그릇된 유통 구조를 통해 최종 소비자는 최대한의 이익을 받지 못하게 된다. 피하고 싶은 투자처다.

Q. 한국을 방문한 적이 있는가, 한국에 대한 투자 계획은 있는가?

이번이 네 번째 방문인데 방문할 때마다 항상 굉장히 현대화된 나라임을 느낀다. 한국은 모바일 침투율이 가장 높아 이곳에서 무슨 일이 일어나고 있는지 항상 관심을 두고 지켜보고 있다. 그간 투자한 기업들도 한국과 긴밀히 연결돼 있다. 아직 한국에 직접 투자한 곳은 없다. 그렇지만 우리가 추구하는 가치 중 하나가 해당 지역 문화를 이해하는 로컬 매니저가 그 지역에 직접 투자해야 그 사회에 공헌할 수 있다는 생각이다. 한국 매니저들이 현재 없지만 조만간 그런 기회가 있길 바란다.

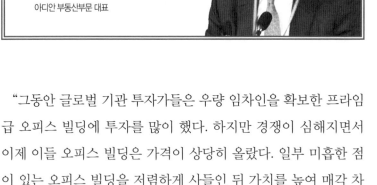

글로벌 부동산 투자,
실업률·성장률·
공실률을 따져라

베르트랑 쥘리앙라페리에르
아디안 부동산부문 대표

"그동안 글로벌 기관 투자가들은 우량 임차인을 확보한 프라임급 오피스 빌딩에 투자를 많이 했다. 하지만 경쟁이 심해지면서 이제 이들 오피스 빌딩은 가격이 상당히 올랐다. 일부 미흡한 점이 있는 오피스 빌딩을 저렴하게 사들인 뒤 가치를 높여 매각 차익을 노리는 투자 전략을 추구할 때다"

베르트랑 쥘리앙라페리에르 아디안 부동산부문 대표는 글로벌 대체투자포럼GAII 2016에 참석해《매일경제》와 인터뷰하며 이같이 말했다. 부동산 투자 경력만 30년에 달하는 쥘리앙라페리에르 대표는 글로벌 대체투자운용사 아디안에서 부동산 투자를 총괄하고 있으며 그가 이끄는 팀은 투자자산만 20억 유로(약 3조 원)에 달한다.

Q. 영국 오피스 시장에 대한 향후 시장 전망은?

런던 부동산 시장이 오름세를 타던 상황에서 브렉시트가 발생했다. 수요 공급 측면에서 볼 때 향후 부동산 가치는 많이 떨어질 것으로 보인다. 불확실성이 매우 높기 때문이다. 영국과 EU 간 합의점을 찾으려면 수년이 걸릴 것으로 예상된다. 누구도 어떠한 일이 발생할지 모르는 오랜 과정을 거칠 것이다. 이 때문에 신규 투자나 재투자가 당분간 일어나지 않을 것으로 예상된다. 투자자들은 보수적인 입장을 유지할 것 같다.

가장 큰 원인은 불확실성이다. 런던은 역동적인 환경에 있었지만 이런 상황이 온 이상 새로운 비즈니스 모델을 도입해야 한다. 하지만 성공 여부는 불확실하다. 특히 오피스 빌딩 시장은 새로운 비즈니스 모델이 성공해야만 상승 모멘텀momentum을 가질 수 있다. 런던은 임금이나 임대료 등이 굉장히 높다. 브렉시트 여파로 런던에서 근무하던 외지인들이 자국으로 돌아갈 수도 있다. 비록 영국 파운드화가 16% 가까이 떨어져 투자 환경이 좋다고 여겨질 수도 있겠지만, 오히려 오피스 시장에서는 그만큼 투자 위험이 올라간 셈이다. 그러다 보니 기존에 투자를 많이 한 일본 투자자들은 런던 부동산 시장에 대한 문의를 엄청 많이 한다. 다만 런던의 리테일 시장은 좋아질 수 있다. 런던은 세계적인 관광 도시여서 파운드화 약세에 따른 관광객 수요는 지속적으로 늘 수 있기 때문이다.

Q. 유망 투자 지역으로 독일과 프랑스 등을 꼽았다. 이 나라들의 유망 도시와 자산은 무엇인가?

런던을 대체할 수 있는 지역으로는 프랑스와 독일의 주요 도시를 꼽을 수 있다. 프랑스는 파리, 독일은 베를린·뮌헨·프랑크푸르트·함부르크 등을 꼽을 수 있다. 부동산 투자 시에는 세 가지를 눈여겨봐야 한다. 실업률, 성장률, 공실률이다. 이들 도시는 실업률과 공실률이 낮다. 또 국가 전체 성장률보다 도시 자체의 성장률이 더 높다. 좋은 투자처가 될 수 있다. 반면 스페인의 마드리드나 바르셀로나의 경우에는 성장률은 좋지만, 금융 위기 이후 회복하는 정도여서 공실률이나 실업률은 여전히 높다. 이렇게 따지면 실제 글로벌 투자자들이 유럽 지역 내 투자할 만한 곳은 그다지 많지 않다. 과거에는 안정적인 임대 수익을 기대할 수 있는 코어 오피스에 투자를 많이 했다. 하지만 이제는 경쟁이 붙어서 가격이 많이 올랐다. 따라서 입지가 좋은 오피스에 코어 플러스core plus나 밸류애드value-add 전략을 쓰는 게 유리해진 상황이다. 부동산은 기존 전통 자산과 달리 자산 그 자체에 집중해서 투자를 해야 한다. 같은 위치에 있는 오피스 빌딩일지라도 임차인마다 사용 목적이 다 다르다. 그만큼 가치도 다를 수밖에 없다. 오피스 빌딩의 크기를 따질 게 아니라 임차인의 필요를 얼마나 충족하느냐가 관건이다. 결국 코어 플러스나 밸류애드 전략을 사용하려면 현지 부동산 시장에 대한 이해가 높아야만 한다. 현지 사정을 모르면 코어 투자밖에 할 수 없다.

Q. 한국 기관 투자가에게 어떤 조언을 해주고 싶은가?

투자 전에 시장에 대한 이해도를 높이는 게 매우 중요하다. 이해하지 못한 채 투자하면 실패할 확률이 매우 높다. 일례로 런던 부동산 시장은 매우 투명하고 정보도 다양하다. 이 때문에 아시아 투자자들이 런던 부동산에 투자를 많이 해왔다. 런던 외 다른 지역에 투자하려면 현지 운용사나 에이전트를 통해 면밀히 검토해야 한다. 과거 1980년대 후반 일본 투자자들은 엔화 강세를 틈 타 시장에 대한 이해도 없이 유럽 부동산 투자를 많이 진행했다가 큰 손실을 입었다. 한국 투자자들이 이러한 실수를 되풀이하지 않기를 바랄 뿐이다.

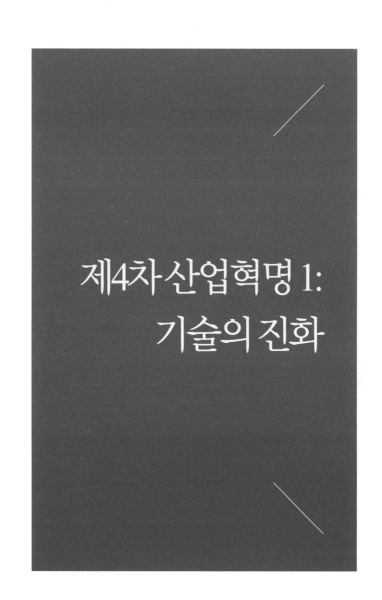

제4차 산업혁명 1:
기술의 진화

글로벌 최고경영자 라운드 테이블

연사 존 라이스(GE 부회장)
사친 사푸테(노벨리스아시아 대표)
헤르비에른 한손(노르딕아메리칸탱커스 회장)
전영현(삼성전자 반도체사업총괄 사장)

사회 이그나시오 가르시아 알베스(아서디리틀Arthur D. Little 대표)

전 세계적으로 저성장이 지속되는 가운데 곳곳에서 브렉시트 같은 보호주의와 대중의 인기에 영합하는 포퓰리즘까지 확산되면서 글로벌 경기의 불확실성이 커지고 있다. 글로벌 최고경영자CEO들은 열악한 환경 속에서도 새로운 성장 동력을 찾아 제4차 산업혁명을 이끌어 나가야 한다는 당면 과제를 안았다.

글로벌기업의 대표들은 차별화된 기술 혁신과 인재 관리로 제4차 산업혁명 시대를 준비하고 있다고 밝혔다. 이들은 경기 침체와 불확실성이 큰 시장 경제에서도 기회는 분명히 존재한다고 한목소리를 냈다.

삼성전자의 반도체사업을 총괄하는 전영현 사장은 "딥러닝Deep learning 기술혁신을 통해 무어의 법칙Moore's Law, 마이크로칩의 밀도가 18개월마다 2배 증가한다는 법칙을 뛰어넘을 수 있다. 반도체 집적도가 날로 향상돼 한계에 부딪치게 된다는 무어의 법칙이 리스크 요인이지만 딥러닝, 인공지능, 사물인터넷IoT을 통한 제4차 산업혁명이 새로운 성장 기회를 제공할 것"이라고 말했다.

이를 위해 삼성전자는 전체 매출의 15%를 연구개발R&D에 투자하고 개방형 플랫폼을 통해 혁신 역량을 키우고 있다. 그는 "기존 기술과 신기술을 융합해 새로운 사업영역을 발굴하는 데 초점을 맞추고 있다. 자동차에 정보기술IT을 융합한 자율주행차를 개발하거나, 농산물 재배에 사물인터넷을 활용하는 것도 좋은 예가 될 수 있다"고 덧붙였다. 강연 후 LG화학 직원 중 한 명이 파리기후변화협정의 영향을 묻자 "딥러닝 기술을 적용하면 전력 사용을 30%에서 40% 정도 효율적으로 낮출 수 있다"고 답하며 기술혁신의 중요성을 강조하기도 했다.

존 라이스John Rice GE 부회장은 "거시 경제지표에 얽매일 필요 없다. 현지에 숨겨진 기회를 포착해내는 글로컬glocal한 리더십이 승부를 결정할 것"이라고 밝혔다. 라이스 부회장은 제4차 산업혁명에 어울리는 조직 관리가 중요하다고 강조했다. 덧붙여 "저성장에도 불구하고 인도나 아르헨티나 등지에서 신사업 기회가 포착되고 있다. 글로벌한 감각을 잃지 않으면서도 현지의 변화들을 민감하게 포착해 사업 기회로 연결시키는 수평적 리더십이 필요하다"고 말했다.

GE 본사는 미국에 있지만 전 세계 180개 국가에서 미국인이 아닌 현지 대표들이 의사결정을 내리는 팀제로 운영되고 있다. 본사는 브랜드, 프랜차이즈, 글로벌 역량을 적절하게 조율하는 역할을 할 뿐이다. 라이스 부회장은 "리더는 거시경제적 요인을 챙기면서도 지역별로 어떤 혁신이 가능할지는 예의주시해야 한다"고 말했다.

알루미늄 압연을 재활용하는 업체인 노벨리스아시아Novelis Asia의 사친 사푸테Sachin Satpute 대표는 동남아시아에서 새로운 성장 기회를 찾고 있다고 밝혔다. 사푸테 대표는 "인구통계학적으로 청년층 비율이 높고 관광산업이 발전한 동남아시아에 희망을 걸고 있다. 베트남과 태국, 필리핀 등지에서 포장재의 재활용 사업을 확대할 예정"이라고 말했다. 그는 지속가능성을 높이는 기술 분야에 대한 투자에서 신성장 기회를 찾고 있다고 강조했다.

헤르비에른 한손 노르딕아메리칸탱커스 회장은 본인의 실제 사업 경험에 바탕을 두고 전망을 내놓았다. 한손 회장은 "미국뿐 아니라 아시아, 특히 한국과 중국 경제를 긍정적으로 전망한다"고 말했다. 특히 중국에 대해서 "환경오염이나 부정부패 같은 문제점을 인식하고 있으며, 극복하려는 의지도 충분하다. 10년 후에는 해결해놨을 가능성이 높다"고 긍정적으로 평가했다.

한손 회장은 "세계가 복잡해지면서 사람들도 모든 사안을 어렵게 보는 경향이 커지기 마련이다. 이럴 때일수록 사안을 단순화해 해결책을 찾는 게 중요하다. 그래서 리더가 역사를 많이 공부해야 미래를 예측할 수 있다"고 강조하기도 했다.

인공지능이 바꾸는 세상

페드로 도밍고스 워싱턴대학 교수

페드로 도밍고스Pedro Domingos 교수는 기계 학습과 인공지능 분야의 대가로 불린다. 알파고AlphaGo와 이세돌의 바둑 대결 후 "알파고가 인간을 이겼지만 인간이 지닌 일반 상식, 기민한 움직임 등의 필수 요소가 결여돼 있다"라는 발언을 한 바 있다. 이 발언은 《워싱턴포스트The Washington Post》 등 언론 매체에 대서특필되기도 했다. 현재 워싱턴대학의 컴퓨터공학 교수이다. 데이터 과학에도 일가견이 있어 2014년에 데이터과학에서 권위를 자랑하는 데이터베이스연구회SIGKDD 혁신상을 수상했다. 또한 유명 데이터마이닝 대회인 KDD-2003을 공동 주최하기도 했다. 데이터과학의 발전 방향에 대해서 쓴 저서 《마스터 알고리즘The Master Algorithm》은 빌 게이츠Bill Gates 가 인공지능에 관한 필독서로 추천한 책으로 유명하다. 캘리포니아대학 어바인캠퍼스에서 컴퓨터공학 박사학위를 받았다.

"슈퍼 인공지능인 마스터 알고리즘은 인류 대혁신의 원동력이 될 것이다. 이를 지배하는 자가 미래 세계의 지배자로 등극할 것이다."

인공지능 분야의 세계적 석학이자 베스트셀러《마스터 알고리즘》의 지은이인 페드로 도밍고스 워싱턴대학University of Washington 교수는 슈퍼 인공지능 시대의 도래를 이와 같이 예견했다. 그는 현재 인공지능 기술 수준을 초월한 슈퍼 인공지능을 마스터 알고리즘이라는 용어로 규정했다. 마스터 알고리즘은 어떠한 데이터를 집어넣더라도 이를 분석해 새로운 지식을 도출할 수 있는, 현 인류가 상상할 수 있는 최고 수준의 인공지능이다. 선거 예측은 물론 엑스레이 사진을 보고 환자의 질병을 진단하며 유전자DNA 염기서열을 분석하는 동시에 자율주행차를 조정하는 시스템이다.

도밍고스 교수는 "인공지능이 인간의 지능을 뛰어넘는 순간을 이른바 특이점Singularity으로 규정하는데 이는 기술이 스스로 무한대로 발전할 수 있는 시점이기도 하다. 현재 인공지능이 도출한 결과물을 인간이 이해하지 못하는 경우가 종종 있다. 이런 점에서 이미 인공지능은 특이점을 넘은 것으로 보인다"고 설명했다. 인간 없이 인공지능이 기술을 스스로 개발하는 시대가 임박했다는 주장이다.

그는 진화 로봇에 대한 개발 시도를 그 사례로 꼽았다. 거미에 대한 데이터를 스스로 입력하고 분석하는 인공지능을 3D 프린터에 연결한 뒤 3D 프린터가 인공지능의 지시에 따라 자동으로 진화 거미 로봇을 생산하는 시스템에 대한 개발 시도가 이미 있었다는 설명이다. 도밍고스 교수는 "만약 터미네이터가 실제로 등장한다면 이런 방식을 통해 나타날 것 같다"고 관측했다.

하지만 그는 이 정도 기술 수준을 슈퍼 인공지능인 마스터 알고리즘으로 단정하기는 어렵다고 선을 그었다. 현재 인공지능은 기호학, 통계학, 심리학, 진화생물학, 신경과학 등을 참고해 크게 5가지 방식으로 설계되는데 이 방식을 모두 통합해 설계해야 진정한 마스터 알고리즘이 완성된다는 것이 그의 주장이다. 기호학을 토대로 설계된 인공지능은 인터넷상의 데이터를 귀납적으로 수집해 분석하지만 신경과학을 바탕으로 만든 구글의 알파고는 인간의 뇌를 닮아 전혀 다른 시스템을 사용한다. 마스터 알고리즘은 이를 통합하는 작업이 선행돼야 가능하다.

도밍고스 교수는 "5가지 알고리즘을 하나로 통합한 마스터 알고리즘이 등장하면 과학 역사에서 가장 위대한 진보가 될 것이다. 16세기 덴마크 천문학자 튀코 브라헤Tycho Brahe가 행성의 움직임을 데이터로 남겼고 브라헤의 제자이자 독일의 천문학자인 요하네스 케플러Johannes Kepler가 이를 토대로 행성의 운동 법칙을 만들었다. 뉴턴은 이를 바탕으로 만유인력의 법칙이라는 절대 진리를 만들어냈다. 오늘날 빅데이터는 수십억 명의 브라헤와 케플러의 역할을 하고 있으며 이를 토대로 더 많은 뉴턴이 나타날 것이다"고 전망했다. 다만 그는 슈퍼 인공지능의 도래 시점에 대해서는 확답을 하지 않았다.

도밍고스 교수의 전망에 대해 사회자인 제이슨 폰틴Jason Pontin 《MIT 테크놀로지리뷰》 편집장은 슈퍼 인공지능이 자의식을 갖고 스스로 목표를 정해 일을 수행하는 동안 인류를 위협하는 일을 하는 것 아니냐고 질문했다. 이에 대해 도밍고스 교수는 "인간이 통제할 수 있다"고 낙관했다. "DNA는 단세포에서 다세포로 진화했고 결국 인간을 만들어냈지만 인간이 유전자를 거스르고 지배할 수는 없었다. 인간이 만들어내는 마스터 알고리즘 역시 인간을 통제할 수 없다"고 말했다. 또 인공지능이 인간의 일자리를 앗아가는 것 아니냐는 폰틴 편집장의 질문에 대해서는 "오히려 인공지능으로 인해 새로운 일자리가 등장할 것이다. 인공지능은 단순한 일을 하고 인간은 좀 더 창조적인 역할을 하면서 상호보완적인 관계가 돼야 한다"고 강조했다.

도밍고스 교수는 "인류가 인공지능과 경쟁한다고 생각하면 안 된다. 말을 타고 더 빨리 갈 노력을 해야지, 말하고 경주할 생각을 하면 인류의 진보는 있을 수 없다"고 선을 그었다. 알파고와 이세돌 9단의 바둑 대결에 대해 "인공지능에 대한 두려움을 불러일으킬 수 있다. 하지만 이 대결은 이세돌과 알파고를 만든 인간의 대결로 바라봐야 한다"고 강조했다.

특히 그는 공상과학 영화가 대중에게 부정적인 영향을 끼치고 있다고 염려했다. 도밍고스 교수는 "공상과학 영화 때문에 상당수 사람들이 인공지능을 슈퍼 인간처럼 이해하고 있다. 하지만 인공지능은 뇌 밖에 있는 또 다른 뇌로 봐야 한다. 미래 인류는 인공지능을 통해 더 많은 일을 효율적으로 할 수 있을 것"이라고 말했다.

그러면서 도밍고스 교수는 인공지능을 적극적으로 개발하고 받아들일 것을 주문했다. 특히 "삼성이 인공지능 회사를 인수하고,

현대자동차가 자율주행차를 개발하는 것을 보면 알 수 있듯이 이
제는 머신러닝 기술을 확보하지 않으면 기업의 생존을 보장할 수
없는 시대가 됐다"고 강조했다.

이어서 "지식은 힘이다. 그리고 인공지능이 이걸 대표한다. 그
동안 인류는 3가지 방법을 통해 지식을 얻었다. 진화를 통해 얻은
유전자, 신경세포에 축적된 경험, 문화적 방식이 바로 그 3가지이
다. 우리는 이렇게 지식을 습득했다. 하지만 현재 또 다른 새로운
출처에서 지식이 나타나고 있다. 바로 컴퓨터다. 지식의 출처가
새롭게 등장하면서 역사상 혁신과 도약의 시기를 맞게 됐다"고 설
명했다.

기업 생존에 필수 요소로
등장한 머신러닝

페드로 도밍고스
워싱턴대학 교수

"머신러닝이 신기술이어서 채택해야 하는 것이 아니다. 채택하지 않으면 더 이상 생존할 수 없는 시대가 온다."

2016년 3월 한국은 인공지능 쇼크를 경험했다. 구글의 알파고 프로그램이 이세돌 9단과의 대결에서 승리했기 때문이다. 바둑은 체스와 달리 경우의 수가 무한대로 많아 인공지능이 인간을 이기려면 100년쯤 걸린다고 생각했기에 충격은 더 크게 다가왔다. 인공지능 분야의 세계적 석학으로 불리는 워싱턴대학의 페드로 도밍고스 교수는 이 같은 한국의 분위기를 수긍하면서도 "전혀 무서워할 필요가 없다"고 잘라 말했다.

도밍고스 교수는 빌 게이츠 마이크로소프트 창업자가 인공지능을 이해하는 데 필독서로 추천한《마스터 알고리즘》의 지은이이다. 그는 머신러닝 분야의 선구적인 전문가로 데이터 과학 분야 최고 영예인 데이터베이스연구회 혁신상을 2년 연속 수상했다. 그는 대혁신의 원동력으로 머신러닝을 들었다. 알파고와 같은 머신러닝은 컴퓨터가 스스로 데이터를 분석하고 새로운 알고리즘을 만들어내는 것을 의미한다. 입체파를 창시한 파블로 피카소Pablo Picasso는 "컴퓨터는 쓸모없다. 대답만 할 뿐이다"라며 컴퓨터가 창의적이지 않다고 이야기했지만, 머신러닝을 적용하면 얘기가 달라진다. 도밍고스 교수는 머신러닝 혁명이 전 세계를 근본적으로 뒤흔들 것이라고 내다봤다. "현재 최고의 지성은 바로 인간의 뇌이다. 하지만 머신러닝 시대에는 컴퓨터와 인공지능, 머신러닝이 지식과 지성의 원천이 될 것이다. 지식과 지성이 변화의 원동력인 만큼, 머신러닝으로 인해 제4차 산업혁명이 촉발될 것"으로 예측했다.

그는 알파고 이야기를 언급하며 "현재 체스 세계 챔피언이 누구인지 살펴볼 필요가 있다"고 했다. 이어서 "세계 체스 챔피언은 인공지능이 아니라 인간과 인공지능이 한 팀을 꾸린 미국의 아마추어 체스팀 켄타우로Kentauro이다. 이처럼 인간과 인공지능이 서로 부족한 부분을 상호 보완해나가고 적극적으로 이용한다면 더 나은 결과를 낼 수 있다"고 덧붙였다.

머신러닝은 인류의 삶을 어떻게 바꿀 수 있을까. 도밍고스 교수는 이미 인류의 삶 곳곳에 머신러닝이 적용되고 있다고 말한다. 검색 엔진에 뜨는 광고는 사용자의 검색 패턴을 분석해 알맞은 광고를 보여주고, 이메일 서비스는 불필요하다고 생각되는 이메일을 스팸으로 걸러낸다. 머신러닝은 보이지 않게 인류의 삶 속으로 점점 세를 확장해가고 있다. 그는 "예를 들어 기존의 컴퓨터 프로그램은 단순히 사람의 엑스레이를 찍어 결과물을 의사에게 보여주는 것에 그쳤지만, 머신러닝 시대에는 컴퓨터가 엑스레이를 찍은 뒤 암세포가 존재하는지, 치료는 어떻게 해나가야 하는지에 대한 판단까지 내려줄 것이다"라고 설명했다.

머신러닝 혁명은 증기기관이 산업혁명을 일으킨 것처럼 경제와 사회 분야에서 광범위한 변화를 가져올 것으로 기대되고 있다. 데이터를 기반으로 추론과 분석을 통해 결과값을 내는 과정을 거치는 만큼 적절한 데이터만 확보한다면 머신러닝은 모든 산업분야에 적용할 수 있기 때문이다.

이러한 변화가 분명하게 나타나고 있는 곳이 바로 기업이다. 도밍고스 교수는 "구글이 야후보다 가치 있는 이유는 머신러닝 알고리즘이 더 뛰어나기 때문이다. 최선의 알고리즘과 데이터를 보유한 기업이 승리한다. 가장 많은 고객을 보유한 회사가 가장 많은 데이터를 수집하고 가장 많은 신규 고객을 얻으며 이러한 선순환은 계속 이어진다"고 말했다. 경쟁사 입장에서는 머신러닝을 놓칠 경우에 반대로 악순환에 빠질 수밖에 없다.

인공지능이 인류를 지배할 것이라는 지적과 일자리 감소에 대한 우려에 대해서 그는 걱정할 필요가 없다고 잘라 말했다. 인공지능의 인류 지배에 대해서도 단호하게 그럴 리 없다는 의견을 피력했다. 미국의 우주물리학자인 스티븐 호킹Stephen Hawking이나 미래학자 레이 커즈와일Ray Kurzweil은 특이점인공지능이 인간의 지능을 뛰어넘는 시점을 이야기하며 인공지능의 출현을 경계한다. 하지만 도밍고스 교수는 이런 일들은 모두 물리적으로 일어날 수 없는 일이라고 단정했다. 그는 "특이점이란 기술이 무한대로 발전함을 의미하는 시점이다. 무한대는 정수를 0으로 나누는 것을 의미하는데 물리적으로 불가능한 값이다. 커즈와일은 특이점에 도달하면 기술진화가 빨라 인간이 예측할 수 없다고 했지만, 그것이 특이점이라면 우리는 이미 그 속에 들어와 있다. 현재 머신러닝의 결과물도 인간이 이해하지 못하는 경우가 많다"고 했다.

머신러닝으로 인해 인간은 부분적으로 자신이 살고 있는 세상을 창조하고 있는데 이는 인류의 역사에서 상당한 발전일 뿐, 부정적으로 바라볼 필요가 없다는 것이다. 그는 "머신러닝을 이용한 에너지, 제조업 등 현재 산업에 전반적인 변화가 일어날 것이다. 머신러닝의 재료가 되는 데이터가 새로운 '석유'가 되는 시대가 도래할 것"이라고 덧붙였다.

인공지능이
가져올 혁명

토비 월시
호주 뉴사우스웨일스대학 교수

토비 월시Toby Walsh 교수는 호주의 세계적인 인공지능학 권위자이다. 에든버러대학에서 인공지능학 박사학위를 취득했고, 현재 호주 뉴사우스웨일스대학의 인공지능학 교수이다. 호주 정부가 주최하는 유명 기업가와 과학자의 모임인 지식국가 100Knowledge Nation 100 중 하나로 선정되기도 했다. 데이터 61, 호주국립정보통신기술연구소NICTA와 영국, 프랑스의 연구소들을 포함한 세계 각지의 유명 연구소의 연구원으로 근무하기도 했으며 2014년에는 한 해 최고의 과학자를 기리는 훔볼트Humbold 상을 수상한 바 있다. 인공지능과 로봇공학의 전문가로 언론매체에 자주 출연하며 그의 트위터는 인공지능 최신 동향을 파악할 수 있는 트위터 10곳 중 하나로 선정되기도 했다. 2015년 UN에 로봇의 군용화 반대 성명을 내 화제가 됐다.

인공지능 분야의 세계적 권위자인 월시 교수는 인공지능이 새로운 혁명을 불러올 것이라고 자신했다. 다만 어설픈 인공지능이 보편화될 경우 인간에게는 더 큰 위협으로 다가올 것이라고 밝혔다.

월시 교수는 2015년 우주물리학자 스티븐 호킹 박사와 테슬라 모터스의 최고경영자 일론 머스크Elon Musk, 애플의 공동 창업자 스티브 워즈니악Steve Wozniak 등과 함께 인공지능을 군사적으로 이용하는 것을 막아야 한다는 공개 서한을 발표한 바 있다. 1,000여 명이 동참한 이 서한에는 인공지능이 전쟁에 이용될 경우 인류에 재앙이 발생한다고 경고했다. 컴퓨터 스스로 목표물을 정해 공격하는 무기가 사용된다면 지금보다 훨씬 더 큰 피해를 초래할 것을 우려한 것이다. 또 월시 교수는 인공지능 기술이 국제적인 위협 요소인 테러에 적극 활용될 가능성에도 문제를 제기했다. 다만 그는 경계와 수색 등 방어용 형태의 무기에 로봇을 이용하는 것에는 동의했다.

월시 교수는 인공지능의 발전 덕분에 과거에 경험하지 못한 속도로 대단한 변화가 발생할 것으로 보고 있다. 또한 인간의 능력을 뛰어넘는 로봇이 등장하는 것은 시간문제라고 본다. 다만 완벽하지 않은 인공지능에 성급하게 자율성이 부여될 때 인류에 위협 요소가 될 수 있음을 우려했다. 테슬라의 자율주행차가 사고를 내 인간이 사망한 것을 대표적 사례로 꼽았다.

월시 교수는 인간들이 인공지능 문제를 미리 예측해 준비해야 한다고 강조한다. 향후 인간과 로봇의 경계가 모호해질 수 있지만 결국 인간은 감정이 있기 때문에 로봇과 차별화될 것이라고 보고 있다. 다만 로봇이 감정을 가질 수 있을 정도로 발전한다면 인간과 로봇이 의미 있는 사회적 관계를 맺을 수 있다고도 예상했다.

Q. 이세돌 9단과 알파고의 대결 전 어느 한쪽의 일방적 승리를 점쳤는데 예상이 맞았다. 관전평을 해준다면?

인공지능에 대한 관심이 높아졌다. 그동안 연구했던 시절을 돌이켜볼 때 지금처럼 좋은 환경은 없는 것 같다. 당시 바둑 대결은 인공지능 분야에서는 매우 중요한 순간이었다. 이세돌 9단이 1승을 했고 알파고가 4승을 했다. 이세돌 9단이 알파고에게 패배한 뒤 새로운 방법으로 해결책을 찾아가는 점은 놀라웠다.

Q. 인간보다 똑똑한 기계가 나올 수 있다고 보는가?

당장은 아니더라도 인간보다 똑똑한 로봇은 곧 등장할 것이다. 이미 많은 영역에서 기억력과 수리능력이 우수한 기계가 인간 능력을 대체하고 있지 않은가. 인공지능 덕분에 과거에 경험하지 못한 속도로 변화가 발생할 것이다. 사람의 팔을 대신하는 기계가 생산과정에 투입되는 것은 긍정적이다. 기술이 이처럼 인류의 삶에 도움이 되는 방향으로 사용될 수 있도록 사용 범위를 취사선택하는 게 필요하다.

Q. 로봇은 신체적, 그리고 정서적으로 인간을 닮아가고 있다. 그렇다면 어디까지가 인간이고, 어디까지가 로봇인가?

향후 로봇과 인간의 경계선이 모호해질 수 있다. 가상현실이 등장하고 사이보그가 만들어지면 로봇과 인간이 닮아갈 수 있다. 다만 기계는 감정을 갖지 못한다는 게 결정적 차이다. 인간이 왜 감정을 갖고 있는지는 정말 중요한 문제다. 사회적 관계 속에 누군가의 감정을 이해하는 것은 엄청난 힘이다. 앞으로는 로봇이 감정을 가질 수 있는가가 중요한 기준이 될 것이다. 로봇이 점점 인간의 선호를 구별하고 이해하는 수준까지 발전할 수도 있다. 그렇게 되면 인간과 로봇이 의미 있는 관계로 발전할 것이다. 아울러 기계에 감정 투여까지 가능할 경우 인간과의 유대관계가 더욱 깊어질 것이다.

Q. 인공지능을 활용한 공격형 자율 무기인 킬러로봇을 사용하는 것에 대해 강력히 반대하고 있는데 그 이유는?

컴퓨터로 조종되는 무기는 곧 개발될 가능성이 높다. 하지만 나는 인류 보편적 관점에서 이를 반대한다. 인공지능을 이용한 공격형 자율 무기는 인류 생존에 위협이 될 수 있어 사용을 금지해야 한다. 컴퓨터가 스스로 결정하는 전쟁로봇이 과연 민간인과 군인을 구분하는 능력까지 도달할 수 있을지 의문이 든다. 전투 현장에서 로봇 무기가 사람보다 상대적으로 더 효과적인 역할을 수행할 수 있는지 의구심이 든다. 인공지능 시스템으로 조종되는 자율 무기를 사용하면 더 많은 사상자가 생길 수 있다.

Q. 킬러로봇이 전쟁 외 부문에서도 위협요소가 될 수 있나?

테러리즘에 공격형 자율 무기가 사용될 수 있다는 점도 우려된다. 자살 폭탄 테러 등이 로봇으로 대체될 경우 그 빈도가 더 높아질 수 있기 때문이다. 인공지능이 평화적 목적이 아닌 군사나 테러 등에 이용될 경우 인류 미래는 큰 위기를 맞을 수 있다.

Q. 인공지능의 발전 속도를 봤을 때 국방과 관련된 부분만 사용을 제외한다는 것은 현실성이 떨어지는 주장이 아닌가?

오해가 없어야 하는데 무조건 무기로 사용하지 말자는 의미는 아니다. 경계나 수색 등, 방어적 형태로 인공지능을 활용하는 것은 동의한다. 공격용 무기는 인류에 위협이 된다는 의미다.

Q. 전쟁과 테러 부문 외에 우리가 인공지능에 대해 우려해야 할 점은 무엇인가?

그다지 똑똑하지 않은 인공지능에 자율성을 주면 큰 위협요소가 될 수 있다. 예를 들어 아직 스마트하지 못한 자동차에 운전을 자율적으로 할 수 있는 권한을 부여하니 치명적인 사고가 발생해 결국 사람이 죽었다. 이러한 인공지능 초기에 발생할 수 있는 문제를 미리 예측하고 해결해나가야 한다. 만약 그렇지 않을 경우 우리 삶에 미치는 부정적 결과가 더 많아질 수밖에 없다.

인공지능이
암 정복할 시기 도래한다

닐 이스퍼드 IBM 대표

닐 이스퍼드Neil Isford IBM 대표는 IBM의 신규 조직인 코그니티브 솔루션Cognitive Solution의 글로벌 인더스트리 솔루션 부문을 담당하고 있는 글로벌 총괄 책임자이다. 글로벌 인더스트리 솔루션 팀은 왓슨, 애널리틱스, 사물인터넷, 커머스, 보안, 기타 IBM의 선도적인 기술과 서비스를 결합한 산업용 솔루션 제품군의 영업을 담당하고 있다. 이스퍼드 대표는 현직 부임 전까지 애널리틱스 솔루션 및 서비스 제품군 글로벌 비즈니스를 총괄 담당했다. 또한 북미 지역 인더스트리 솔루션 및 애널리틱스 사업을 총괄한 바 있기도 하다. 그는 IBM 소프트웨어 그룹에서 5년간 정보 관리, 비즈니스 분석, 기업용 콘텐츠 관리 제품군의 영업 등 다양한 업무를 담당했다. 또한 IBM의 아시아태평양 지역 소프트웨어 비즈니스를 총괄했으며 전 세계 비즈니스 파트너의 소프트웨어 영업을 총괄한 바 있다. 월스트리트에 위치한 민간 컨설팅 기업인 플루럴Plural 사의 대표와 IBM의 e-비즈니스 서비스 조직인 IBM 글로벌 서비스 등 9년간에 걸쳐 서비스 비즈니스 영역에서 전문가로서의 경력을 쌓았다. 캐나다 토론토 출신으로, 철인3종경기 선수로도 활동한다.

"얼마 전 일본에서 IBM 왓슨Waston, 인공지능 컴퓨터 시스템이 내린 의학적 판단을 본 한 의사가 왓슨의 진단이 잘못됐다고 평가한 적이 있다. 하지만 확인 결과 왓슨이 옳았고, 의사가 6개월 전 발표된 논문을 확인하지 못했던 것으로 밝혀졌다. IBM이 제공하는 다양한 인공지능 솔루션은 이처럼 인간의 판단을 돕는 조력자 역할을 충분히 해낼 수 있다."

닐 이스퍼드 IBM 대표는 인공지능은 인간을 위한 조력자 역할을 할 것이라 강조했다. 데이터가 점점 쌓여가면서 인간이 할 수 없는 일을 도와주는 데 인공지능만 한 역할을 할 수 있는 존재가 없다는 것이다.

IBM은 길병원과 함께 IBM 왓슨 포 온콜로지Watson for Oncology를 국내 최초로 도입해 서비스를 시작할 예정이다. 왓슨 포 온콜로지는 2012년부터 300개 이상의 의학 학술지는 물론 1,500만 페이지에 달하는 의료 정보를 학습한 인공지능이다. 그는 "매년 암과 관련된 논문이 4만 4,000여 건 발표된다. 하루에 12건꼴로 발표되는데 이 모든 최신 정보를 인간이 숙지하고 따라가는 것은 불가능하다. 당연히 인간이 이 모든 논문을 읽고 숙지할 수 없기에 인공지능을 사용한다. 인공지능이라면 명령받은 바에 따라 사람을 도울 수 있다"고 덧붙였다.

왓슨 포 온콜로지는 학습된 수많은 데이터에서 특정 환자에게 필요한 데이터만 골라낼 수 있다. IBM은 길병원과 함께 먼저 한국 의료 가이드라인과 언어에 맞추는 작업을 거친 뒤 본격적으로 활용한다는 계획이다. 클라우드 기반 플랫폼인 왓슨 포 온콜로지는 방대한 분량의 정형structured 및 비정형unstructured 데이터를 분석해, 의사들이 암환자들에게 데이터에 근거한 개별화된 치료 옵션을 제공할 수 있도록 한다.

그는 "IBM 왓슨은 2012년부터 방대한 데이터를 토대로 암과 관련된 빅데이터를 수집하고 분석해왔다. 다른 기업의 인공지능과 비교했을 때 가장 큰 장점은 이처럼 암과 관련된 분야에서 오랜 경험을 갖고 있다는 것"이라고 설명했다. 길병원은 종양학 전문의들이 매년 5만 명의 암환자를 치료하는 병원으로 IBM의 인공지능을 유방암, 폐암, 대장암, 직장암, 위암 치료에 도입해 활용한다는 방침이다.

그는 인공지능 시대가 이미 도래했다고 설명했다. 이미 병원을 비롯한 다양한 분야에 인공지능 기술이 적용되고 있기 때문이다. 빅데이터가 쌓이는 곳에는 인공지능을 활용해 인간을 도울 수 있다. 그는 "호텔업계의 새로운 경쟁자는 호텔을 단 한 곳도 갖고 있지 않은 에어비앤비이고, 세계 최대 커머스 회사인 알리바바는 매장 자체가 없다. 빅데이터를 선별하고 유용한 규칙을 찾아낼 수 있는 인지 시스템의 출현은 모든 산업에서 혁신을 일으키고 있다"고 말했다.

IBM의 경우 의료는 물론 석유 시추, 금융 서비스에도 이 같은 인공지능을 활용하고 있다. IBM은 2016년 초 알고리드믹스Algorithmics, 오픈 페이지Open Pages, 리스크 컴플라이언스 애널리틱스Risk Compliance Anallytics와 같은 3가지 제품을 한국 금융권에 제안한 바 있다. 이는 FTA 시대, 여러 규제와 관련해 기존 제도를 어떻게 맞춰나갈 수 있는지에 대한 방안을 제공하는 역할을 한다.

그는 "세계적으로 이슈가 되고 있는 금융권 리스크 관리에 대응하기 위해 IBM이 지난 수년간 투자해 개발한 제품이다. 이 제품들은 규정을 준수하면서 고객에게 최적의 서비스를 제공하도록 도울 것"이라고 말했다.

이처럼 인공지능의 활용은 많아지고 있지만 그는 인공지능이 인간을 뛰어넘거나, 인간을 지배하는 일은 일어나지 않을 것이라고 덧붙였다. 그는 "인공지능은 인간을 돕는 조력자 역할을 하는 것일 뿐이다. IBM 왓슨도 의사의 역할을 빼앗는 것이 아니라 의사가 정확한 판단을 할 수 있도록 돕는 역할만 할 뿐"이라고 말했다. IBM 왓슨의 주인공은 왓슨이 아닌 인간이라는 것이다. 특히 "구글, 페이스북, 마이크로소프트 등과 협력해 인공지능 사회에서 윤리와 개인정보 침해 등 나타날 수 있는 문제점을 논의하는 협의체를 만들었다. 인공지능은 사람이 안전하게 사용할 수 있는 조력자이며 위협이 아니라는 것을 말하고 싶다"고 전했다.

한국은 인공지능 분야에서 뒤처져 있다는 평가를 받고 있다. IBM이나 구글과 같은 기업에 비해 인공지능 플랫폼 연구가 부족하기 때문이다. 하지만 이스퍼드 대표는 인공지능 시대는 한국에 큰 기회라고 이야기했다. 그는 "한국의 훌륭한 정보기술 인프라와 명석한 인재들은 인공지능 시대 최고의 자산이다. 또한 인공지능은 누구에게나 열려 있는 분야이기 때문에 한국 기업이 전혀 늦지 않았다"고 말했다. 플랫폼보다는 이를 어떻게 활용해 산업으로 키워나가는지가 더 중요하다는 판단 때문이다.

이스퍼드 대표는 "인공지능 분야는 이제 막 뜨고 있는 시장이기 때문에 IBM이나 구글 외의 기업에 기회가 있다. 특히 삼성이나 현대자동차 같은 기업은 전 세계에 고객을 확보하고 있는 만큼 인공지능 시장으로의 진출은 새로운 도전과 기회가 될 것"으로 기대했다.

드론이 바꾸는 미래

연사 리저샹(홍콩과학기술대학 교수, DJI 이사회 의장)
노나미 겐조(지바대학 교수)
제이슨 폰틴(《MIT 테크놀로지리뷰》 편집장)

사회 박종우(서울대학교 기계항공공학부 교수)

드론 시범을 보이는 리저상 교수

　드론이 하늘을 날았다. 텅 빈 하늘이 아닌 사람들이 가득 찬 강연장 안을 날았다. 리저상李澤湘 홍콩과학기술대학 교수이자 드론 제조업체인 DJI 이사회 의장은 자신이 메고 있던 가방에서 가로세로 20cm, 무게 700g에 불과한 작은 드론을 꺼내들었다. 홍콩과학기술대학 연구원이 조종한 드론은 강연장을 약 30여 초 동안 날았다. DJI의 공동 창업자이기도 한 리 교수는 "이 드론은 자신이 날 수 있는 구역을 인공지능을 통해 스스로 판단한 뒤 7km를 비행할 수 있다. 드론의 성장속도는 경이적으로 증가하고 있는 만큼 사람들이 스마트폰을 쓰듯 드론을 사용하는 날이 올 것"이라고 말했다.
　군용으로만 활용되던 고가의 드론은 DJI 사에서 카메라가 장착된 값싼 일반인용 제품을 만들기 시작하면서 폭발적으로 보급되기 시작했다. 리 교수의 제자가 창업한 DJI는 카메라를 장착한 드론을 만들어 누구나 사용할 수 있는 발판을 마련했다. 1937년 군용으로 처음 등장한 드론이 70년 만에 군 울타리를 벗어난 셈이다.

드론에 가장 먼저 눈독을 들인 분야는 농업이다. 리 교수는 "중국에서 농야農野에 살충제를 사람이 직접 뿌리면서 매년 3만 건의 사망사고가 보고되고 살충제의 60%가 낭비돼왔다. 이를 드론이 대체하면서 농약 살포율과 안전성이 100배 이상 향상됐다"고 말했다. 현재 드론은 영화 촬영은 물론 고층 통신탑과 교각, 댐 등의 안전점검 등에 두루 활용되고 있다. 리 교수는 "컴퓨터 시대에 첫 번째 혁명이 인터넷 분야에서 일어났다면 드론과 같은 로보틱스가 다음 세대의 메가트렌드가 될 것이다"라고 강조했다.

전문가들은 드론이 배송에 본격적으로 활용되면 1가구 1드론이 현실화될 것으로 전망하고 있다. 세션에 참석한 제이슨 폰틴 《MIT 테크놀로지리뷰》편집장은 "빌 게이츠가 PC의 미래는 각 가정의 책상에 PC가 놓이게 되는 것이라고 이야기했듯이 드론 역시 보편적으로 활용될 수 있다. 농업과 물류 배송이 드론의 '킬러 애플리케이션Killer Application, 사용량이 폭발적으로 늘어나는 계기'이 될 것"으로 내다봤다.

일본 드론의 1인자로 불리는 노나미 겐조野波健藏 일본 지바대학 교수는 2017년부터 민간용 드론 시장이 군용 시장을 뛰어넘을 것으로 전망했다. 겐조 교수는 정부가 지정한 도쿄 인근의 드론 특별 지구에서 드론을 이용한 물류 배달 시스템을 개발하고 있다. 겐조 교수는 "물류 창고에서 이륙한 드론은 도쿄만과 하나미가와

강을 따라 약 10km 이상을 이동한다. 2019년부터는 드론이 본격적으로 물류 배송에 활용될 것으로 예상된다. 또한 60층짜리 건물 각각의 베란다에 설치된 드론 착륙장으로 드론을 날려 택배를 배송하는 기술도 개발하고 있다. 현재로서는 착륙이 쉽지 않지만 비주얼 기술을 적용해 실험하고 있다. 3년 뒤에는 충분히 가능할 것"으로 내다봤다. 겐조 교수는 초당 10m의 강풍이 불어도 끄떡없는 드론 등을 개발해 도서지역의 물류 배송에도 적용한다는 계획을 세우고 실제 적용을 앞두고 있다. 산악지대에 거주하는 사람들에게 물품을 전달하는 것도 드론으로 가능하다는 것이 겐조 교수의 판단이다.

활용 가능성이 높은 드론 시장은 2021년 95억 달러에서 2023년 890억 달러까지 성장할 것으로 예상되고 있다. 폰틴 편집장은 "드론은 도서 및 산간지역에 물류를 배송하거나 아프리카 지역의 자연을 훼손하지 않으면서 필요한 물품을 전달하는 데 활용될 수 있다. 곧 드론은 전자상거래의 미래가 될 것"이라고 말했다.

리 교수는 "드론 시장 자체가 초기 단계이기 때문에 한국에도 기회는 무궁무진하게 열려 있다. 자동차가 처음 발명됐을 때도 새로운 도로 규정이나 안전 규제 등 여러 의견 수렴이 필요했던 만큼 정부 관계자, 드론 개발자, 드론 사용자 등 드론 시장을 구성하는 많은 사람들이 모여서 많은 토론을 나눠야 한다"고 조언했다.

인간과 로봇은 공생 가능할까

연사 이시구로 히로시(오사카대학 교수, 제미노이드 개발자)
　　　데니스 홍(UCLA 로봇메커니즘연구소 소장)
　　　장병탁(서울대학교 컴퓨터공학과 교수)

사회 오준호(KAIST 교수, 휴보 개발자)

로봇과 인간이 친구가 될 수 있을까. 공상과학 영화에서 로봇은 인간의 친구로 등장한다. 하지만 곧 인간을 배신하고 지배하려는 의지를 보이는 경우가 많다. 언제나 이와 맞서 싸우는 것은 착한 로봇이다. 로봇과 인간은 미래에 어떤 관계를 유지하게 될까.

로봇과 인간의 공존을 묻는 시간에서는 이 물음을 두고 로봇공학자들과 인공지능 연구자들 간에 열띤 토론이 이어졌다. 일반적으로 로봇공학자들은 "로봇은 도구일 뿐 친구는 아니다"라고 주장했지만 인공지능 연구자들은 "친구처럼 충분히 잘 지낼 수 있다"고 반박했다.

포문을 연 것은 데니스 홍Dennis Hong 교수였다. 2011년에서 2015년까지 세계 로보컵 대회를 휩쓸고 미국 과학잡지《파퓰러사이언스Popular Science》가 선정한 젊은 천재 10인에 선정되었던 홍 교수는 "인간형 로봇인 휴머노이드를 재난재해 현장에서 활용하는 연구를 진행하고 있다. 우리는 로봇을 친구로 볼 수도 있지만 로봇은 인간이 할 수 없는 일을 대신 해주는 도구나 반려동물 형태로 발전해나갈 것"이라고 말했다.

그는 "스티븐 호킹이나 일론 머스크 등이 로봇이 인류를 지배할 것이라는 급진적인 주장을 펼치지만 이는 과장된 것으로 로봇의 윤리를 논하기에 앞서 로봇과 인공지능을 다루는 연구자들의 윤리를 먼저 논의해야 한다"고 덧붙였다.

한국의 첫 휴머노이드 로봇인 휴보HUBO를 개발한 오준호 KAIST 교수도 "알파고 쇼크로 일반인들은 로봇과 인공지능에 대해 두려움을 갖고 있다. 하지만 공상과학 영화처럼 로봇이 움직이며 인간과 공존하거나 대립하는 일은 현재 기술로 불가능하다"고 말했다.

인공지능의 발전 속도는 빠르다. 양자역학이 적용되는 메모리, 반도체 분야의 저장 기억 속도는 해가 다르게 변해간다. 3년 전의 스마트폰과 지금의 스마트폰을 비교해보면 느낄 수 있다. 하지만 뉴턴 법칙이 적용되는 기계의 발전은 상당히 느리게 진행된다. 홍 교수는 "3년 전의 자동차와 지금의 자동차는 크게 달라진 것이 없다. 인공지능이 아무리 빨리 발전한다 하더라도 기계가 인류를 압도하는 일은 일어날 수 없다"고 했다.

반면에 인공지능을 기반으로 로봇을 연구하는 과학자들은 로봇과 인류의 공존이 가능하며 이미 그 시대에 들어섰다는 견해를 피력하기도 한다. 영국의 컨설팅 업체 크리에이터스 시넥틱스Creators Synectics가 선정한 세계 최고 천재 100인에 들었던 이시구로 히로시石黒浩 오사카대학 교수는 사람의 형상을 한 로봇이 인간과 함께 생활하는 그림을 보여주며 "로봇은 산업현장에서 뛰쳐나와 사람들의 일상으로 들어갈 준비를 하고 있다"며 인간과 로봇이 공존하는 로봇사회의 출현을 예언했다.

인공지능에 기반을 둔 로봇을 만들고 있는 이시구로 교수는 "사람의 모습을 한 로봇을 만들면, 인간의 뇌가 이들을 자연스럽게 사람으로 인지할 수 있다"고 덧붙였다. 이미 그는 로봇 판매원을 만들어 일본의 한 쇼핑몰에서 점원으로 활용한 적이 있으며 자신과 똑같은 형상을 한 로봇을 만들어 해외 출장길에 대신 보낸 적도 있다.

이시구로 교수는 "일본의 한 유치원에서 아이들과 함께 노는 로봇을 만들었는데 아이들도 상당히 좋아하고, 부모들의 반응도 좋았다. 특정한 상황에서 인공지능과 로봇은 사람과 충분히 공존할 수 있다"고 말했다.

장병탁 서울대학교 교수는 자신이 개발한 아이 돌봄 로봇을 소개했다. 만화영화의 내용을 인지한 뒤 아이와 함께 만화 속 내용에 대해 이야기를 나눌 수 있는 로봇이다. 장 교수는 "인간과 로봇은 공생 관계로 같이 진화해갈 것이며 이는 스마트폰이 필수품이 된 것처럼 피할 수 없는 미래"라고 말했다.

하지만 두 분야의 전문가들 모두 인공지능과 로봇 모두 기술적인 측면에서 아직은 해결해나가야 할 것들이 많다는 데 동의했다. 빠른 시일 내에 사람의 뇌와 비슷한 인공지능의 개발은 어려울 뿐 아니라 로봇이 사람처럼 자연스럽게 움직이는 것도 불가능하다. 따라서 로봇과 인간이 함께 존재하게 될 미래 세대를 위해 철학적이고 도덕적인 부분까지 광범위한 논의가 필요하다고 입을 모았다. 오 교수는 "사람과 로봇이 할 수 있는 일은 명백한 차이가 있다. 로봇과 인공지능에 대한 이해도를 높이고 이것이 우리 사회에 어떤 파장을 미칠지에 대한 분석이 필요하다"고 말했다.

또한 정책 입안자들이 현 시점에서 로봇과 인공지능 기술에 대해 정확히 이해하는 게 필요하다는 지적도 나왔다. 한강의 기적을 이룬 한국은 모든 것을 빨리빨리 해야 하는 문화에 적응되어 있다 보니 연구비를 투자하면 금방이라도 사람과 같은 로봇이 나올 것이라 여긴다. 홍 교수는 "일본과 한국보다 휴머노이드 로봇 개발에 뒤처져 있을 것이라 여겼던 미국이 아틀라스ATLAS라는 강력한

로봇을 짧은 시간 안에 만들 수 있었던 것은 로봇 연구의 기본이
되는 기초 원천 연구의 힘 때문이었다. 로봇과 인공지능이 긍정적
으로 발전하려면 기술에 대한 정확한 이해와 꾸준한 지원이 필요
하다"고도 덧붙였다.

로봇 어디까지 진화해왔나

데니스 홍 UCLA 로봇메커니즘연구소 소장

데니스 홍은 과학 전문지 《파퓰러사이언스》가 세계 천재 10인으로 선정한 로봇공학자이자, 현 UCLA 기계항공공학과 교수이다. 동시에 전 세계 로봇 연구의 메카로 각광받는 로봇메커니즘연구소 로멜라RoMeLa, Robotics and Mechanisms Laboratory의 설립자이기도 하다. 1971년생인 그는 항공우주 분야 엔지니어였던 아버지를 따라 대학교 2학년 때 미국으로 건너갔다. 퍼듀대학에서 기계공학으로 석사 및 박사학위를 받았다.

그는 인간을 위한 이로운 기계를 개발한다. 또한 인간이 사용할 수 있는 유용한 기술과 지식을 함께 만들어가고 있다. 세계 최초 시각장애인을 위한 자동차를 만들었고 생명을 구하는 화재 진압용 로봇, 재난 구조용 휴머노이드 로봇을 개발하며 인간을 이롭게 하는 따뜻한 기술을 발전시켜왔다. 교육 분야에도 관심이 많은 그는 광속으로 발전하는 과학기술을 주제로 다양한 곳에서 강연하고 있다. 좋아하는 일, 잘하는 일, 그리고 가치 있는 일을 꿈으로 찾고, 현명하게 선택하고, 열정을 다해 정말로 이룰 수 있다고 생각한다. 그 꿈들을 진심으로 대하고 놓치지 않는 것이 중요하며, 인생에서 이보다 더 중요한 것은 없다고 말한다.

"로봇이 굳이 사람처럼 걸을 필요 있나요?"

로봇공학자 데니스 홍 UCLA 교수는 의외의 질문을 던졌다. 데니스 홍은 시각장애인을 위한 자동차, 인간을 위한 따뜻한 로봇을 만드는 공학자로 잘 알려져 있다. 지금은 사람을 닮은 휴머노이드 로봇에 연구 역량을 집중하고 있는 그는 이날 휴머노이드 로봇에 대한 고정관념을 탈피해온 과정과 함께, 넘어지지 않는 두 발 로봇을 만들어낸 이야기를 소개했다.

그의 강연을 듣기 위해 1,000여 명의 청중이 운집했다. 로봇공학자를 꿈꾸는 학생들도 대거 참여해 홍 교수의 에너지 넘치는 강연에 집중했다. 홍 교수 팀은 재난구조로봇 대회에 출전했던 이야기로 강연을 시작했다. 대회에서는 연이어 패배를 맛봤다고 했다. 사람처럼 양발로 걷는 로봇이 미션을 수행하기도 전에 중심을 못 잡아 뒤뚱거리며 넘어졌기 때문이다. 넘어진 로봇을 바라보던 그는 "두 발이 있다고 해서 인간처럼 걸을 필요는 없겠다"는 생각이 들었다고 했다.

인간처럼 생기지 않은 이족보행二足步行 로봇 나비로스NABIROS는 기존의 틀에서 벗어났기에 태어날 수 있었던 로봇이었다. 그의 최신 연구동향은 세계지식포럼에서 세계 최초로 공개됐다. 나비로스의 양 무릎은 바깥을 향해 꺾여 마름모꼴이 된다. 여기에 허리 부분을 90도 틀었다. 마치 옆으로 걷는 게가 앞을 향해 걷는 것처럼 보였다. 이 로봇은 넘어지지 않는 것은 물론 뛰는 것도 가능했다. 홍 교수는 성균관대학교와 함께 이 로봇을 활용한 프로젝트를 진행하고 있다. 2017년 11월에는 경기도 판교에서 성균관대학교

와 함께 나비로스 시연을 열 계획이다. 홍 교수는 "택배 서비스에 나비로스를 적용할 예정이다. 차에서 짐을 내리고 사람에게 전달하는 과정을 나비로스가 담당하게 된다"고 과정을 설명했다.

이족보행 로봇을 선보인 다음에는 발루BALLU라는 로봇도 공개했다. 몸체가 아예 풍선으로 돼 있어 균형을 매우 잘 잡는다. 홍 교수는 "달에서 우주인이 무중력 상태에서 걷는 모습과 풍선으로 집이 비행하는 애니메이션 등 황당한 이미지들을 꾸준히 수집했고 이를 바탕으로 브레인스토밍을 한 결과 발루가 탄생했다. 중력을 이기는 로봇이 가능할까? 같은 황당한 질문에 대답하다 보면 창의적인 결과를 얻을 수 있다"고 했다.

이미 홍 교수는 나비로스 이전, 사람처럼 걷는 로봇으로 로봇 축구대회에서 수년 연속 우승한 바 있다. 간혹 사람들은 그에게 로봇이 축구보다 더 중요한 일을 해야 하는 것 아니냐며 핀잔을 준다고 했다. 이에 대해 그는 이렇게 응수한다고 했다.

"로봇이 축구조차 못 하면, 사람의 생명을 구하는 일을 어떻게 하겠는가? 나는 다양한 이족보행 로봇으로 사람의 삶을 돕고 싶다. 축구하는 로봇은 그 시발점에 불과하다."

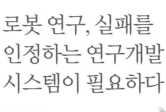

로봇 연구, 실패를
인정하는 연구개발
시스템이 필요하다

데니스 홍
UCLA 로봇메커니즘연구소 소장

"로봇이 무엇이냐고 물으면, 지능적인 도구라고 말하겠다."

데니스 홍 UCLA 교수는 "로봇은 사람이 할 수 없는, 해서는 안
되는 일을 할 수 있는 도구일 뿐"이라고 말했다. 홍 교수의 철학은
명확하다. 로봇은 도구일 뿐 인간을 지배할 수 없다. 그는 "인공지
능과 로봇은 같은 개념이 아니다. 인공지능은 소프트웨어이고, 로
봇은 하드웨어이기에 기계적인 것이다"라고 선을 긋는다. 소프트
웨어의 발전은 엄청나지만 로봇은 뉴턴의 물리학 법칙을 따르기
때문에 느리다. 그는 "스마트폰은 3년 전과 지금이 완전히 다르지
만 자동차는 거의 같다. 두 분야가 만나는 것이 궁극적인 목표지
만, 기계의 발전이 느린 만큼 영화에서나 나오는 인간 같은 로봇
은 먼 미래의 이야기"라고 말했다.

얼마나 오래 걸릴 것으로 예상하느냐는 질문에는 "너무 먼 미래
이다. 2014년 로봇공학 챌린지가 열렸을 때 인간을 닮은 로봇이
문을 열고 계단을 오르고 운전을 하는 등 다양한 가능성을 보였지

만 상당히 시간이 오래 걸리고 오히려 불완전하다는 것을 깨닫게 됐다. 그 이후로 2년이 지났지만 로봇 공학 분야에서 아직까지 큰 발전은 보이지 않는다"고 말했다. 따라서 로봇의 윤리, 로봇이 인간을 지배하는 미래를 논하는 것보다 현재 로봇을 만드는 사람의 윤리를 고려하는 게 먼저라고 덧붙였다.

홍 교수는 일반인과 학계에서 바라보는 로봇의 기술 격차가 상당히 크다고 말했다. 일반인은 아톰과 같은 만화 주인공처럼 당장 사람처럼 걸을 수 있는 로봇이 가능하다고 믿는다. 하지만 로봇 공학자들에게 이는 너무도 어려운 일이다. 홍 교수는 "이런 시각 차이는 로봇공학자들에게 열심히 연구해야 한다는 영감을 주지만, 반대로 불가능한 것을 추구하라는 주문으로 작용할 수 있다. 또한 미래를 예측하는 학자들에게 로봇 이해도가 떨어질 경우 잘못된 정책을 만들 수 있다"고도 덧붙였다.

사람처럼 움직일 수 있는 로봇의 기술 점수를 10점이라고 한다면 현재 로봇 기술은 2점에서 3점 정도에 불과하다. 그런데도 미래를 이야기하며, 금방이라도 10점짜리 로봇이 나오니 인류가 대비해야 한다는 정책을 만드는 것은 사회적인 낭비라는 것이다. 그는 로봇과 인공지능이 긍정적인 발전을 하려면 기술의 정확한 이해가 필요하다고도 덧붙였다.

홍 교수는 로봇 발전을 위해 정부가 투자해야 하는 분야는 기초라고 이야기했다. 로봇은 노벨상을 수상하는 기초과학과는 거리가 멀어 보이지만 기계를 만들고 알고리즘을 짜는 것 모두 기초 원천 기술에 해당한다는 설명이다. 그는 로봇 강국으로 불리는 미국의 힘을 기초 원천 기술에서 찾았다.

홍 교수는 "일본이 세계 최초로 휴머노이드 로봇인 아시모ASIMO를 10년 넘게 투자해서 만든 뒤, 우리나라가 휴보를 만들며 뒤따라갔다. 그때까지 미국에서는 이렇다 할 휴머노이드 로봇을 내놓지 않았다. 아마도 필요하지 않았기 때문일 것이다"라고 입을 뗐다.

하지만 미국 국방부 산하 방위고등연구계획국DARPA이 재난 현장에서 필요한 로봇을 만들어 대회를 열자고 발표하자 불과 3년 만에 아틀라스라는 괴물 같은 로봇이 탄생했다. 홍 교수는 "일본의 새프트SHAFT와 미국의 아틀라스는 이 나라가 그동안 얼마나 많은 기초 원천 연구에 투자해왔는지를 보여준다. 기초 원천 기술이 쌓여 있기에 금방 기술력이 발전할 수 있었던 것"이라고 분석했다.

또한 한국의 로봇에는 창의적인 아이디어가 부족하다는 말도 덧붙였다. 한국에서 열리는 로봇 박람회를 참석하면 예나 지금이나 큰 차이가 없다는 것이다. 하지만 미국과 유럽 등 해외는 다르다. 매년 새로운 기능을 가진 로봇이 나오고, 예상치 않았던 모양의 로봇이 등장한다. 홍 교수는 "한국인 연구자의 능력이 부족해서가 절대 아니다. 그보다는 실패를 인정하지 않는 연구개발 시스템의 문제"라고 지적했다.

한국에서는 정부 연구개발 과제를 받은 뒤 성과를 내지 못하고 실패할 경우, 다음 과제를 받기 어렵다. 따라서 연구자들은 안정적인 목표를 정한 뒤 연구를 할 수밖에 없다. 창의적인 연구에 도전했다가 실패할 경우 소위 '밥줄'이 끊길 수 있어서다. 홍 교수는

"실패를 했다는 것은 '이 방향으로 하면 안 되는구나'라는 것을 깨달은 또 하나의 성공이다. 미국은 자유롭게 연구할 수 있는 분위기가 조성돼 있는 반면, 한국은 실패하지 않기 위한 연구가 많다. 하지만 시스템이 바뀌고, 연구자들이 로봇 기초 원천 연구에 도전할 수 있는 환경이 마련된다면 한국의 로봇 기술력은 세계로 뻗어나갈 수 있다. 로봇 연구도 기본이 중요하다"는 말을 강조했다.

홍 교수는 버지니아공과대학에서 로멜라를 설립한 뒤 UCLA로 자리를 옮겼다. 그 과정에서 연구소 설립 및 로봇 소유권을 두고 상당한 잡음이 있었다. 그는 이때 "상처도 많이 받았고 후회와 실망도 많았다. UCLA에서 로멜라를 새로 설립한 뒤 많은 로봇을 만들면서 이제는 새로 시작할 수 있는 힘을 얻었다"고 했다.

홍 교수는 향후 UCLA에 단순히 연구소가 아닌 여러 교수가 모여 로봇을 연구하는 인스티튜트Institute를 설립할 계획임을 내비쳤다. 그는 "이제 다시 시작하는 마음으로 하나둘 연구 성과를 내고 있다. 창의적이고 멋진 로봇을 개발해나갈 것"이라고 말했다.

차세대 배터리 전쟁

연사 나가시마 사토시(롤랜드버거 일본법인 대표)
　　　 김영득(LG화학 상무)

사회 선양국(한양대학교 교수)

"내연기관 자동차와 비슷한 가격, 20분 이내 급속충전으로 500km 이상 주행하면서도 엄격한 안전기준을 충족시킬 수 있는 3세대Gen3 전기차가 다음 목표입니다." (LG화학 김영득 상무)

세계 전기차 배터리 시장을 양분하고 있는 한국과 일본의 배터리 전문가들이 차세대 배터리와 친환경 자동차인 에코카의 미래에 대해 입을 모았다. 전기차의 시대는 이미 와 있다. 다만 널리 퍼져 있지 않을 뿐이다. 현재 220만 대 규모인 세계 전기차 시장은 미국과 유럽, 중국을 중심으로 지속적으로 성장해 2020년쯤에는 600만 대 규모에 이를 전망이다.

독일계 경영전략 컨설팅 업체 롤랜드버거Roland Berger의 나가시마 사토시長島聡 일본법인 대표는 "2012년 차량용 리튬이온 배터리 시장의 규모는 1.5GWh기가와트시에 불과했지만 2015년에는 15.7GWh로 급증했다. 2020년에는 140GWh에 육박할 것으로 전망된다"고 강조했다. 그는 유럽을 비롯해 세계 각국의 이산화탄소 배출 규제가 엄격해짐에 따라 전기차와 차세대 배터리 시장의 성장은 거부할 수 없는 흐름이라고 덧붙였다.

김영득 LG화학 상무는 전기차가 하이브리드카와 플러그인하이브리드카를 대신해 미래 자동차의 주역으로 부상한 데에는 배터리 기술 혁신이 있었기 때문이라고 강조했다.

특히 김 상무는 "시장은 닛산 리프Nissan Leaf를 필두로 하는 1세대 전기차에서 1회 충전으로 480km를 운행할 수 있는 2세대 전기차로 세대교체가 진행되고 있다. 이제 3세대 전기차라는 다음 목표를 위해서 여러 연구와 기술 개발이 이뤄지고 있다"고 언급했다.

차세대 배터리 시장의 성장을 받쳐준 것은 기술력과 비용 절감이다. 특히 테슬라의 리튬이온 배터리 자체 생산설비인 기가팩토리Gigafactory가 2017년 준공되면 KWh킬로와트시당 350달러에 달하는 비용이 200달러까지 감소할 것으로 나가시마 대표는 분석했다. 그는 테슬라에서 채택한 원통형 리튬이온 배터리규격 18650가 업계의 대세 규격으로 자리 잡을 수 있을지가 변수라고 말했다.

배터리 전쟁에 출사표를 던진 중국의 약진이 매섭다. 글로벌 전기차 1위 업체인 BYD北亞迪, 중국의 전기차 배터리 생산업체 중 2위인 CATL新能源科技有限公司 등 중국 기업들도 정부의 자국기업 우대정책과 공격적인 설비 투자로 시장 점유율을 높이고 있다. 특히 정극재, 음극재, 세퍼레이터Separator, 분리막, 전해액 등 부재部材 분야와 조립 단계인 모듈 분야에서는 '한중일 삼국지'라고 해도 과언이 아닐 정도로 중국의 위상은 높아졌다.

김 상무는 중국의 성장 가능성을 높게 평가했다. 성능 면에서 어느 정도 목표 수준에 올라섰고, 리튬이온 배터리의 수요가 급증하면서 리튬의 가격이 1년 새 3배나 올랐기 때문이다. 이제 비싼 소재로 성능을 올리기보다 저렴한 소재로 동일 성능을 내는 쪽에 무게를 두고 있다는 게 그의 설명이다. 원자재의 품질을 덜 따지게 되면서 중국 업체가 경쟁 우위를 갖게 됐다.

또 리튬이온 배터리를 대신할 차차세대 전지에 대한 전망도 나왔다. 나가시마 대표는 "예단하긴 어렵지만 차차세대 전지 역시 2020년쯤에는 실용화가 가능하지 않을까 싶다"고 운을 뗐다. 이어 전해질을 액체에서 고체로 바꿔 분리막이 필요 없는 전고체전지, 리튬보다 저렴한 나트륨이온전지, 마그네슘전지 등 고에너지 밀도의 다가이온전지를 소개했다.

선양국 한양대학교 교수는 수소연료전지 자동차가 에코카의 왕좌를 놓고 전기차와 경쟁할 것이라고 전망했다. 나가시마 대표는 이에 대해 "도요타의 수소차인 미라이MIRAI, 未來는 3분이면 수소탱크를 가득 채울 수 있고, 한 번에 500km 이상을 달릴 수 있다. 성능이나 효율 측면에서는 수소차가 전기차보다 뛰어나다. 하지만 충전소 등 인프라가 부족하고, 수소차를 양산하는 완성차 업체가 많지 않다. 국가 정책에 따라 달라지겠지만 보급 시기를 예상해볼 때 전기차가 더 경쟁력이 있을 것 같다"고 답했다.

2016년으로 31회를 맞이한 한일비즈니스포럼에서는 매일경제신문과 일본《니혼게이자이신문日本經濟新聞》이 공동으로 미래 성장 사업을 조망하고 이슈를 제시해왔다. 이날 인사말을 전한 노자와 마사노리野澤正憲《닛케이산업신문日經産業新聞》편집장과 박재현 매경미디어그룹 전무는 이 자리야말로 차세대 배터리 시장의 동향과 정보에 목말랐던 이들에게 해갈이 되는 자리라고 평가했다.

▌바이오 허브, 한국의 미래

연사 빅토리아 엘레간트(암젠 아시아태평양 부회장)
　　　이원배(GE 헬스케어 아시아태평양 생명과학 대표)
　　　이병건(한국바이오협회 이사장)

사회 이정규(브릿지바이오 대표)

2015년 한미약품은 일라이릴리Eli Lilly, 베링거인겔하임Boehringer Ingelheim, 얀센Jansen 등 다국적 제약사들과 무려 8조 원에 육박하는 기술 수출 계약을 체결하며 일약 바이오 분야의 기대주로 떠올랐다. 그러나 일부 계약은 해지됐고 아직은 한국 바이오 기업이 혼자 힘으로 세계 무대에 나가기 어렵다는 한계도 보여준 사건이었다. 삼성바이오로직스와 셀트리온Celltrion 등 또 다른 기대주들이 한국 제약 및 바이오 산업에 출사표를 던진 가운데 바이오 산업의 미래에 대한 궁금증이 더욱 커지고 있는 상황이다.

글로벌 바이오 기업인 암젠Amgen의 빅토리아 엘레간트Victoria Elegant 아시아태평양 부회장은 "암젠의 역사가 바로 오픈 이노베이션의 역사이다. 한국의 바이오 기업들도 암젠의 중요한 오픈 이노베이션 파트너가 되고 있다"고 말했다. 엘레간트 부회장은 홍콩에 본부를 두고 있는 암젠의 일본·아시아태평양JAPAC의 부회장으로 아시아태평양 지역의 의학부를 총괄하고 있다. 그는 이전에 호주, 유럽, 아시아태평양 지역에서 신약 개발, 의학부 관련 업무, 약물 규제 관련 업무, 의약품 안전성 등의 업무를 진행한 경험이 있다.

암젠의 첫 블록버스터 약품인 적혈구감소증치료제 에포젠Epogen, 즉 에포에틴알파는 글로벌 협업의 산물이다. 암젠이 한국을 포함한 아시아와 태평양 지역을 중요하게 생각할 수밖에 없는 이유다. 에포젠은 항암보조치료제인 뉴포젠Neupogen과 함께 오늘의 암젠을 있게 한 블록버스터 제품이다. 암젠 경쟁력의 핵심은 당연히 연구개발에 있다.

1980년에 설립된 암젠이 첫 약품인 에포젠을 판매한 것은 회사를 설립하고 거의 10년이 지난 1989년부터다. 무려 10년간 줄기차게 연구개발에 매진한 결과물인 셈이다. 암젠은 지금도 매출의 20% 이상을 매년 연구개발에 투자한다. 암젠은 연구개발 센터장 출신이 대표이사가 될 정도로 연구를 중심에 둔 기업이다.

하지만 연구개발 투자가 암젠 내부의 연구실에서만 이루어지는 것은 아니다. 엘레간트 부회장은 "1년간 사용되는 약 40억 달러의 연구개발 자금 중 절반가량은 파트너십을 맺은 바이오 기업에 투자한다. 당연히 한국의 다양한 바이오 기업들과의 협업을 희망한다"고 말했다.

인수합병M&A도 암젠의 주요한 성장 전략 중 하나다. 여러 제약 및 바이오 업체와 네트워크를 유지하는 것은 물론이다. 관절염 치료제인 엠브렐Enbrel을 만든 이뮤젠을 인수하고 바이오시밀러나 DNA의 순서를 밝혀내는 DNA 시퀀싱Sequencing 업체도 M&A를 통해 기술 축적 기간을 단축시켰다.

엘레간트 부회장은 "암젠은 1990년대 암젠게놈프로젝트를 추진했으나 연구개발과 생산성에서 뒤처졌다. 다른 방식은 없을까, 유전학적으로 실제로 환자의 질환과 관련해서 연구를 개발하는 방법은 없을까 고민하다가 아이슬란드의 디코드deCODE를 인수했다"고 밝혔다.

엘레간트 부회장과 함께 세션에 참가한 이병건 한국바이오협회 이사장이자 녹십자홀딩스 대표도 이런 연구개발과 인수합병을 동시에 고려해야 한다고 한목소리를 냈다. 그는 "제약과 바이오 산업엔 국경이 없다. 먼저 한국에서 성공한 뒤 세계 시장에 나가는 전략이 아니라 연구개발 단계부터 세계를 목표로 해야 한다"
고 주장했다.

이병건 이사장은 "스위스는 작은 나라지만 노바티스Novartis 같은
글로벌 제약사를 보유하고 있다. 이 회사는 1년에 매출만 60조 원
이 넘는다. 연구개발에 10조 원을 투자하고 10조 원의 이익을 낸
다"고 말했다. 그는 무엇보다 제약과 바이오 산업은 부가가치가
높은 산업이라고 주장했다. 노바티스의 시가총액은 240조 원쯤
되는데 연간 매출이 90조 원인 현대자동차의 시가총액은 30조 원
수준이다. 노바티스를 팔면 현대자동차 같은 회사를 8개 살 수 있
다는 단순 계산도 가능하다.

한국에서 먼저 해보고 세계로 진출한다는 모델은 바이오 산업
에서는 통하지 않지만 현실적 한계 때문에 국내 바이오 업체들이
해외로 나가지 못하고 있다. 이병건 이사장은 "세계 전체를 대상
으로 임상실험을 하려면 국내 웬만한 제약사의 1년 연구비보다
많은 1,000억 원에서 2,000억 원 이상이 든다. 이런 위험을 무릅쓸
기업의 수는 현실적으로 매우 적다. 한미약품이 기술수출을 한 것
도 이런 한계 때문이었다"라고 말했다.

제4차 산업혁명 시대, 제로를 향한 혁신

연사 샤를에두아르 부에(롤랜드버거 회장)
　　이그나시오 가르시아 알베스(아서디리틀 대표)
　　마노지 메논(프로스트앤드설리번 아시아태평양 대표)

사회 켄 모스(에사데 경영대학원 교수)

제4차 산업혁명 시대 기업은 재창조 수준의 파괴적인 혁신을 통해 변화에 적응해야 한다. 제4차 산업혁명 시대 기업생존전략 세션에서 참석자들은 모든 기업은 스스로 빅데이터 기업이 될 것을, 그리고 한국이 보유한 기존 정보기술 인프라를 넘어서는 새로운 인프라가 필요함을 강조했다. 마노지 메논Manoj Menon 프로스트앤드설리번 아시아태평양 대표는 제로를 향한 혁신Innovating to Zero을 그 해법으로 제시했다. 제로를 향한 혁신이란 시대와 상황이 변화하는 가운데 기존에 중요하게 여기던 틀과 경계가 무너지고 새로이 적응해야 하는 상황을 의미한다.

메논 대표는 "기업들은 무결점, 즉 제로에 가까운 기술 개발을 위해 혁신하고 있다. 탄소배출 제로의 사회가 대표적 예이다. 우버나 에어비앤비처럼 제로에서 새로운 수익을 창출한 비즈니스 모델도 제로 혁신의 좋은 모델이다. 즉 모든 기업들은 스스로를 빅데이터 회사라고 생각해야 한다. 자동차 회사는 더 이상 제조회사가 아닌 빅데이터 회사가 돼야 한다. 자동차를 이용하는 고객들의 정보를 활용해 더 나은 제품과 서비스를 제공할 수 있다"고도 설명했다.

이그나시오 가르시아 알베스 아서디리틀 대표는 선점자 우위 전략이 꼭 효과적이지 않다는 견해를 보였다. 그는 "휴대전화 분야의 선점자들은 따로 있지만 현재는 삼성전자와 애플만 남았다. 호텔 산업도 중간에 진입한 에어비앤비의 영향력이 더 커지고 있다. 이처럼 언제 진입했는가보다는 새롭게 등장한 환경에 어떻게 안착하는지가 더 중요하다. 오히려 갑자기 인기가 폭락한 산업에 희소가치 기술을 보유하고 있다면 시장에 진입하기 더 좋은 환경이 된다"고 밝혔다.

한국이 제4차 산업혁명 시대에 국가 경쟁력을 어떻게 확보해야 하는지에 대한 조언도 이어졌다. 알베스 대표는 "한국은 이미 최고의 이동통신 인프라를 갖췄지만 여기에 청정에너지 인프라를 추가로 갖춰야 한다. 신재생에너지는 향후 수출도 가능한 유망 산업"이라고 밝혔다. 메논 대표는 또 "한국은 인프라는 뛰어나지만 시장 규모의 한계가 존재한다. 한국의 인프라를 제공하는 글로벌 전략 파트너십을 강화하는 것도 한 방법"이라고 강조했다.

새로운 세대에 대한 포용력을 발휘하는 것도 기업에는 중요하다고 이들은 주장했다. 샤를에두아르 부에 롤랜드버거 회장은 "조금 더 개방적이고 시행착오도 인정하는 새로운 문화가 필요하다. 새로운 세대들과 함께 일할 수 있도록 이들의 일하는 방식을 인정해야 한다"고 강조했다. 알베스 대표 역시 "젊은 인재들이 자부심을 갖고 활동할 수 있도록 해야 한다. 이들의 능력을 통해 한국이 무엇을 제공할 수 있는지 잘 파악해야 한다"고 말했다.

갤럭시노트7 생산중단 사태를 삼성전자는 오히려 기회로 활용해야 한다는 의견도 나왔다. 부에 회장은 타이레놀 사태를 언급하며 브랜드에 대한 충성도를 높히는 계기로 전환할 것을 주문했다. 타이레놀 사태는 1982년 미국에서 누군가가 타이레놀에 청산가리를 주입해 이를 복용한 7명이 사망한 사건이다. 당시 회사는 타이레놀이 담긴 병 3,000만 개 이상을 수거한 뒤 제품을 무료로 교환해줬다.

부에 회장은 1995년 하버드대학 경영대학원 연구를 인용하며 "특정 브랜드의 최신 제품을 선호하고 블로그를 운영하는 소비자의 90%는 과거 해당 브랜드와 문제를 겪었던 사람들이다. 갤럭시노트7을 구입한 고객들은 제품을 사기 위해 줄을 선 사람들이기 때문에 삼성 브랜드에 대한 믿음이 있을 것이다. 특별한 보상 등을 제공해 고객이 이번 사태로 갤럭시노트7을 사서 안 좋았다는 생각보다는 오히려 운이 좋았다고 생각하게끔 만들어야 한다"고 강조했다.

"

컴퓨터 시대에 첫 번째 혁명이
인터넷 분야에서 일어났다면
드론과 같은 로보틱스가 다음 세대의
메가트렌드가 될 것이다.

– 리저상 (DJI 이사회 의장)

"

PART

05

제4차 산업혁명 2: 기술의 미래

사물인터넷의 현재와 미래

연사 파트리크 요한손(에릭슨엘지코리아 대표)
앤턴 리(시만텍 이사)
마틴 윌콕스(테라데이터 최고기술경영자)
조원우(GE디지털코리아 전무)

사회 고광범(엑센추어 전무)

2016년 7월 일본의 통신기업 소프트뱅크SoftBank가 영국의 반도체 회사인 ARM을 35조 원에 인수했다. ARM은 스마트폰과 태블릿 PC 반도체를 설계하는 업체다. 당시 손정의孫正義 소프트뱅크 회장은 "미래의 큰 시장으로 떠오르는 사물인터넷 분야를 강화하기 위해 회사를 인수했다"고 밝혔다. 사물인터넷의 가치에 비해 35조 원의 돈은 너무 싸다는 말까지 덧붙였다.

우리가 사용하는 모든 사물이 인터넷으로 연결된다는 사물인터넷은 산업혁명을 일으켰던 증기기관처럼 제4차 산업혁명을 일으킬 키워드로 주목받고 있다. 글로벌 컨설팅 업체인 맥킨지앤드컴퍼니McKinsey&Company는 2025년 세계 사물인터넷 시장 규모가 11조 달러에 이를 것으로 전망하고 있다. 영국은 이미 12억 달러를 투자했으며 중국도 8억 달러를 투자하겠다는 목표를 밝혔다. 앞으로 제조업 경쟁력은 사물인터넷을 얼마나 잘 활용하느냐에 달렸다는 목소리가 나온다.

전문가들은 향후 10년간 사물인터넷이 산업 생산성을 높이는 원동력이 될 것으로 예측하면서도 조심스러운 모습을 보였다. 사물인터넷의 취약점으로 꼽히는 보안 문제 때문이다. 사물인터넷이 뜬다고 너도나도 할 것 없이 이 분야에 뛰어들고 있는데 자칫하다간 큰 화가 되어 돌아올 수 있다는 지적까지 나왔다.

앤턴 리Anton Lee 시만텍Symantec 이사가 사물인터넷의 보안 위험성에 대해 먼저 지적했다. 그는 "2011년부터 2015년까지 한국에서 1억 개 이상의 개인정보가 빠져나갔다. 금전적 보상을 요구하는 악성 프로그램인 랜섬웨어ransom ware나 디도스DDos 공격 등이 늘어나고 있는데 본격적인 사물인터넷 시대가 도래하면 이는 정말 큰 위협으로 작용할 수 있다. 따라서 사물인터넷의 설계에서부터 개발 완료 단계까지 보안 시스템을 반드시 강화해야 한다"고 덧붙였다. PC 시절, 수백만 대의 PC가 존재했다면 사물인터넷 시대가 도래하면 스마트폰과 같은 모바일 기기 수십억 대가 해킹에 노출될 수 있다. 그는 항상 해커들보다 한발 앞서 있어야 함을 강조하며 모든 정보와 연결 부분까지 보안에 신경 써야 한다는 점을 말했다.

사물인터넷 시장이 커지면서 전자기기에 센서만 부착하는 무늬만 사물인터넷인 기술이 늘어나고 있는 것도 경계해야 할 대상으로 꼽혔다. 마틴 윌콕스Martin Willcox 테라데이터 최고기술경영자는 "맥킨지의 분석대로 사물인터넷 시장이 엄청난 규모로 커지기 위해서는 기업이 사물인터넷을 통해 소비자에게 어떤 이득을 줄 것인지, 새롭게 얻은 데이터를 이용해 어떻게 새로운 가치를 창출해낼 수 있는지에 대한 고민이 필요하다. 이런 고민 없이 사물인터넷 시장에 뛰어들 생각이라면 당장 멈춰야 한다"고 경고했다.

맥킨지앤드컴퍼니가 분석한 사물인터넷의 시장 규모에 대해서는 "데이터를 잘 활용해 새로운 가치를 창출해냈을 때만 수익이 가능하다. 단순히 사물에 센서를 붙인 뒤 스마트폰으로 작동시킬 수 있다고 해서 사물인터넷 시대에 뛰어들었다고 할 수 없다"고도 덧붙였다. 그는 사물인터넷에 뛰어들 준비를 하고 있는 기업은 수많은 데이터를 어떻게 통합하고, 이를 활용할 수 있는지 고민해야 한다고 조언했다.

윌콕스 최고기술경영자는 "기술부터 시작한다면 소통이 되지 않고 빅데이터라는 거대한 덩어리만 남게 된다. 인적 자원을 충분히 갖춘 뒤 고부가가치 데이터를 활용할 수 있어야만 사물인터넷 시대에 살아남을 수 있다"고 덧붙였다.

기업 간 경쟁구도도 과거와는 달라질 것이라는 견해가 나왔다. 진정한 사물인터넷을 실현하려면 주변에 있는 모든 물체가 서로 연결되어야 한다. 서로 다른 기업이 만든 가전기기라 할지라도 사물인터넷과 관련된 표준이 필요한 이유다. 다양한 업계가 모여 과정을 논의해야 하는 시점이 온 것이다. 파트리크 요한손Patrik Johansson 에릭슨엘지코리아 대표는 "한국 기업들은 사물인터넷 분야에서 빠르게 앞서 나가고 있다. 하지만 기업만을 생각하는 편협한 시각을 버리고, 기업 간 새로운 협력을 만들어내야 사물인터넷을 다양한 분야로 확장시켜 나갈 수 있을 것이다. 또한 한국은 현재 전 세계에서 가장 앞선 사물인터넷 서비스를 보급하고 있으므로, 사물인터넷 시대가 도래하면 한국은 큰 기회를 맞이하게 될 것"으로 내다봤다.

인터넷의 미래,
디지털 포비아를 넘어

연사 프란 로슈(시만텍 부사장)
　　　에스코 아호(전 핀란드 총리)
　　　데릭 터멀랙(탈레스 부사장)

사회 칼 빌트(전 스웨덴 총리)

우리 일상이 점점 더 디지털 세계에 노출되면서 도처에 보안의 위협이 도사리고 있다. 정보에 대한 접근성이 커졌지만 그만큼 개인정보가 원치 않게 다른 사람에게 노출될 가능성도 커졌다. 허술한 정보 보안은 사생활 침해는 물론 끔찍한 범죄로 이어질 수 있어 위험하다. 한국에서도 강남패치, 한남패치 등의 이름으로 개인의 신상을 무차별적으로 폭로하는 '신상털이' 범죄가 끊이지 않고 있다. 디지털 세계의 편리성보다 해악이 더 커지면서 디지털 미디어를 아예 끊어버리는 디지털 포비아마저 양산되고 있는 실정이다.

칼 빌트Carl Bildt 전 스웨덴 총리는 인터넷을 활용한 기기가 당장은 편리해도, 언제든 우리를 위협하는 무기로 돌변할 수 있으므로 개인뿐 아니라 기업과 정부 차원에서 사이버 보안 위협에 적극적으로 대응해야 한다고 강조했다. 또한 "최근 아이가 잘 자고 있는지 원격 카메라로 지켜볼 수 있는 베이비카메라가 인기를 끌고 있다. 그런데 이 카메라가 해킹돼서 아동 범죄에 사용된다면 얼마나 끔찍한 일이 벌어지겠는가. 전 세계적으로 인터넷 보안이 매우 취약한 상태"임을 강조했다.

현재 인터넷거버넌스국제위원회GCIG 의장으로도 활동하는 빌트 전 총리는 디지털 포비아를 막고 신뢰 높은 인터넷 사회를 구축하기 위해 국가 차원에서 노력해야 함을 강조했다.

정보보안 솔루션 업체 시만텍의 프란 로슈Fran Rosch 부사장도 "라우터나 공공 와이파이는 언제든 보안이 뚫릴 수 있는 시한폭탄이나 다름없다"면서 인터넷 보안에 경각심을 가질 것을 촉구했다. 로슈 부사장은 특히 신기술 활용도가 높은 기업의 역할을 강조했다. 서비스나 제품에 대한 정보 공개 범위를 넓히고 투명성을 강화해야 한다는 지적이다. 로슈 부사장은 "기업이 스마트폰을 통해 공짜 애플리케이션을 배포하는 것은 개인정보를 수집하겠다는 의미이다. 고객이 공짜로 애플리케이션을 사용하는 대신 사적인 정보를 제공하겠느냐, 아니면 본인 정보를 보호하는 대신 애플리케이션을 유료로 사용하겠느냐, 이 질문에서부터 제대로 된 합의가 이뤄져야 한다. 기업이 공짜 애플리케이션을 배포하는 식으로 고객 데이터를 전방위적으로 수집할 때는 고객이 정보 제공 여부에 대한 내용을 미리 알고 본인 선택에 책임을 질 수 있도록 기업 스스로 정보 제공을 확대해야 한다"고 강조했다.

로슈 부사장은 또 기업이 정보 보안의 신뢰도를 높이려면 외부로부터 오는 부당한 정보 제공 요구를 거부해야 한다고 밝혔다. 그는 "시만텍은 정부의 정보 제공 요청을 거부한 적이 있다. 어떤 기업도 정부가 비정상적인 방식으로 정보에 접근할 수 있도록 뒷문을 허용해서는 안 된다"고 말했다.

에스코 아호Esko Aho 전 핀란드 총리는 인터넷 보안을 강화하기 위해 정부와 기업, 시민사회 간에 신뢰망을 구축해야 한다고 강조했다. 노키아의 수석 부사장도 역임했던 아호 전 총리는 "교통안전을 위해 속도 제한이나 안전벨트 규정이 생긴 것처럼 인터넷 보안을 위해서도 모두가 납득할 수 있는 규칙을 구축할 수 있다"고 말했다. 기업의 투명성을 높이는 데는 정부의 압력이 효과적일 수 있다. 다만 정부만이 할 수 있는 일은 아니라는 뜻이다.

아호 전 총리는 "기술은 늘 정책보다 앞서 발전해나갔으며, 혁명적 기술이 도래하면서 불확실성이 커지는 것은 인류가 받아들여야 할 현실이다. 누군가에게 책임을 지우기보다는 개인, 기업, 정부가 신뢰의 구조를 짜는 게 중요하다"고 말했다.

데릭 터멀랙Derek Tumulak 탈레스 부사장도 "신기술이 발전할 때는 늘 악용될 가능성을 염두에 두고 관리, 제재수단을 마련해야 한다. 기업과 정부가 협력해 소비자 대상 보안 교육에도 힘써야 한다"고 말했다.

머신러닝 근간은 클라우드 혁명

연사 마틴 윌콕스(테라데이터 최고기술경영자)
마크 조빈스(퓨어스토리지 부사장)
크리스 라이트(레드햇 최고기술책임자)
이원필(한글과컴퓨터 대표이사)

사회 이승윤(한국전자통신연구원 서비스표준연구실장)

클라우드 컴퓨팅이란 인터넷상의 서버를 통해 데이터를 저장하고, 네트워크, 콘텐츠 사용 등 정보기술 관련 서비스를 한 번에 사용할 수 있는 컴퓨팅 환경을 구축하는 것을 뜻한다. 즉, 인터넷상 서버에 데이터가 영구 저장되는데 정보처리를 자신의 컴퓨터가 아닌 인터넷으로 연결된 다른 컴퓨터로 처리하는 기술이다. 빅데이터를 처리하기 위해서는 다수의 서버가 필요하기에 클라우드 컴퓨팅이 필수적이다. 알파고가 이세돌 9단을 이길 수 있었던 것도 엄청난 규모의 바둑 데이터를 클라우드 컴퓨팅을 통해 저장하고 분석할 수 있었기 때문이다.

이날 연사로는 마틴 윌콕스 테라데이터 최고기술경영자와 크리스 라이트Chris Wright 레드햇Red Hat 최고기술책임자, 마크 조빈스Mark Jobbins 퓨어스토리지Pure Storage 기술 서비스 부문 부사장, 이원필 한글과컴퓨터 대표가 나섰다.

마틴 윌콕스 테라데이터 최고기술경영자는 일상의 모든 제품의 디지털화가 진행 중임을 밝히며 데이터와 클라우드 컴퓨팅의 연계성에 대해 심도 있는 설명을 펼쳤다. 그는 "디지털 기기에 모이는 데이터가 폭증하고 이에 따라 클라우드 컴퓨팅이 활성화됐다. 이런 기술 변화가 비즈니스의 모델을 바꾸고 있다"고 설명했다. 특히 그는 디지털화로 인한 가장 큰 변화로 공급과 수요의 관계를 꼽으며, 앞으로는 이 관계가 기존과 달라지게 될 것이라고 말했다. 예를 들어, 달리던 기차가 갑자기 멈췄을 때 클라우드 컴퓨팅에 의한 데이터 분석을 통해 승객들에게 탑승권 요금을 환불해줄지, 아니면 몇 분 후 다시 출발할 것인지를 판단한다. 윌콕스 부사장은 이를 "공급자 중심의 경제가 수요자 중심으로 바뀌는 과정"이라고 밝혔다.

그는 "70년간의 컴퓨터 역사를 살펴보면 가격 대비 성능이 18개월마다 2배씩 증대됐다. 많은 비즈니스 프로세스가 디지털화될 수밖에 없는 상황이었다"고 등장 배경을 설명했다.

조빈스 퓨어스토리지 부사장 역시 비슷한 의견을 피력했다. "클라우드 채택adoption이 기업 생존에 중요한 요소가 될 것이다. 많은 정보가 수집되면서 이 정보를 빠르고 효과적으로 처리하는 머신 러닝이 화두가 됐는데 결국 그 근간에는 클라우드 컴퓨팅이 있다." 그에 따르면 2020년까지 사물인터넷 확산으로 260억 개 디바이스가 연결될 전망이다. 이 디바이스들이 주고받는 데이터 양은 1ZB제타바이트, 1제타바이트는 1조 100억 기가바이트에 육박한다. 이는 고해상도 영화를 1억 2,300만 시간 동안 재생하는 것과 같다. 조빈스 부사장은 이런 데이터 홍수 시대에 데이터에 적절한 질문을 던지고, 이를 쓸모 있는 데이터로 가공하는 회사가 살아남을 것임을 강조했다.

레드햇은 클라우드 기반 오픈소스 소프트웨어 개발 과정을 소개했다. 오픈소스란 누구든 제약 없이 공공 플랫폼을 활용해 인터넷 서비스 등을 개발할 수 있는 소프트웨어를 말한다. 무형의 인터넷 공간을 데이터 저장소 삼아 데이터를 저장하고 꺼내 쓰는 클라우드 컴퓨팅 덕에 소유의 개념이 희미해지면서 이런 공공 플랫폼이 각광받는 추세다. 이원필 한글과컴퓨터 대표는 "국내 10개 기업 중 클라우드를 채택한 기업이 6개 남짓이다. 클라우드 전략이 없는 회사가 30% 이상이라는 것은 극복해야 할 과제"라며 경종을 울렸다.

라이트 레드햇 최고기술책임자는 "어느 날 갑자기 넷플릭스 스트리밍이 안 된다고 하면 모두가 충격받을 것 아닌가. 클라우드 기술은 이미 우리 생활을 편하고 즐겁게 하는 인터넷과 온라인 서비스 사이에 깊숙이 자리해 있다"고 말했다.

모바일 대체할
마지막 플랫폼은 가상현실

연사 브래드 앨런(넥스트VR 회장)
　　　스티븐 칸(구글 데이드림 전략 헤드)

사회 김태용(삼성전자 상무)

"전 세계의 맨체스터 유나이티드 팬은 6억 5,000만 명으로 추산된다. 올드트래퍼드 경기장의 수용 인원은 7만 5,000명 남짓이다. 팬들의 10분의 1만 이 기술을 써도 6,500만 명이 마치 경기장에 와 있듯 생생한 경기를 라이브로 볼 수 있다. 바로 가상현실VR을 통해서 말이다." (브래드 앨런Brad Allen 넥스트VR 회장)

"메인프레임에서 PC, PC에서 모바일로 플랫폼은 진화해왔다. 가상현실은 그 진화의 목적지, 인류 마지막 플랫폼이 될지도 모른다. 그래서 구글은 이 분야에 투자한다. 마지막 버스를 결코 놓치고 싶지 않기 때문이다." (스티븐 칸Steven Kan 구글 데이드림 전략 헤드)

좋아하는 가수의 라이브 콘서트를 현장의 조명과 비트, 미세한 사운드까지 내 방에서 완벽히 즐길 수 있는 세상. 몸에 물 한 방울 묻히지 않고 카리브 해 바닷속을 360도로 탐험할 수 있는 세상, 가상현실의 등장으로 인해 가능해진 새로운 세상의 단면이다.

브래드 앨런 회장과 스티븐 칸 구글 전략 헤드는 입을 모아 가상현실과 증강현실AR이 조만간 소비자들의 삶에 지대한 영향을 미치게 될 것이라고 확신했다. 가상현실과 증강현실 분야에서 독보적 선두를 달리는 세계 기업들의 미래 전망은 다음과 같다.

2014년 내놓은 5달러짜리 가상현실 기기 카드보드Cardboard에 이어 최근 착용감이 가볍고 저렴한 고성능 가상현실 헤드셋 데이드림뷰Daydream View까지 선보인 구글은 안드로이드 운영체제에 가상현실 모드를 넣고, 기존 파트너 사들이 자연스럽게 자사의 가상현실 생태계에 들어오도록 유도하는 등 가상현실 분야에서 유독 적극적으로 대처하며 의욕을 보이고 있다.

칸 전략 헤드는 "앞으로 5년에서 10년간 세계의 주류 컴퓨팅 플랫폼은 모바일에서 가상현실과 증강현실로 진화할 것이다. 구글의 데이터 전문성과 컴퓨터 기술, 유튜브를 통해 점차 보편적으로 사용될 수 있는 현실적 가상현실 기기들을 구상해내고 있다"고 밝혔다. 이어 그는 오늘날 미국에서 가상현실을 통한 박물관 체험학습이 이뤄지고 있고 질병 치료에 수반되는 통증을 억제하기 위한 수단으로 가상현실이 연구되고 있다는 사례들을 소개하며 교육과 의료, 엔터테인먼트 등 광범위한 분야에서 가상현실이 대중의 삶에 점차 스며들고 있다고 강조했다.

각종 스포츠 경기와 콘서트의 실시간 가상현실 콘텐츠를 전 세계에 제공하고 있는 업체 넥스트VR의 앨런 회장은 "2014년 삼성의 기어VR이 출시된 이래 최근 오큘러스, HTC, 소니컴퓨터엔터테인먼트SCE 등에서 가상현실 기기들이 쉴 새 없이 등장하고 있다. 대중이 부담 없이 접근할 수 있는 10만 원대의 가격으로 떨어지고 있어 곧 어마어마한 히트를 칠 것으로 확신한다"고 했다.

스스로 스포츠 마니아임을 밝힌 앨런 회장은 "가상현실로 생중계를 보게 되면 농구 코트 앞자리에 앉아 있는 것보다도 더 생생하게 경기를 즐길 수 있다"며 이를 위해 지난 1년 반 사이 프리미어리그, 메이저리그, NBA 등 세계 주요 스포츠 경기 리그, 협회들과 함께 작업해왔다고 밝혔다. 덧붙여 "LA 스테이플스센터에서 열린 K팝 콘서트에 가보니 청중의 80%에서 90%가 현지 미국인들이었다"는 경험을 언급하며, 이처럼 전 세계에 걸쳐 방대한 팬 덤fandom을 가진 엔터테인먼트 콘텐츠를 매일 수백 수천만 명에게 현장에 있는 듯한 분위기를 전달할 수 있는 점이 가상현실의 진정한 매력이라고 강조했다.

가상현실 기기의 부피가 아직 크고 무거워 사용자들이 불편을 호소하는 부분은 반드시 개선될 것이라고 이들은 단언했다. 칸 전략 헤드는 "휴대전화가 벽돌만큼 커서 차에 연결하고 다녀야 했던 시절을 떠올려보자. 지금의 가상현실 기기가 벽돌 같다면 가까운 미래에는 우리가 평상시 쓰는 안경 혹은 콘택트렌즈의 형태를 취하게 될 것이고 이를 위해선 곡선을 구현할 수 있는 디스플레이 기술에 집중적 투자가 필요하다"고 밝혔다.

유전자 가위가 가져올 DNA 혁명

연사 김석중(툴젠 대표)
       김정훈(서울대학교 소아안과 교수)

사회 김진수(서울대학교 화학과 교수)

최근 과학계의 최대 관심사는 단연 유전자DNA 가위다. 생명체의 기본이 되는 유전자를 원하는 부분만 정교하게 떼어내거나 붙일 수 있는 이 기술은 질병 치료, 농작물 생산량 증대 등 인류의 꿈을 현실화시켜줄 수 있는 수단으로 수년째 각광받고 있다.

3세대 유전자 가위인 크리스퍼CRISPR, Clustered regularly interspaced short palindromic repeats 기술의 발전 현황과 잠재적 효용, 극복해야 할 한계점 등에 대한 논의가 진행됐다. 국내의 대표적 유전체교정 전문기업 툴젠의 창립자이자 기초과학연구원IBS 유전체교정 연구단장인 김진수 서울대학교 교수, 김석중 툴젠 대표, 김정훈 서울대학교 소아안과 교수가 이에 의견을 보탰다.

2013년에 그간 불가능했던 정교한 유전자 편집을 빠르고 간단하게 해낼 수 있는 크리스퍼 기술이 개발되고, 2016년 초《네이처Nature》지에 크리스퍼의 정확도를 향상시키는 기술이 개발됐다는 논문이 발표됐다. 학계에서는 유전자 가위 기술이 임상에 적용할 수 있을 만큼 정확도와 안전성 면에서 성숙했다는 평가가 나오고 있다. 가격이 비싸고 실험과정이 복잡한 1세대 징크핑거Zine Finger, 징크핑거라는 단백질이 유전자를 인식하고 이와 연결된 제한효소가 유전자를 자르는 방식와 2세대 탈렌 기술TALENs, 단백질이 1개의 염기를 인식하고 제한효소가 유전자를 자르는 방식을 거쳐 현재 사용되는 3세대 크리스퍼는 저렴하고 간편해 많은 과학자들이 연구에 뛰어들고 있다. 크리스퍼는 지금까지 병충해에 강한 식물, 근육을 늘린 돼지 등을 만드는 데 활용된 바 있다.

김진수 교수는 "유전자 교정기술로 인체의 유전적 결함을 수정해 질병을 효과적으로 고칠 수 있으며 이미 미국에선 임상단계에 있다"고 했다. 김진수 교수와 협업을 통해 망막증 치료를 위한 의약품 개발에 발 벗고 나서온 김정훈 교수 역시 "쥐 실험에서 인비보In Vivo, 즉 생명체 내의 조작 방식으로 유전자 교정을 진행해본 결과 상당히 긍정적인 결과를 얻었고 뒤이은 인체세포 실험에서도 양호한 결과가 나왔다. 크리스퍼 Cas9 단백질의 효과가 입증된 바 있다"고 밝혔다.

유전자 가위는 교정하려는 대상 유전자를 찾아내는 가이드 RNA와, DNA를 잘라내는 Cas9 단백질로 구성되어 있다. 가이드 RNA가 교정할 부위의 유전자에 달라붙으면 Cas9 단백질이 이중나선의 가닥을 잘라내고, 잘린 부분에 다른 유전자를 끼워넣는 방식으로 임무를 수행한다. 김정훈 교수는 한국의 바이오 산업 규제 때문에 수많은 환자들이 치료를 위해 미국으로 이민을 택하고 있는 현실을 지적하며 어린이 환자들을 위해서라도 유전자 교정기술 시장이 한국에서도 조속히 개방돼야 한다고 강조했다.

전문가들은 동시에 유전자 교정기술의 최대 난제인 오프타겟 효과에 논의의 상당 비중을 할애하기도 했다. 오프타겟은 유전자 가위가 교정하고자 했던 부위가 아닌 엉뚱한 부분을 자름으로써 암 생성 등 예측 못 한 결과를 낳는 것을 말한다. 김진수 교수는 "동물과 달리 인체에는 오프타겟 효과가 벌어질 가능성이 존재하는 만큼 컴퓨팅을 통한 분석과 Cas9 또는 이와 유사한 효과를 내는 Cpf1 등을 활용해 신중하게 접근해야 한다"고 했다.

김진수 교수와 툴젠 공동 연구팀은 2016년 6월 Cpf1 효소를 장착한 새로운 유전자 가위가 현재 사용되고 있는 크리스퍼 Cas9에 비해 정확도가 월등히 높음을 확인했다고 발표한 바 있다. 공동 연구팀은 이 기술을 활용해 쥐의 유전자를 교정해 돌연변이 쥐를 만들어내는 데 성공했다.

김석중 대표는 "툴젠 역시 2018년부터 임상에 들어가 2019년부터는 적극적 치료에 나설 수 있게 될 전망이다. 희귀질환 외에도 당뇨, 고혈압 등 일반질환에도 적용될 가능성이 커짐에 따라 그 잠재성이 무궁하다"고 밝혔다.

디지털이 바꾸는
미래 금융 블록체인

연사 비탈릭 부테린(이더리움 창립자)
　　　 제임스 월리스(IBM 블록체인 부사장)
　　　 아다 샤오(완샹블록체인연구소 이사)

사회 정혜경(코인플러그 이사)

"블록체인은 금융을 넘어 사회 전반에 혁명을 가져올 새로운 기술입니다."

미래 금융 산업의 핵심 키워드로 급부상한 블록체인Block chain의 현황과 향후 전망을 주제로 글로벌 블록체인 대표 전문가 3명이 열띤 토론을 벌였다. 전문가들은 블록체인이 금융을 넘어 정치, 사회, 산업 등 모든 분야에 혁신을 가져올 기술이라고 입을 모아 강조했다.

블록체인이란 원래 디지털 가상화폐인 비트코인bitcoin을 위해 만들어진 시스템이다. 거래에 참여하는 모든 사람들이 같은 장부를 보관하고 기록해나가기 때문에 디지털 분산 장부라고도 불린다. 별도의 정보 관리자가 없어도 거래 참여자들이 공동으로 자료를 관리하기 때문에 금융 직거래를 가능하게 하며 해킹도 사실상 불가능하다.

IBM 블록체인 사업부를 이끌고 있는 제임스 월리스James Wallis 부사장은 "현재는 은행이나 금융기관이 각자 장부를 기록하고 있다. 하지만 블록체인이 상용화되면 모든 기관이 같은 장부를 보관하게 되기 때문에 거래 정보를 주고받을 필요가 없어 약 5,000만 달러의 비용이 절감될 것"이라고 밝혔다.

월리스 부사장은 금융 외에 블록체인이 적용될 수 있는 영역으로 항만과 물류 산업을 들었다. 그는 "현재는 선박회사와 항만 당국 간 모든 기록을 수기로 써서 주고받는데 이는 엄청난 낭비다. 블록체인이 도입되면 이런 과정 자체가 생략될 수 있다"고 설명했다. 현재 IBM은 리눅스재단Linux Foundation을 중심으로 인텔Intel, 웰스

파고Wells Fargo 등 48개 사가 참여한 글로벌 블록체인 프로젝트인 하이퍼렛저Hyperledger에 참여해 글로벌 블록체인 기술 표준화 작업을 진행 중이다.

현재 가장 주목받는 블록체인 플랫폼인 이더리움Etherium의 창시자인 비탈릭 부테린Vitalik Buterin은 블록체인 시장의 성장성에 대해 강한 자신감을 보였다. 그는 "블록체인 기술이 상용화되고 신뢰가 쌓이면 미래의 모든 금융 거래가 온라인으로 대체될 가능성이 있다. 금융뿐 아니라 저작권, 신분 확인 등 다양한 분야에 적용되는 필수적인 플랫폼이 될 것"이라고 설명했다.

러시아계 캐나다인으로 21세의 나이에 이더리움 대표를 맡은 부테린은 캐나다 워털루대학을 중퇴하고 이더리움을 개발하면서 블록체인 시장의 아이돌로 떠오른 인물이다. 그는 "이미 미국, 유럽 등지에서는 대형 금융기관과 스타트업이 협력해 블록체인을 상용화하는 단계에 들어섰다. 블록체인 기술을 활용하면 하나의 아이디만 만들어도 모든 서비스에 활용 가능하기 때문에 응용 가능성이 무궁무진하다"고 강조했다.

아다 샤오Ada Xiao 완샹블록체인연구소 이사는 "중국의 핀테크는 무서운 속도로 성장하고 있다. 중국의 금융기관들이 블록체인을 선점해 연구개발을 시작한다면 글로벌 리더가 되는 기회를 얻을 수 있을 것"이라고 말했다. 이처럼 일찍감치 블록체인의 중요성을 깨달은 중국은 최근 시장 주도권을 잡기 위해 독자적으로 미국의 R3 CEVCrypto, Exchanges and Venture practice와 같은 블록체인 연합체를 구성했다. 차이나렛저China ledger Alliance 프로젝트를 이끌고 있는 아다

이사는 알리바바Alibaba, 텐센트Tencent 등 중국의 주요 정보기술 기업들과 협업해 블록체인의 아시아 돌풍을 주도하고 있다. 그는 "완샹그룹은 최근 2억 위안을 투자해 9만 명이 거주하는 스마트시티를 만들고 있다. 주민들의 디지털 아이디를 관리하는 시스템에 블록체인을 활용할 예정"이라고 설명했다.

　아다 이사는 한국 핀테크 기업에 대한 투자에도 열의를 보였다. "완샹그룹 소속의 벤처캐피털인 펜부시캐피털을 통해 한국 간편결제 기업 스트리미Streami에 투자한 상태이며, 다른 핀테크 기업에도 투자할 의사가 있다. 물론 한국 기업과 적극적으로 협업할 생각이다. 기업의 장기 성장 잠재력 등을 종합 평가해 투자를 결정할 것"이라고 덧붙였다.

제조업 르네상스 여는 3D 프린터

연사 투안 트란팜(데스크톱메탈 부사장)
　　　대니얼 톰슨(스트라타시스코리아 제너럴 매니저)
　　　매슈 터너(창원대학교 조교수)

사회 이현석(센트로 부사장)

Aiming for **GREAT INSTAUR**

October 11-13, 2016　Jangchung Arena · The Shilla

"3D 프린팅과 같은 적층제조 기술은 기존 제조업의 위기를 의미하지 않는다. 오히려 두 기술은 상호 보완하며 새로운 혁신과 가치를 창출할 수 있는 기회를 만들 것이다."

전문가들은 한목소리로 3D 프린터가 제조업의 르네상스를 가져올 것이라고 전망했다. 이들은 3D 프린터가 아직 전체 제조업에서 차지하는 비중은 미미하지만 높은 비용과 긴 제조 시간이라는 한계를 극복해 폭발적으로 성장할 것이라고 입을 모았다.

3D 프린팅 분야에서 13년간 경험을 쌓은 투안 트란팜Tuan TranPham 데스크톱메탈Desktop Metal 부사장은 몇 해 전부터 주목받기 시작한 금속 3D 프린터의 성장 가능성을 강조했다. 트란팜 부사장은 금속 3D 프린터 분야는 매년 10억 달러씩 성장해오고 있다며 "금속 3D 프린터 1,000대가 팔리는 데는 20년이 걸렸지만, 그 이후에 2,000대를 파는 데는 2년밖에 안 걸렸다. 2015년 한 해에만 950대가 팔렸다. 특히 금속 3D 프린팅 원천 기술의 특허가 무더기로 만료되고 있다. 이는 가격 경쟁력을 갖춘 제품의 상용화와 시장 활성화에 큰 도움이 될 것이다. 앞으로 3년 이내에 산업 현장의 절반 이상을 금속 3D 프린터가 차지하게 될 것"임을 강조했다.

매슈 터너Mathieu Terner 창원대학교 조교수는 3D 프린터는 모양과 소재의 제한을 벗어나 자유로운 디자인이 가능하고, 복잡한 부품도 비용과 무관하게 쉽게 만들 수 있으며, 재료 역시 필요한 만큼만 효율적으로 사용할 수 있다고 분석했다. 그는 "아직까지 생산성이 떨어진다는 게 가장 큰 제약이다. 또 금속 분말 등 원자재의 가격이 더 비싸고, 공정이 끝나도 열처리나 표면 마감 등 후처리가 필요한 것은 단점이다. 하지만 3D 프린팅은 규모의 경제가 성립하지 않는다. 1개를 만들든 1,000개를 만들든 단일 생산비용은 동일하다"고 말했다. 이는 단점이자 장점이 될 것이다. 같은 모양의 펜 100개를 만드는 비용과 각기 다른 100종류의 펜 100개를 만드는 비용이 동일하기 때문이다.

트란팜 부사장은 항공기 엔진 등 정밀도와 무결성이 중요한 부품의 경우 금속 분말로 얇은 층을 켜켜이 쌓아 만드는 3D 프린터의 제조방식_{덩어리를 깎아나가는 절삭형과 비교됨}을 강조했다. 그는 "기존 제조방식은 내부 결함을 확인하려면 과정마다 CT 시스템으로 투과영상을 촬영해야 했지만, 3D 프린터 방식이면 쌓아올릴 때마다 불량을 체크할 수 있다"고 말했다.

전문가들은 3D 프린터가 제조뿐만 아니라 다른 분야에까지 영향을 미칠 것이라고 진단했다. 실제의 창고가 아닌 가상창고를 두고, 필요한 부품을 그때그때 3D 프린터로 만들거나, 제품이 아닌 3D 도면을 이메일로 배송해주는 등 유통 및 재고관리 등 경영 전반에 변화를 이끈다는 얘기다.

대니얼 톰슨_{Daniel Thomsen} 스트라타시스코리아_{Stratasys Korea} 제너럴 매니저는 금속뿐만 아니라 플라스틱 3D 프린팅 역시 혁신의 성과를 내고 있다고 말했다. 그는 "오터_{OTTER}는 세계 최대 규모의 휴대전화 케이스 업체로, 3D 프린팅을 도입해 제조시간을 65%나 줄였다. 또 로켓 제조사인 유나이티드런치얼라이언스_{ULA}는 3D 프린팅 방식인 적층제조를 도입, 140개 부품으로 이뤄진 제품을 16개 부품만으로 만들어냈다"고 설명했다. 그는 "기존 방식을 고수하다가 3D 프린팅이 더 효율적이고 빠르다는 걸 깨달을 땐 이미 늦은 것이다. 3D 프린팅 도입을 행동에 옮겨야 하는 시점은 바로 지금"이라고 강조했다.

"12조 달러에 달하는 전체 제조업 시장에서 3D 프린팅이 차지하는 비중은 현재로선 미미하지만, 기하급수적으로 성장할 것"이라는 트란팜 부사장의 발언에 톰슨 제너럴 매니저가 다음과 같이 첨언했다. "현재는 0.1%에서 0.2% 수준에 불과할 것이다. 하지만 이는 곧 기회를 의미한다. 5% 정도로만 확대돼도 지금 시장의 50배 규모 시장이 열리는 것이다. 3D 프린터의 미래는 밝다."

자동차 혁명 견인하는
신소재의 마법

스티브 피셔 노벨리스 대표

스티브 피셔Steve Fisher는 세계 최대 압연 알루미늄 생산 및 재활용기업인 노벨리스 Novelis의 대표 겸 최고경영자다. 미국 애틀랜타 주에 본사를 둔 노벨리스는 북미, 유럽, 아시아, 남미 대륙의 수송, 패키징, 건설, 산업재, 소비자 전자제품 시장에 고급 알루미늄 압연 제품을 공급하면서 업계 1위를 지키고 있다. 2006년 전략 기획 및 기업 개발 부사장으로 재임하면서 전사 차원의 주요 전략 및 금융 거래를 이끌었으며, 특히 2007년 힌달코 사가 노벨리스를 인수하는 과정에서 주요 역할을 담당했다. 2012년 《애틀랜타비즈니스크로니클Atlanta Business Chronicle》이 올해의 CFO로 선정하기도 했다. 노벨리스에 합류하기 전 피셔 대표는 다양한 에너지 기업에서 근무했으며, 가장 최근에는 TXU 에너지TXU Energy의 부사장 겸 회계 책임자로 재직했다.

"자동차 업계에서는 앞으로의 5년이 이전의 50년보다 더 큰 변화를 만들어내는 시기일 것이다. 자동차 산업은 급변하고 있다. 제4차 산업혁명의 상징을 찾고 싶다면 한국의 울산과 미국 앨라배마 주의 자동차 공장을 찾아가면 된다."

세계 최대 압연 알루미늄 생산기업인 노벨리스의 스티브 피셔 대표는 전통 산업 현장에서 진행 중인 변화를 언급한 뒤, 파괴적 혁신 속에서 어떻게 살아남을 수 있는지에 대한 메시지를 전달했다. 그는 노벨리스에 대한 소개로 운을 뗐다.

"코카콜라, 사이다, 카스 캔맥주를 마셔보셨다면 노벨리스의 알루미늄을 직접 만져본 분일 것이다. 노벨리스의 첫 번째 공장은 1910년에 문을 열었다. 당시엔 알루미늄캔이 가장 큰 시장이었다. 하지만 지금은 자동차용 압연 알루미늄이 회사를 견인하고 있다."

100년 역사의 소재기업 노벨리스가 겪은 변화의 물살은 거셌다. 피셔 대표는 "20년 전까지만 해도 알루미늄은 스포츠카와 일부 고급차에만 쓰였다. 하지만 지난 5년간 자동차의 판매량이 3배로 늘었고, 180여 개 이상의 모델에 사용되고 있다. 이런 성장은 지속가능성과 친환경 기술에 대한 세계적인 흐름을 보여준다. 소비자 역시 자원을 보존하고 환경 친화적인 소비로 이동하고 있다. 2025년에는 전체 자동차 판매량의 25%는 전기차가 될 것"이라고 전망했다.

또한 피셔 대표는 "각국 정부와 자동차 업계 모두 자동차로 인한 온실가스 배출을 줄이는 쪽으로 방향을 잡고 있다. 중국은 전기차 500만 대를 2020년까지 제조하는 것을 목표로 삼고 있고, 현대자동차도 26종의 에코카 모델을 내놓는다고 밝혔다. 한국 자동차 업계는 세계 최고 수준의 전기자동차 배터리 업체인 삼성SDI와 LG화학 덕분에 차세대 전기차 프로젝트를 추진할 수 있는 동력이 충분하다"고 분석했다.

에코카에 대한 수요는 곧 알루미늄 소재에 대한 수요로 이어진다고 강조했다. 자동차 무게를 10% 줄이면 연비가 5%에서 6% 정도 개선되는데, 알루미늄은 철보다 무게가 가볍고 밀도가 높기 때문에 최적의 소재이다. 그는 탄소섬유도 마찬가지 이유로 자동차 업계의 주목을 받고 있다고 덧붙였다. 알루미늄은 차체 소재에만 그치지 않는다. "전기차의 핵심인 2차 전지 역시 알루미늄 소재를 활용해 수명과 사용시간, 즉 주행거리를 늘릴 수 있다"고 했다.

시장과 산업의 파괴적 혁신에 대응하기 위한 노벨리스의 도전은 2011년부터 시작됐다. 혁신의 파고에 전복되지 않고 변신에 성공한 이유로 세 가지를 꼽았다. "리스크를 감내하고, 협업하고, 기민하게 움직였다"는 게 그 골자다. 그는 생존을 위해서는 변화해야 하고, 변화를 위해서는 해보지 못한 일에 도전해야 한다고 강조했다. 덧붙여 "5년, 또는 10년 뒤를 내다보면서 투자를 하다 보면, 주주와 소비자는 물론 내부에서도 우려하는 위험을 감내해야 할 때가 있다. 포드의 픽업트럭 F-150 신모델이 그런 도전이었다"고 말했다.

포드 사는 누적 판매대수가 3,000만 대에 달하고 연매출이 20억 달러에 달하는 베스트셀러 포드 F시리즈 트럭에 알루미늄 차체를 도입하기로 결정하고 노벨리스와 계약을 맺었다. 피셔 대표는 "회사 역사상 최대 규모의 계약이었다. 하지만 주어진 시간은 15개월뿐이었고, 그동안 만들어온 음료수 캔과는 비교도 안 될 정도로 복잡하고 어려운 프로젝트였다. 하지만 우리는 위험을 감수하기로 했다. 결국 도전했고 성공했다. 기존 모델보다 무게를 320kg 줄이고, 연비를 15% 개선했으며, 더 높은 안전성을 검증받았다"고 덧붙였다.

그는 협업도 강조했다. 환경문제를 고려하면서 지속가능한 사업을 해나가기 위해서는 새로운 차원의 협력이 필요하다는 뜻이다. 그는 무한정 재활용할 수 있는 알루미늄의 경우, 다른 업체와의 협력을 통해 자동차 제조 공정에서 재활용 소재 활용의 비중을 높이고 에너지 소비를 줄일 수 있다고 강조했다.

"제조업 라이프사이클 전체를 생각해야 한다. 알루미늄 같은 소재를 활용하면 쓰고 만들고 버리는 모델이 아닌 리사이클 모델로 바꿀 수 있다."

그가 마지막으로 언급한 성공의 비결은 기민함nimbleness이었다. 새로운 수요에 대응하고 시장의 변화에 적응하지 못하면 성공할 수 없다. 피셔 대표는 "자동차 시장에는 구글, 테슬라, 애플 등 새로운 기업들이 계속 등장한다. 아직까지는 빙산의 일각이라고 생각한다. 더 많은 변화가 있을 것"이라고 말했다.

또한 소비의 방식도 달라지고 있다고 진단했다. 그는 미래의 소비자들이 차량을 구매하는 것 대신 공유하는 방식을 선호함에 따라 차량의 내구성이 더욱 중요해질 것이라고 내다봤다. 그는 자동차를 비롯해 기존 산업을 완전히 바꿔놓을 파괴적 혁신이 진행 중이며 앞으로 더 가속화될 것이라고 예견했다. 그의 마지막 메시지는 준비된 기업들은 미래를 낙관할 수 있다는 말이었다.

"위험을 감내하고, 협업하고, 기민하게 움직이시기 바란다. 이 3가지를 실천할 수 있다면, 미래를 잡을 수 있다."

제4차 산업혁명 시대 미디어의 미래

연사 대니얼 보글러(《파이낸셜타임스》 프로젝트 매니지먼트 책임자)
데이비드 이그네이셔스(《워싱턴포스트》 부국장)
슈엡 카그다(《인도네시아글로브아시아》 편집자)

사회 폴라 핸콕스(CNN인터네셔널 한국 특파원)

"우리들에게 애플, 구글, 페이스북은 친구이자 적이다."

대니얼 보글러Daniel Bogler 《파이낸셜타임스》 책임자는 "새롭고 젊은 구독자를 확보하기 위해《파이낸셜타임스》는 애플과 구글, 페이스북에 콘텐츠를 제공하지만 이를 통해서는 돈을 벌지 못한다"면서 이 기업들을 전통 미디어의 프레너미frenemy라고 불렀다. 프레너미는 친구friend와 적enemy의 합성어이다. 디지털 독자를 확보하기 위해 정보기술 및 소셜미디어 회사들과 손을 잡은《파이낸셜타임스》의 고민이 이 단어에 담겼다.

2015년 일본의《니혼게이자이신문》에 인수된 영국《파이낸셜타임스》는 현재도 내부 경영혁신을 계속하고 있다. 보글러는 제4차 산업혁명 시대에 기존 미디어가 처한 상황을 파괴적 환경으로 정의하고《파이낸셜타임스》의 경영전략을 소개했다. 그는 종이신문은 방어적으로, 디지털 콘텐츠는 공격적으로 운영하는 것이 주요한 변화라고 말했다.

"《파이낸셜타임스》의 유료독자 수는 80만 명인데 그중 4분의 3이 디지털 구독자이다. 종이신문 유료독자 수는 20만 명으로 하락했다. 종이신문의 경우 주말판을 제외하곤 얼마나 오래갈지 모르겠다. 종이신문은 지면판매 수입으로 인쇄와 판매 비용을 감당할 정도로만 인쇄하고 있다"고 전했다.

반면 편집국의 디지털화에는 속도를 내고 있다. 또 새로운 웹사이트를 개발하고 콘텐츠를 좀 더 빨리 온라인상에 올릴 수 있는 방법들을 고민 중이다. 무엇보다《파이낸셜타임스》가 가장 큰 관심을 두고 투자하는 분야는 독자들의 뉴스 소비와 관련한 데이터 수집과 분석이다. 보글러는 "기사 제목은 A와 B 중 어떤 것이 더 좋은지, 어떤 용어에 반응을 보이는지, 어느 기자의 글을 얼마나 읽고 구독으로 전환하는지를 살펴 양질의 콘텐츠와 수익성의 선순환 구조를 만드는 것이 중요하다"고 강조했다.

《파이낸셜타임스》는 좀 더 과학적으로 콘텐츠를 분석하기 위해 랜턴Lantern이라는 기사분석 도구를 개발해 각 기자들이 자신이 쓴 기사의 조회 수, 독자들이 기사를 읽기 위해 머무는 시간 등을 알 수 있도록 했다. 또 뉴스룸에 10여 명의 모니터 요원을 두고 기자들에게 기사와 제목에 대한 피드백을 전달한다.

닛케이의《파이낸셜타임스》인수에 앞서 아마존닷컴 대표 제프리 베조스Jeffrey Bezos는 2013년 140년 전통의《워싱턴포스트》를 2억 5,000만 달러에 인수했다. 데이비드 이그네이셔스David Ignatius《워싱턴포스트》부국장은 베조스의《워싱턴포스트》인수를 활주로를 연장시킨 것에 비유했다. 그는 "다른 비즈니스처럼 전통적인 미디어가 안고 있는 문제도 투자로 해결했다. 비행기가 어디로 향할지는 모르지만 일단 잘 뜰 수 있도록 활주로를 연장시켰다"고 말했다.

《워싱턴포스트》는 투자가 이뤄진 이후 더 많은 소프트웨어 엔지니어들을 뉴스 제작에 참여시켰다. 사진과 기사를 실시간으로 올리는 방법들을 연구하기 위해서다. 이그네이셔스 부국장은 "워터게이트로 리처드 닉슨Richard Nixon 대통령을 물러나게 할 정도로 강력한 영향력을 행사했던《워싱턴포스트》도 디지털 변화의 물결에서 자유롭지 않다"고 말했다.

또한 그는 "사람들은 무료 콘텐츠에 익숙하지만 정보제공의 대가가 없다면 양질의 콘텐츠 제공이 지속되기 어렵다. 미디어 사업이 자선사업처럼 되어선 안 되기 때문에 저작권 역시 중요하다"고 말했다.

상상력에 한계를 두지 마라

테드 림 덴쓰이지스네트워크 아시아 담당이사

아시아 최고의 카피라이터라고 불리는 테드 림Ted Lim은 덴쓰이지스네트워크Dentsu Aegis Network 아시아의 크리에이티브 담당이사이다. 아시아에서 4번째로 상을 많이 받은 카피라이터이자 2002년부터 2011년까지 꾸준하게 캠페인아시아Campaign Asia 상을 받은 광고마케팅계의 거장이다. 나가DDB에서 20년 이상 일하며 올해의 에이전시 상을 3차례 수상해 나가 DDB를 말레이시아 최고의 광고에이전시로 이끌었다. 말레이시아 MC2 광고 명예의 전당에 헌액됐으며 유명 광고제인 캠페인브리프아시아Campaign Brief Asia와 말레이시아 《아도이매거진ADOI Magazine》이 선정한 말레이시아 최고의 창의담당디렉터로 선정되기도 했다. 현재 20개 국의 클라이언트들과 일하고 있다. 최근 도요타 아시아태평양 지사 광고를 제작해 《타임》지로부터 "미치도록 훌륭하다"라는 평을 받은 바 있다.

아시아 최고의 카피라이터로 불리는 테드 림 덴쓰이지스네트워크 아시아 담당이사는 지난 2년 동안 텔레비전을 한 번도 보지 않았다고 했다. 그의 눈은 오로지 주변 사람들의 행동과 입, 그리고 모바일 기기에 향해 있었다. 테드 림의 아이디어 원천은 다름 아닌 인간의 본성을 찾는 데 있기 때문이다.

테드 림은 좋은 아이디어를 내는 노하우를 묻는 질문에 "마법 같은 공식이 있는 것도 아니고 나 역시 천재가 아니다. 사람들이 무엇을 원하는지, 어떤 일을 할 때 왜 그 일을 하는지 파악할 수 있을 때 올바른 답변을 광고주들과 소비자들에게 제공할 수 있다"고 설명했다.

일례로 그는 유니클로와 함께 만든 유니클로 트래블 플래너를 제시했다. 컴퓨터와 스마트폰을 통해 접속할 수 있는 이 홈페이지에 사용자가 여행 가는 장소와 세부 일정을 입력하면 현지 날씨에 적합한 유니클로 신상품을 제시해주는 프로그램이다. 그는 "이 프로그램 역시 갑자기 튀어나온 것이 아니다. 주변 친구들이 여행을 할 때 현지 날씨를 확인하고 그에 맞춰 여행용품과 옷을 준비한다는 인간의 단순한 본성을 확인했기 때문에 가능했던 일이다. 이처럼 디지털 매체는 아날로그 매체와는 달리 양방향 소통에 강하기 때문에 실제 거래로 이어질 가능성도 크다"고 덧붙였다.

100년이 넘은 일본 광고회사 덴쓰는 WPP와 함께 세계 최대 광고회사로 불리는 곳이다. 테드 림은 2015년 6월부터 덴쓰의 아시아 최고창의력 책임자 자리에 올라 덴쓰 크리에이터들을 이끌고 있다. 2002년부터 2011년까지 꾸준하게 글로벌 광고상을 받은 광고마케팅의 거장인 그는 말레이시아의 광고회사인 나가DDB에서 20년 이상 일하며 올해의 에이전시 상을 3차례 수상하기도 했다. 테드 림이 최근 제작한 도요타 아시아태평양 광고는 《타임》지로부터 "미치도록 훌륭하다"라는 평을 받았다.

그는 전 세계적으로 광고 시장에서 주목받고 있는 광고 트렌드는 다름 아닌 다양한 디지털 매체를 통해 그동안 불가능할 것이라 여겼던 콘텐츠를 내보낼 수 있다는 점이라고 했다. 복잡하게 변하는 듯하지만 그 이면에는 '공감'이란 키워드가 내포돼 있었다.

테드 림은 "2016년 가장 강력한 광고 콘텐츠는 뉴질랜드의 한 맥주회사에서 나왔다. 단순히 맥주를 광고하는 것이 아니라 남은 맥주를 석유로 활용할 수 있다는 점을 소비자들에게 어필한 내용이었다. 이를 통해 지구를 구하고 온난화를 줄이기 위해 맥주회사가 노력하고 있다는 점을 보여주자는 것이었다"라고 덧붙였다.

인터뷰 도중 그는 기자에게 수시로 자신의 맥북을 보여줬다. 그의 맥북 안에는 전 세계에서 주목받고 있는 광고 콘텐츠들이 모두 담겨 있었다. 뉴질랜드 맥주회사 광고에 이어 테드 림이 기자에게 보여준 것은 네덜란드 금융기관 ING의 광고였다. 이 광고는 테드 림의 설명을 듣기 전까진 ING 광고란 점을 전혀 알 수 없는 콘텐츠였다.

테드 림은 "이 광고는 컴퓨터 과학자들이 네덜란드 유명 화가 렘브란트Rembrandt의 그림을 정밀 분석해 로봇이 이 작품을 따라 그리도록 시켰다. 최종적으로 복제품이 완성됐을 때 원작과 동일한 효과를 냈다. 이처럼 전통적으로 대규모 금융기관이 렘브란트, 반고흐Van Gogh 등 세계적으로 유명한 예술 작품의 가장 큰 수집자 역할을 하고 있다. ING가 단순히 미술 작품을 모방했다기보다는 이런 것을 복제할 수 있다면 생명과학, 의료과학에 적용했을 때 무한한 가능성이 있다는 점을 보여준 사례"라고 평가했다.

그는 "전통적인 광고는 소비자들이 브랜드를 사랑할 수 있도록 하는 데 그쳤다면 지금은 실질적인 제품 판매와 매출 증대로 이어지고 있다. 어떤 디지털 기기이든 중요한 것은 결국 유용하고 차별화되면서 사람을 움직이고 기업을 움직일 수 있는 콘텐츠"라고 힘줘 말했다.

한국의 광고인들이 일본 광고계를 부러워할 때가 있다. 바로 칸 국제광고제Cannes International Advertising Festival 등 전 세계의 광고 시장에서 광고인들이 일본 광고계에 큰 관심을 보이는 반면 한국 광고계에 대해선 흥미를 느끼지 못할 때이다. 이런 모습에 대해 테드 림은 고개를 저었다. "광고 시장 규모가 한국보다 일본이 크긴 하지만 세계 광고 시장에선 아이디어의 크기를 중시한다. 지난 몇 년 동안 한국 광고 시장에서 아이디어가 굉장히 큰 발전을 하는 것을 지켜봤다"고 전했다.

최근 일본에서 재미있는 실험을 했다. 인공지능과 인간에게 각각 껌 광고를 만들도록 한 것이다. 그리고 이렇게 나온 광고에 대해 어떤 광고가 더 좋은지 온라인 투표를 진행했다. 결과는 54 대 46으로 인간의 승리였다. 인간이 이기긴 했지만 당시 인간만의 영역이라 생각했던 창의성 영역도 인공지능에 자리를 내줘야 하는 것은 아닌지 광고인들의 우려 섞인 시선이 많았다.

이런 걱정에 대해 황보현 HS애드 상무는 변하지 않는 것에서 답을 찾아야 한다고 했다. 그는 "도구가 새로운 것인지 옛날 것인지가 중요한 것이 아니다. 그 안에 담긴 생각이 얼마나 도전적인 것인지가 핵심이다. 그러므로 변화를 직시하면서 고객, 브랜드에 대해 끊임없이 관심을 갖고 이를 기반으로 생각하고 고민해야 한다"고 덧붙였다.

알반 빌라니 크리테오 디렉터 역시 "고객에게 필요한 정보를 제공하기 위해선 관련 데이터를 활용해야 한다. 디지털 기술은 이러한 데이터를 빠르고 효율적으로 모으는 데 도움을 줄 것"이라고 말했다.

GREAT

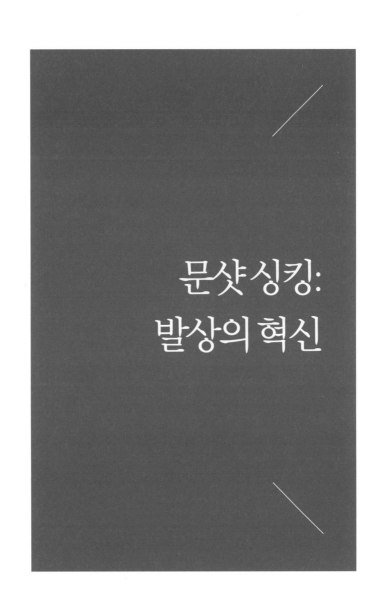

문샷 싱킹:
발상의 혁신

INSTAURATION

우주 개발전쟁:
2050 스타워즈

연사 세르게이 사벨리예프(러시아우주청 부청장)
조광래(한국항공우주연구원장)
박성동(쎄트렉아이 이사회 의장)
피에르앙리 피사니(프랑스우주연구센터 선임연구위원)

사회 박승오(카이스트 교수)

초강대국들의 전유물로만 여겨졌던 우주 개발산업이 관광과 통신 위성, 전문발사 시스템 등으로 문호를 넓히면서 민간 영역으로 확대되고 있다. 과거 우주산업이 각 국가가 나서서 주도하는 기술 경쟁에 초점이 맞춰졌다면 이제는 상업 시장으로 변화하고 있는 셈이다.

세르게이 사벨리예프Sergey Saveliev 러시아우주청ROSCOSMOS 부청장은 "러시아는 2014년 로스코스모스 법을 제정해 기업을 중심으로 우주 로켓조직을 만들고 산업적인 측면을 강화하기 시작했다. 러시아는 우주 발사체시장을 강화해 현재 시장 점유율 30%를 50% 이상으로 끌어올리고, 우주정거장 개발 등 우주 개발을 전문으로 하는 민간업체도 설립하는 등 다양한 사업을 준비하고 있다. 우주산업은 2005년 1,775억 달러에서 10년 만에 3,200억 달러가 넘는 시장으로 성장했다. 러시아우주청은 상업활동을 하는 조직을 별도로 두고 러시아 민간 기업은 물론 유럽 등 외부 파트너와도 수익사업을 진행할 것"이라고 덧붙였다.

러시아의 움직임은 이른바 스타워즈로 불리는 우주 개발이 초일류기업들의 신성장동력으로 떠오르고 있다는 사실에서 기인한다. 실제 일론 머스크 솔라시티 회장이 이끄는 스페이스엑스SpaceX는 2025년 화성에 유인 우주선을 착륙시키겠다고 공언했으며, 아마존의 제프리 베조스 대표 역시 민간 우주 개발업체 블루오리진Blue Origin을 통해 우주 개발시대를 견인하고 있다.

국내에서는 위성시스템 전문업체인 쎄트렉아이Satrec Initiative가 민간 기업으로 주목받고 있다. 박성동 쎄트렉아이 이사회 의장은

"25년 전 영국 등 유럽 업체에 받은 기술을 바탕으로 독자 개발에 성공하면서 이제는 다른 국가로 위성기술을 수출할 수 있는 근간을 만들었다. 쎄트렉아이는 위성플랫폼 탑재화물에서 소프트웨어 등을 자체 개발해 생산하고 있다. 쎄트렉아이는 합리적인 가격에 필수 기능을 더한 위성서비스로 스페인, 아랍에미리트 등에서 위성발사와 함께 기술 이전에도 성공하면서 다른 국가에도 진출하기 위해 노력하고 있다"고 설명했다.

우주 개발 시장이 민간 영역으로 확대되고 있지만 여전히 일부 국가에 국한된 우주 발사체의 인프라 시장 등은 극복해야 할 과제다. 우주 개발에 필수불가결한 수송체, 발사체는 미사일로도 변질될 수 있는 대표적인 이중용도제품으로 기술을 선점한 국가와의 협력은 사실상 불가능하기 때문이다. 자체 개발 외에는 대안이 없는 셈이다. 조광래 한국항공우주연구원장은 "1987년 미사일기술통제체제MTCR가 가동되면서 발사체기술을 가진 업체들만의 모임이 생겼으나, 한국은 2001년에서야 가입하는 등 우주 개발에 관련된 국제적 공조는 암암리에만 이뤄지고 있다. 스페이스엑스 같은 우주 여행은 아직은 다른 차원의 얘기로 성숙되지 않은 상황이지만 정부 차원에서는 우주 개발의 초석이 될 수 있는 우주 발사체 개발에 역점을 두고 지원할 계획"이라고 밝혔다.

제품과 기술의 신뢰성을 유지하는 것도 관건이다. 피에르앙리 피사니Pierre-Henri Pisani 프랑스 우주연구센터 선임연구위원은 "우주 관련 제품은 5톤이나 10톤짜리 대형제품을 만드는 것이 아니라 소형제품을 정밀하게 제작해야 하는 것으로 제작업계의 신뢰성이 보장되어야 한다. 예컨대 통신위성은 15년을 우주 궤도를 도는데 그간 하나도 고칠 수가 없다. 따라서 오류나 실패를 단계별로 기록하고 개선해나가는 것이 중요하다"고 강조했다. 그는 이어 "각 기업, 기관들이 적어도 매출의 10% 이상을 연구개발에 투자하는 것이 성공의 열쇠가 될 것"이라고도 덧붙였다.

한국 독자 발사체 개발 역량 갖춰야

세르게이 사벨리예프
러시아우주청 부청장

세르게이 사벨리예프는 러시아우주청의 국제협력 부청장으로, 러시아우주청의 모든 국제협력 활동을 주관하고 있다. 러시아우주청의 부청장으로 활동하기 전에는 항공사의 사업기술부서 및 전략 프로젝트 부서에서 활동했다. 주영국 러시아대사관에서 2등 서기관 및 러시아 산업과학기술부 국제협력국에서 수석전문가를 역임했다. 프랑스 파리 주재 유네스코의 러시아연방대표단의 3등 서기관으로 파견되기도 했다. 1989년 모스크바항공대학을 졸업한 후 돌고프루드니 자동설계국에서 엔지니어로 경력을 시작했고 러시아연방훈장을 받은 바 있다.

일론 머스크의 스페이스엑스, 제프리 베조스의 블루오리진, 리처드 브랜슨_{Richard Branson}의 버진갤럭틱_{Virgin Galactic}.

우주 개발에 발 벗고 나선 야심 찬 이들 기업의 최근 몇 년 새 행보는 21세기 판 스타워즈라는 별명을 얻기에 이르렀다. 구소련이 1957년 세계 최초의 인공위성 스푸트니크_{Sputnik}를 발사하고 미국이 1969년 사람을 달에 착륙시킨 이래 국가 간 경쟁 구도로 이뤄진 우주 개발은 세기가 바뀌면서 민간의 상업화된 서비스 경쟁으로 진화하고 있다. 여기에 페이스북은 우주인터넷 사업을 위한 커넥티비티 랩_{Connectivity Lab}을, 구글은 소행성에서 희귀자원을 개발하기 위한 플래니터리 리소스_{Planetary Resources} 등을 설립하며 우주 개발 경쟁에 가담하고 나섰다.

세르게이 사벨리예프 러시아우주청 부청장은 "우주 개발에 민간 참여가 확대되고 있는 건 고무적이지만 결국 우주 활동의 결과는 여전히 국가 주도적으로 이뤄지는 게 불가피하다"고 밝혔다. 모스크바항공대학을 졸업한 후 엔지니어로 경력을 시작한 그는 러시아 산업과학기술부 수석전문가, 주영국 러시아대사관 2등 서기관 등을 거쳐 현재 러시아우주청 부청장으로 활동 중이다. 다음은 사벨리예프 부청장과 일문일답이다.

Q. 스페이스엑스, 버진갤럭틱, 블루오리진 등 이른바 우주 벤처기업들의 위용이 대단하다. 국가에 의한 우주 개발이 주를 이룬 20세기부터 지금까지의 변화를 어떻게 평가하는가?

제2차 세계대전 이후 우주 개발은 군사적 이유, 즉 국가 방위를 위해 시작됐다. 탄도미사일 개발도 국방과 연관돼 있다. 학자들과 민간 기업의 참여는 그 뒤의 일이다. 최근 민간에 의한 우주 개발이 점차 확대되고 있는 것은 주지의 사실이나 결국 우주 활동에서는 여전히 국가의 주도가 지배적이라는 것이 개인적 생각이다.

Q. 러시아의 민간 우주 개발 현황은 어떤가?

러시아의 경우 구소련 시절에는 개별 기업이 우주 개발에 뛰어들지 않았다. 구소련 붕괴 후에야 아주 적은 수의 기업들이 우주 개발 활동을 하기 시작했는데 실질적으론 최근에 와서 이 분야의 투자가 이뤄지고 있는 것으로 이해하면 된다. 그러나 러시아에서는 여전히 우주 개발에 필요한 인력과 기술을 국가가 소유하고 있다.

Q. 민간 업체들의 우주 개발 경쟁은 정치·군사적 면에서 위험할 여지가 있지 않나?

정치·군사적 요인이 미치지 않는 영역은 없다. 물론 우주도 예외는 아닐 테다. 그러나 활발한 우주 경쟁을 담당하는 건 국가다. 국제법상 민간 업체의 우주 활동으로 문제가 발생할 경우 그 책임은 업체가 속한 국가가 지게 되어 있다. 스페이스엑스 같은 경우도 주요 사업 영역은 국가로부터 지원받고 있으며 주요 고객 역시 국가기관이다.

Q. 우주 개발 영역에서 한국은 어느 정도 순위권에 머물고 있다고 보나?

한국의 우주 활동은 굉장히 높은 수준이다. 다만 한국이 현 단계에서 가장 필요로 하는 것은 독립적으로 우주 탐구에 나설 수 있는 능력, 다시 말해 발사체를 스스로 개발해서 확보하는 것이다. 한국은 위성 분야에서 계속 발전해왔지만 어느 시점에서는 독자적으로 개발을 진행해야 한다고 본다. 물론 우주 활동이라는 게 어렵지만 한국은 인력 양성 시스템이 매우 훌륭하고, 조직적으로 우주 개발을 해나가고 있어서 향후 좋은 성과를 거둘 밑바탕이 충분하다고 생각한다.

Q. 최근 스페이스엑스의 일론 머스크는 2025년까지 화성에 인간을 착륙시키겠다는 야심 찬 계획을 발표했다. 현실성이 있을까?

일론 머스크가 우주 개발에서 이룬 여러 성과는 높이 평가하지만 2025년까지 화성에 사람을 보내서 식민지를 구축한다는 건 현실성이 없다. 우선 현재까지 일론 머스크는 화성으로 보낼 수 있는 수송 시스템 발사체를 개발하지 못했다. 또 발사체를 위한 엔진도 아직 개발하지 못한 걸로 안다. 지구에서 화성까지 비행할 때 필요한 물과 식량 등에 대한 시스템도 아직 마련되지 않은 걸로 보인다. 현재 자동화 시스템으로 화성을 탐사 중인데 이 역시 6개월 이상 걸린다. 또한 화성에서 살아가는 데 필요한 시스템도 없지 않나. 화성에는 방사능이 심한데 여기서 사람을 보호할 수 있는 기술이 아직 없는 걸로 안다. 이런 과제들이 해결돼야 하는데, 10년 내에 이 모든 문제들을 풀기엔 너무 촉박하지 않을까.

또라이들의 시대

알렉사 클레이 《또라이들의 시대The Misfit Economy》 지은이

 알렉사 클레이Alexa Clay는 미국 동부 아이비리그 명문대 중 하나인 브라운대학에서 과학사와 국제개발학을 복수 전공했으며, 영국 옥스퍼드대학에서 경제사로 석사학위를 받았다. MIT 미래 금융 연구팀에서 연구원으로 일했다. 전 세계 지식인 및 기업인들과의 두터운 인맥을 바탕으로 여러 비영리 단체를 조직하고 활발하게 활동해왔다. 혁신적인 아이디어로 사회 문제를 해결하는 사회 혁신 기업가Social Entrepreneur들을 지원하는 글로벌 단체 아쇼카Ashoka에서 수석 디렉터로도 일했다. G20 재무 장관 모임의 재무 관련 컨설턴트를 역임했다.

"미국 초기 기업가들도 유럽의 특허를 복제해 성장과 부를 이뤘다. 해커들의 기술이던 블록체인을, 이제는 스페인의 자산 1위 은행인 산탄데르 은행Banco Santander 같은 주류 금융기관이 연구하고 있다. 자본주의 역사상 주류 경제에서 벗어난 요소를 간과하지 말아야 하는 이유다."

베스트셀러《또라이들의 시대》의 지은이 알렉사 클레이는 이 점을 강조했다. 클레이는《포브스Forbes》《하버드비즈니스리뷰Harvard Business Review》《뉴욕타임스The New York Times》등 미국 언론에서 주목하고 있는 '핫'한 인물이다. 사회는 한국의 핀테크 스타트업 핀다Finda의 이혜민 대표가 맡았다.

클레이는 현대 사회를 "부적응자의 특징이 점점 기업가 정신으로 여겨지는 시대"라고 정의했다. 그러면서 "이들이 당장 우리 사회를 이끄는 핵심 주역은 아니지만 대전환기의 돌파구가 될 수 있다"고 조언했다.

그는 "내 책에 등장한 사람들 대부분은 세계지식포럼에 올 수 없는 사람들일 것이다. 주로 갱 단원, 해커, 그리고 지하경제의 일원들인데 연구하면서 정말 많은 사람을 만났다"고 밝혔다. 클레이는 비주류로 분류되는 이들의 성공 특징에 주목했다. 그러면서 "이들로부터 저항과 방향 전환법을 배울 수 있었다"고 강조했다.

위험한 순간도 더러 있었지만 클레이는 포기하지 않았다. 그는 "단순히 범죄자라고 보는 것이 아니라 비공식 경제에서 그 사람들의 삶의 방식을 이해하면서 긍정적인 것을 배워보고자 했다. 나라에 따라서는 비공식 경제가 70%를 차지하는 국가도 있기 때문"이라고 설명했다.

　그는 한 해커를 인터뷰할 때의 일을 회상했다. "한 해커는 회사에서 일상적인 업무를 하고 있었지만 마음속에 해킹에 대한 열망을 갖고 있었다. 이 사람은 업무에 자기의 해커 역량을 섞어가면서 기업 문화를 수평적으로 바꿔갔다"고 말했다. 해커는 상사의 지시대로 움직이는 수직적인 조직에 얽매이길 거부한다. 누구나 자신의 의견을 말할 수 있고 치열하게 토론하는 수평적 문화를 지지한다. 클레이는 "수많은 기업들이 해커톤hackathon, 소프트웨어 개발 분야의 프로그래머나 관련된 그래픽 디자이너, 사용자 인터페이스 설계자, 프로젝트 매니저 등이 집중적으로 작업을 하는 소프트웨어 관련 프로젝트의 이벤트을 열며 치열하게 자신이 속한 기업에 대해 고민하는 것도 해커의 긍정적 속성을 본받은 것"이라고 말했다.

　클레이는 또라이의 또 다른 측면으로 "한 발 걸쳐 있는 사람"이라고 소개했다. 그는 3대가 자동차 산업에서 일하는 가족의 예를 들어 이를 설명했다. 클레이에 따르면 이 집안의 손자는 노조활동을 열심히 하면서도 애사심이 높은 사람이었다고 한다. 특정 규범에 본인을 맞추기보다 새로운 혁신을 조직에 불어넣는 사람이었는데, 한 발은 회사 안에 두고 나머지 발은 바깥과 소통하는 사람이었다고 했다. 이와 같은 사람들이 회사에 많아질수록 조직 문화에 혁신이 일어나기 쉽게 변한다고 그는 강조했다.

　클레이는 "회사의 규모가 커지면 2대, 3대로 이어지며 기업가정신이 퇴색되기 마련이다. 이럴 때 '또라이'들의 피가 수혈되면 조직 내 혁신적인 마인드가 생겨난다"고 덧붙였다. 클레이는 "우리가 현재 주류라고 생각하는 기술이나 사업의 근간은 비주류에서 출발한 게 많다. 넷플릭스Netflix, 헤일로HALO, 아마존Amazon 등을 융성시킨 실시간 동영상 재생 스트리밍 기술이 사실은 포르노그래피를 위한 기술이었다는 걸 아는 사람은 많지 않다"고 했다.

강연이 끝나자 한 청중은 "부적응자의 문화를 도입하는 데, 아시아의 전통적인 상하관계가 걸림돌이 될 수 있다"고 지적했다. 클레이는 "한국에서 내 책이 화제가 된 것도 그런 문화를 벗어나고 싶은 욕구가 반영된 것이라고 본다. 미국에서는 분위기가 독특한 사람들에 대한 포용력이 있기 때문에 도널드 트럼프도 대선 주자로 나설 수 있었다. 주변의 다양성을 끌어안는 문화는 미국이 앞선 게 사실"이라고 덧붙였다.

그러면서 "우리 안에는 저마다 독특함이 있다. 다른 사람의 독특함에 이질감을 느끼지 말고 저마다 독창성을 발현하도록 생각을 전환해보는 것이 필요하다"고 말했다.

세상을 바꾸는 것은 비주류의 다양성, 독창성, 혁신성

알렉사 클레이
《또라이들의 시대》 지은이

세계적 베스트셀러이자 다보스포럼에서 최고의 비즈니스 책 중 하나로 꼽은 《또라이들의 시대》에는 말 그대로 가지각색의 '또라이'들이 등장한다. 애플의 스티브 잡스, 버진그룹의 리처드 브랜슨 등 전복적 정신으로 초유의 성공을 이뤄낸 스타 기업가들부터 법망을 벗어나 지하경제를 주름잡는 미국의 갱단, 소말리아 해적, 해커들 그리고 문명의 혜택을 거부하며 스스로 정한 원칙대로 살아가는 아미시 교도까지. 사연 많아 보이는 이들의 공통점은 주류와 다른 길을 걸으며 새로운 혁신을 이뤄냈다는 점이다.

지은이 알렉사 클레이는 "경제 발전은 정상과 비정상의 경계에 있는 사람들에 의해 이뤄졌다. 새로운 길로 나서는 용기가 필요한 때"라고 강조했다.

2013년 런던의 한 컨설팅 회사에서 함께 일하던 중 이 시대의 다양한 또라이들이 제각기 어떤 방식으로 성공을 빚어내고 있는지에 관심을 기울이게 된 클레이와 공저자 키라 마야 필립스Kyra Maya Phillips. 그들은 2년간 5,000개 이상의 사례를 모았고 이 중 가장 대표적인 30개를 추려 책에 담았다. 질문에 앞서 원제에 쓰인 단어 '부적응자misfit'를 비속어 또라이로 번역한 한국어 판 제목이 마음에 드냐고 묻자 그는 "부적응자들은 종종 아주 극단적인 경향을 보이기도 한다. 어떤 면에선 아주 잘 맞는 것 같다"고 웃으며 말했다.

Q. 세상의 또라이들에게 주목하게 된 계기가 궁금하다.

부모님이 모두 인류학자셨다. 아버지는 아마존 정글에서 연구를 하셨고 어머니는 외계인으로부터 납치당할 뻔한 경험을 주장하는 사람들과 작업했다. 덕분에 어릴 때부터 아주 다양한 문화와 견해를 접할 수 있었다. 아주 진보적이며 창의적인 생각으로 뭉쳐 있던 부모님 두 분 모두 일종의 부적응자(또라이)에 가까웠던 것 같다.

Q. 책에 실은 사례 중 가장 기억에 남는 게 있다면?

뉴욕의 갱단 리더였던 안토니오 페르난데스와의 만남이 인상 깊었다. 그는 갱이라는 단어가 비하적 표현이라면서 내가 이 말을 입에 담지도 못하게 했다. 그는 갱을 일종의 사회운동 단체로 바꾸고 싶어했다. 단순히 범죄만 저지르는 게 아니라 내부의 인력과 조직운영 노하우를 활용해 혁신을 위한 인큐베이터가 되길 바랐던 거다. 그는 조직원을 살해한 혐의로 수감돼 있으면서 이런 구상을 떠올렸다고 한다. 그는 또 이 세계에서 갱이 어떻게 하면 좀 더 평화롭게 공존할 수 있을지를 고민하며 세계 각 도시의 갱단들의 글로벌 네트워크와 리더십 협력을 고안하기도 했다.

Q. 또라이들의 전략 중에는 '남의 것을 훔치기' 등 바람직하지 않은 것들도 많다. 여기서도 배울 점이 있다고 본 건가?

이들을 영웅시하자는 게 아니라 이들의 활동을 창의성과 기업가정신이라는 두 개의 새로운 필터로 바라보자는 것이다. 지하경제에서도 실리콘밸리의 인재들만큼이나 뛰어난 능력을 가진 혁신가들이 많지만 그 누구도 여기에 주의를 기울이지 않기 때문이다. 이들의 활동에 주의를 기울이고 주류 사회에서 어떤 새로운 영감을 얻을 수 있을지 고민해보는 건 충분히 의미 있는 일이다.

Q. 한국을 포함한 동아시아 사회는 서구에 비해 튀는 개인보다 공동체적 가치를 중시하는 경향이 있다. 여기서도 또라이들이 활약할 여지가 있을까?

물론이다. 오히려 실리콘밸리 같은 무대가 오늘날 지나치게 특정한 한 기업가를 영웅시하는 사고에 젖어 있다는 게 문제라고 봤다. 인터뷰한 사람들 중 상당수는 좀 더 공동체적인 사람들이었다. 프랑스의 페미니스트 운동가 연합인 라 바르브La Barbe가 대표적인데 이들은 리더십을 공유하며 기존 체제의 전복이라는 공동의 목표를 달성한다. 미국의 갱단에서도 연대는 무척 중요한 가치이다. '또라이스러움'은 반드시 개인주의적이어야 할 필요가 없다.

Q. 또라이들 중에는 사회 법망 바깥에서 생존하기에 최적화된 형태로 진화한 이들이 많다. 이들을 굳이 주류 사회로 편입시켜야 할까?

적어도 이들에게 주류 사회의 사람들과 대화할 수 있는 기회를 제공해야 한다고는 생각한다. 부적응자 중에는 훌륭한 지성과 문제 해결 능력을 가진 이들이 많다. 사회가 이를 제대로 활용하지 못하는 것은 손해다. 특히 이들 중 적잖은 수가 범죄자의 길을 밟게 되는 현실에서 말이다. 요즘 IS 같은 극단주의 세력이 번성하는 것도 똑똑하고 열의가 넘치지만 제대로 된 직업을 구할 수 없는 젊은이들이 이곳에 다수 가담하기 때문이다.

Q. 21세기 가장 도발적이며 전복적인 인물로 꼽히는 북한의 김정은 역시 '또라이'의 일종으로 볼 수 있을까?

김정은에게 창조적인 면모가 있을까? 중요한 건 그가 폭군 리더십의 소유자인지, 아니면 일종의 창조성, 기업가정신을 보유하고 있는지의 문제다. 우리가 연구했던 멕시코의 한 마약 카르텔의 경우 알고 보니 구식의 위계질서로 이뤄졌을 뿐 창조적 활동이 없었던 집단이라 책 내용에서 빼야 했다.

Q. 당신은 이 책이 오늘날 대중에게 어떤 메시지로 다가갔으면 하는가?

요즘 경제가 힘들어지면서 젊은이들의 취업이 참 어려워졌다. 이들이 범죄자가 돼야 한다는 건 결코 아니다. 다만 조금 더 혁신적이고 진취적인 또라이 기질을 가지는 게 중요하다고 본다. 60% 이상의 학생들이 기술 발달로 사라질 직업을 좇고 있지만 패러다

임은 바뀌고 있다. 다양성, 독창성, 혁신성 등을 품은 비주류 경제권Misfit Economy에서 세상을 바꿀 힘도 나오는 거다. 이 책을 얼마나 많은 부모님들이 사서 그들의 자녀에게 권했을지가 내 주요 관심사이다.

중국의 일론 머스크,
류뤄펑의 성공기

류뤄펑 광치과학 대표

　류뤄펑劉若鵬은 중국의 일론 머스크라는 별명으로 유명한 광치과학光啓科學의 창업자이자 대표다. 중국 스타트업 창업자들의 롤모델로 꼽힌다. 입으면 하늘을 날 수 있는 개인 비행재킷, 이른바 아이언맨 슈트를 개발하던 뉴질랜드 기업 마틴에어크래프트를 인수해 화제가 됐다. 이 비행재킷은 실제로 시속 35㎞의 속도로 고도 1,500m까지 비행하는 데 성공했다. 류 대표는 이색적인 사업 아이디어로 중국 과학계와 정보기술 업계에서 주목받는 기업인이다. 2009년 과학 잡지 《사이언스》에 투명 망토 제작을 가능케 하는 소재 연구 결과를 발표해 반향을 일으켰다. 광치과학은 시진핑 국가주석이 2012년 취임 직후 중국 혁신의 메카인 선전을 찾았을 때 텐센트나 화웨이Huawei 등을 제치고 가장 먼저 방문한 기업으로 유명하다. 광치과학은 시가총액 3조 원 규모의 대표적인 벤처기업으로 성장했다. 류 대표는 듀크대학에서 전기공학으로 박사학위를 받았다.

"지금은 상상력이 혁신을 이끄는 혁신 5.0의 시대다. 상상 속에 서만 있던 미래를 현재로 끌어와야 한다."

중국의 일론 머스크로 불리는 류뤄펑 광치과학 대표는 "공상과 학 속에서나 봤던 것을 현재 이룰 수 없다고 포기하면 상상에 그 치고 만다. 상상이 실현 가능하다고 믿고 신기술을 융합해 새로운 세계를 창출해야 한다"고 강조했다.

2010년 중국 청년 5명이 만든 광치과학은 이제 5개 대륙의 18개 국가에서 직원 2,600여 명을 고용한 회사로 성장했다. 류 대표가 6년 전 부모에게 빌린 20만 위안(약 3,600만 원)으로 창업한 광치과학 은 이제 시가총액 3조 원 규모로 발전했다. 6년간 광치과학이 낸 특허 출원만 3,630개에 이른다.

류 대표가 한국을 포함한 전 세계에 유명해진 계기는 2015년 말 개인용 비행장치인 제트팩Jet pack의 시험 비행에 나선 일이다. 일명 아이언맨 슈트로 불리는 제트팩은 이론상 최고 시속 74km로 고도 1,500m까지 비행할 수 있다. 광치과학은 뉴질랜드 회사를 인수해 제트팩을 개발했다. 첫 비행이 성공하자 곧바로 두바이 소방국 등 전 세계에서 100여 대의 제트팩 주문이 들어왔다.

하지만 광치과학의 성과는 제트팩에 그치지 않는다. 그도 그럴 것이 그가 가져온 성과는 20여 개의 계열사만큼이나 다양하다. 그 가 박사과정 시절 연구한 투명 망토나 초박형 소재를 활용해 우 주까지 도달하도록 하는 기구, 공중에 띄운 와이파이 공유기 등 은 공상과학 영화에서나 등장할 만한 기술들로, 모두 그의 계열 사에서 나왔다. 류 대표는 "이 모든 기술은 현재 상황에서는 하나의 신기술에 불과하지만 광치과학이 그리는 미래에서는 모두 융합돼 하나의 사회를 만들 수 있다. 광치과학은 GCIGlobal Community of Innovation라는 그룹을 만들어 이들을 하나의 조직 내에 들어오도록 했다"고 설명했다.

그는 "광치과학은 태양이라고 보면 된다. 행성 역할을 하는 여러 스타트업을 모아 하나의 태양계를 만든다고 생각하면 된다. 구글도 알파벳 체제를 통해 여러 프로젝트에 투자하고 있지만 광치과학의 GCI와 구글의 알파벳은 다른 개념이다. 구글의 알파벳은 신기술을 개발해 각자의 영역에서 발전해나가는 역할을 한다면, 광치과학의 GCI는 상상을 통해 설계해놓은 하나의 미래 환경만을 바라보고 조성된다"고도 말했다.

그가 이처럼 새로운 스타트업 생태계를 꾸리고 있는 것은 앞으로의 혁신 과정이 상상력과 기술력을 합친 혁신 5.0의 시대라고 보기 때문이다. 그는 "목수나 대장장이처럼 경험을 통해 혁신했던 시대가 혁신 1.0이라면 과학적 접근을 통해 반도체를 개발했던 시대가 혁신 2.0, 유전학과 물리학, 분자생물학 등 다른 과학 간의 결합을 통한 신소재를 개발한 때가 혁신 3.0의 시대다. 이제 여러 제품을 디자인적으로 결합한 혁신 4.0의 시대를 넘어 여러 기술을 상상력으로 결합한 혁신 5.0의 시대가 왔다"고 설명했다. 혁신 4.0의 시대에서는 터치패널, 카메라, 휴대전화 등 기존 제품을 합쳐서 스마트폰이라는 제품을 만들었다면, 혁신 5.0의 시대에는 상상력과 기술력을 합쳐 하나의 생활 환경과 문화를 만들어야 한다는 것이다.

그가 그리는 미래 사회는 크게 3가지 영역으로 나뉜다. 먼저 공간적인 혁신이다. 그는 "물류에 있어서 비행기가 항상 어떤 고도를 통해서만 오간다고 생각하면 공항도 필요 없고 도로나 철도도 필요 없다. 공중의 공간을 활용하면 현재 이용하지 못하는 공간을 모두 활용할 수 있다"고 설명했다. 우주까지 이르는 공중 공간을 모두 활용해 공연장은 물론이고 주거공간까지 모두 만들겠다는 것이 그의 미래 청사진이다.

두 번째 영역은 영혼을 가진 기계의 발명이다. 그는 "미래의 거실을 생각하면 사람과 기계의 관계는 완전히 바뀌어야 한다. 가구를 중심으로 사람이 이동하는 것이 아니고 사람이 생각하는 대로 기계가 파악을 하고 스스로 움직인다면 거실 환경은 혁신적으로 바뀔 것이다. 기계가 더욱 똑똑해져 사람과 공감능력을 갖춘다면 기계는 사람의 도구 역할을 더 잘 수행함은 물론 공간에 대한 비용도 줄어들 것"이라고 덧붙였다.

마지막은 이것들을 모두 가능케 하는 안정적인 인터넷 연결이다. 그는 "기계가 발전할수록 사람의 파트너가 되는데 이를 위해서는 더욱 확실한 연결이 필요하다. 지금은 와이파이가 몇 초간 끊겨도 다시 연결하면 되지만 미래에는 이것만으로는 부족하다"고 말했다. 그는 한층 완벽한 연결을 위해 육상, 해상, 공중 모두 연결하는 와이파이 기술을 개발했다.

이스라엘, 미국, 중국 등 나라를 가리지 않고 세계 각국의 스타트업에 투자하는 그는 현재 한국의 스타트업에도 관심을 가지고 있다. 그는 "한국은 인공지능이나 로봇 부문에서 뛰어난 기술을 가진 스타트업이 많다. 한국 스타트업은 광치과학의 상상력이 그리는 미래에 충분히 포함될 수 있을 것이라고 본다"고 칭찬을 아끼지 않았다.

우버의
공유경제 혁명은 어디까지

에릭 알렉산더 우버 아시아태평양 대표

에릭 알렉산더Eric Alexander는 공유경제의 대표적인 기업인 우버Uber의 아시아 시장 점유율을 대폭 성장시킨 우버 아시아태평양 지사의 대표이다. 2015년 5%에 불과했던 인도의 우버 시장점유율을 50%까지 끌어올리며 화제가 됐다. 우버는 아시아 지역에서 택시 대행업체 2위를 기록하며 이 지역에서 성공적으로 안착·확장하고 있다. 그는 소셜매거진 기업인 플립보드에서 사업개발 부사장으로 재직하는 등 여러 스타트업 기업에서 근무했다.

"아무리 기다려도 안 오는 택시, 스마트폰 버튼 하나로 부를 수 있다면 얼마나 편할까."

세계 최대 차량 공유업체인 우버는 이 작은 물음에서 탄생했다. 프랑스 파리를 여행 중이던 창업자 트래비스 칼라닉Travis Kalanick은 에펠탑에서 호텔로 이동하려는데 택시가 안 잡히자 스마트폰으로 택시를 미리 예약할 수 있으면 좋겠다는 생각을 떠올린다. 그리고 그는 신개념 택시 애플리케이션을 만들면서 안전과 신뢰도를 높이기 위해 운전자 평가 기능, 내가 탄 택시를 알리는 알림 기능을 첨가했다. 미국 샌프란시스코에서 시작된 우버 택시는 6년 만에 전 세계 80개국 500개 도시에 진출해 200만 개의 운전자 일자리를 만들어냈다. 현재 우버는 전 세계에서 매일 500만 번의 탑승 횟수가 기록될 정도로 선풍적인 인기를 끌고 있다. 하지만 우버의 도전은 여기서 멈추지 않는다.

에릭 알렉산더 우버 아시아태평양 대표는 "우버는 파괴적인 혁신을 멈추지 않는다. 차량 공유 플랫폼에서 출발해 카풀 서비스인 우버풀UberPool, 음식 배달 서비스 우버잇츠UberEats, 맞춤형 당일배송 서비스 우버러시UberRush, 자율주행차에 이르기까지 사람들의 필요에 따라 비즈니스를 확대하길 주저하지 않을 것이다. 시간이 갈수록 더 많은 고객이 우버 서비스를 이용하고 있으며, 우버는 이들 고객의 필요를 파악해 새로운 사업을 통해 계속 성장하고 있다"고 강조했다.

최근에는 자율주행차 사업에 막대한 투자를 하고 있다. 알렉산더 대표는 "현재 미국 피츠버그에서 자율주행차가 실제로 운행하고 있다. 전 세계적으로 운전자 수요가 늘어나고 있음을 감안하면 자율주행 자동차가 반드시 필요하다"고 강조했다.

그는 앞으로 자율주행차가 대세가 될 것으로 확신했다. 알렉산더 대표는 "우리 사업의 핵심은 사람을 효율적으로 이동시키는 것이다. 자율주행차 사업도 기존 비즈니스의 연장선상에 있다. 사업을 확장하길 주저하면 안 되지만, 그렇다고 해서 새로운 사업이 기존 비즈니스에 해를 끼쳐서도 안 된다. 자율주행차를 포함한 개별 사업은 모두 면밀히 검토해서 시작한 것이며 각각의 사업을 별도의 팀이 전담해 맡고 있다"고 말했다.

우버는 한국에서도 5년 안에 자율주행차가 대중화될 것이라고 내다봤다. 우버는 한국에서 현대자동차와 협력해 프리미엄 차량 공유서비스인 우버블랙을 시행하고 있다. 알렉산더 대표는 "현대자동차는 전 세계적으로 우버 사업에서 도요타 다음으로 인기 있는 차다. 현대자동차의 자율주행 기술도 우버를 통해 전 세계로 전파할 수 있을 것으로 기대한다"고 말했다.

우버는 승차 공유 시스템을 대중화시키기 위해 개별 국가 정부와도 긴밀히 협조하고 있다. 알렉산더 대표는 "지역의 필요에 따라 승차 공유의 장점을 널리 알릴 수 있는 방법을 정부와 함께 논의하고 있다. 일본에서는 고령층을 위한 승차 공유 시스템을 개발했으며, 미국의 일부 도시에서는 대중교통의 일환으로 우버에 보조금을 지원하기도 한다"고 소개했다. 우버는 더 살기 좋은 도시를 만들기 위해 정부 사업에 적극적으로 협력하고 있다.

그는 한국의 모바일 기업과 스타트업의 경쟁력도 높이 평가했다. 다만 국내 스타트업이 세계 시장에서 제 능력을 발휘하지 못한다며 아쉬움을 표시했다. 알렉산더 대표는 "한국은 모바일 부문에서는 어느 국가보다 경쟁력이 높은 나라이다. 특히 소프트웨어 엔지니어는 한국이 최고다. 이에 맞춰 한국의 스타트업들이 사업을 확장할 수 있도록 정부 지원이 강화되면 좋겠다"고 제안했다. 또 카카오톡 같은 소셜네트워크서비스가 한국에서만 통용되는 데 아쉬움을 표시했다. 그는 "한국 시장을 독점적으로 지배하고 있는 네이버나 카카오 같은 회사들이 큰 안목을 갖고 서비스를 해외로 확대할 방안을 고민하길 바란다"고 말했다.

원아시아 촉진할 슈퍼그리드 비전

연사 조환익(한국전력공사 사장)
　　　완하이빈(국제에너지상호연결개발협력기구 사무차장)
　　　미와 시게키(소프트뱅크 전략기획실장)
　　　위안위상(중국 스테이트그리드 일본사무소 매니저)

사회 김상협(우리들의미래 대표)

원아시아 슈퍼그리드One Asia SuperGrid란 아시아 국가 간의 전력망을 연결해 복수의 국가가 생산한 전기에너지를 공유하는 대규모 전력망 구상을 의미한다. 이런 전력 공유 그림에는 한국한국전력공사, 일본소프트뱅크, 중국국가전력망공사·스테이트그리드State Grid 그리고 러시아러시아전력공사·로셋티 등 4개국이 들어가 있다. 전 세계에서 이들 4개국이 차지하는 인구는 62%, 전력 소비량은 77%, 발전량은 76%다.

원아시아 슈퍼그리드는 몽골에서 2GW급 태양광·풍력 단지를 조성하고, 중국 산둥성에서 한국을 지나 일본 서부까지 잇는 해저 전력망을 구축하는 것을 핵심으로 한다. 과거부터 논의만 무성했던 슈퍼그리드 비즈니스가 이처럼 구체화되기 시작한 이유는 정보기술과 사물인터넷 등의 발전 덕분이다.

전력 없이는 그 어떤 스마트폰이나 태블릿 PC도 무용지물이 된다. 차세대 기술로 주목 받고 있는 무인 자율주행차, 로보틱스, 인공지능도 마찬가지다. 일본 소프트뱅크가 슈퍼그리드 사업에 뛰어든 것만 봐도 알 수 있다. 기술발전의 속도를 뒷받침할 안정적인 전력공급망 슈퍼그리드. 아시아에서 하루빨리 슈퍼그리드를 실현시키려면 무엇이 필요할까.

조환익 한국전력공사 사장은 구체적인 세부 추진 계획과 관련해 "한국과 중국, 한국과 일본 간 2GW 규모의 전력망을 연결하는 시범 사업의 예비타당성 조사가 시작됐다. 각국을 연계하기 위한 기술적 방안을 협의하는 중이며, 투자비 규모는 7조 원으로 예상한다. 한국전력공사는 소프트뱅크와 손잡고 청정에너지 밸리로 불리는 몽골의 고비사막에서 신재생에너지 개발에 앞장설 것이다. 고비사막의 잠재 에너지 양은 1만 5,000TWh테라와트아워로 한국과 중국, 일본을 합한 것보다 2배 이상 많다"고 설명했다.

미와 시게키Miwa Shigeki 소프트뱅크 전략기획실장도 "몽골은 무한한 잠재력에 비해 전력 수요는 적은 국가이다. 발전된 전기를 다른 아시아 지역으로 송배전할 수 있도록 하는 타당성 연구를 진행 중이다. 2020년 도쿄올림픽 전까지 뭔가를 해내고 싶다"고 덧붙였다.

중국은 더 큰 그림을 그리고 있다. 위안위샹 중국 스테이트그리드 일본사무소 매니저는 "2030년까지 아시아 대륙 내, 2050년까지는 모든 대륙을 아우르는 전력망을 구축하고 싶다. 2050년에는 전 세계 에너지 소비의 80% 이상을 청정에너지로 해결하는 게 목표다. 몽골에서 일본까지 전력을 송출하는 계획은 전 세계 에너지 연계를 위한 시범사업"이라고 부연했다.

다만 이처럼 거대한 계획을 실현시키기 위해서는 넘어야 할 장애물이 많다. 동북아 국가들 사이의 정치·외교적 갈등이 대표적이다. 다자간 비즈니스이다 보니 정치적 영향을 안 받을 수가 없다. 세부적으로 들어가면 개선해야 할 부분들도 많아 보인다. 우선 규제다. 미와 실장은 "일본의 경우를 보면 전력에 대한 수출 및 수입과 관련된 법 조항이 없다. 아마 한국도 마찬가지일 것이다. 정부의 경우 법 조항이 없으면 해서는 안 된다고 해석할 가능성이 높다"고 우려했다.

위안 매니저는 더 나아가 시장 형성도 시급하다고 강조했다. 그는 "슈퍼그리드에 참여하는 당사자가 많다 보니, 모두를 만족시킬 만한 다국적 전력거래 시장을 만드는 게 어렵다. 하지만 한 번 만들어지면 30년 이상 사용되는 그리드의 특성상, 안정적이고 질서 있는 시장 시스템이 만들어져야 한다"고 밝혔다. 전력 공유 못지 않게 중요한 것이 에너지 공급 및 수요 관리를 위한 데이터 공유라는 데 패널들은 의견을 같이했다. 또한 "현재처럼 한중일 국가 지도자 모두가 슈퍼그리드의 필요성에 공감하던 시기는 없었다"고 낙관했다.

실리콘밸리 성공 DNA는 무한실패

연사 프레드 어샘(코인베이스 대표)
스콧 쿠퍼(안드리센호로비츠 매니징파트너)
정세주(눔 대표)

사회 데이비드 요크(TTCP 대표)

실리콘밸리는 벤처산업의 중심지로 금융 산업의 메카인 월스트리트와 함께 미국 경제 동력의 심장부로 꼽힌다. 실리콘밸리에서 활약하는 스타트업 최고경영자들은 실패를 인정하는 이곳의 문화가 혁신적인 아이디어의 원동력이라고 밝혔다.

프레드 어샘Fred Ehrsam 코인베이스Coinbase 대표, 정세주 눔NOOM 대표, 스콧 쿠퍼Scott Kupor 안드리센호로비츠Horowitz Andreessen 매니징파트너 등이 연사로 참석해 각자의 창업 경험과 기업 투자 기준 등을 설명했다.

이들은 실패를 해도 다시 도전이 가능한 환경이 실리콘밸리의 최대 강점이라고 입을 모았다. 어샘 대표는 "벤처기업에 자금을 대고 경영을 지원하는 금융자본인 벤처캐피털VC, Venture Capital은 큰 아이디어에 투자하고 위험을 감수할 각오가 돼 있다. 이런 시스템 덕분에 야심 찬 아이디어를 시도해볼 수 있다. 만약 실패하더라도 다른 사람이 보유한 좋은 아이디어에 합류할 수 있다. 본인 능력만 있으면 실패했더라도 다음 주에 곧바로 직장을 얻을 수 있는 곳이 실리콘밸리"라고 덧붙였다.

쿠퍼 파트너도 "벤처캐피털은 실패를 좋아하지 않는다. 다만 세상을 바꾸기 위해 피할 수 없는 것이라고 본다. 실패라는 것은 큰 성공을 찾기 위한 부산물이다. 벤처캐피털은 돈을 잃는 경우가 많지만 한두 개의 큰 기회를 찾기 위해 노력하는 것"이라고 강조했다. 쿠퍼 파트너는 벤처캐피털이 기업들을 선정하는 방식에 대해서도 언급했다. 그는 "가장 중요한 건 팀이 어떻게 구성돼 있는지 보고 그다음에 벤처기업이 내놓은 아이디어가 시장에서 실현될 수 있는 기회가 존재하는지 파악한다"고 말했다. 즉 쿠퍼 파트너는 새로운 도전도 좋지만 어느 정도 규모의 경제가 작동하는 분야를 선택해야 투자 유치가 더 용이하다고 귀띔했다.

정 대표는 "미국 투자자들은 코치를 한다. 불필요한 불안감이 발생하지 않도록 훌륭한 멘토링을 해주는 것이 강점"이라고 설명했다. 인재들이 실리콘밸리로 몰릴 수 있는 환경이 조성돼 있는 것도 중요한 역할을 했다. 쿠퍼 파트너는 "학자들이 민간 기업으로 가서 그들의 아이디어를 사업으로 성공시키며 향후 성장을 위한 토양을 마련했다. 미국 국방 예산을 실리콘밸리에 투자해 인적 네트워크 구축이 가능토록 한 것도 붐을 일으킨 원동력 중 하나다"라고 설명했다. 특히 쿠퍼 파트너는 "인적 네트워크가 강하면 더 많은 기회를 얻을 수 있다"고 강조했다. 어샘 대표 역시 "자본과 인재 등 기업 운영에 필요한 핵심 요소들이 모두 한 곳에 모여 있다는 것이 실리콘밸리의 큰 장점"이라고 밝혔다.

사전에 거창한 계획이 마련돼 있어야 창업을 할 수 있는 것은 아니라고 조언한다. 골드만삭스에서 근무했던 경험이 있는 어샘 대표는 "회사 생활이 지루했는데 주말에 비트코인 관련 작업을 하면서 이 산업의 미래를 보게 됐다. 당시 내가 봤던 골드만삭스의 연봉을 생각하면 비이성적으로 보이겠지만 그때는 창업이 맞다고 느꼈다"고 말했다.

정 대표는 "지난 10년간 많은 벤처자본이 형성됐다. 헬스케어 부문에서 한국은 매력적인 투자처이다"고 말했다. 쿠퍼 파트너는 "한국은 인재가 풍부하기 때문에 창업가에게 초기 자본을 제공할 수 있는 정책적 도움이 더 필요하다"고 조언했다. 어샘 대표는 "실리콘밸리는 하룻밤 사이에 만들어진 것이 아니라 꾸준히 생태계를 형성해온 결과다. 투자, 문화, 경영 마인드 등 생태계 조성을 통해 체계적으로 접근해야 한다"고 밝혔다.

│ 자두(알짜) 전에는 레몬(불량품)이 있다

켄 모스 에사데 경영대학원 교수, MIT 기업가정신센터 창립 전무이사

켄 모스Ken Morse는 기업 혁신 분야의 세계적인 전문가로 2009년부터 스페인 바르셀로나에 있는 명문 MBA인 에사데ESADE 경영대학원에서 교수로 활동하고 있다. 스리콤 코퍼레이션3Com Corporation, 아스펜테크놀로지Aspen Technology 등 스타트업 기업에서 기술 경험을 쌓았고 이후 6개의 기술 관련 스타트업 기업에서 대표와 국제 영업 등을 담당했다. MIT 기업가정신센터의 창립 전무이사이기도 한 그는 1996년부터 대기업에서 혁신 관련 업무를 맡아오며 차세대 기술 기업가들이 안정적으로 회사를 키울 수 있도록 돕고 있다. 현재 일본, 스페인, 터키 등의 회사와 정부에 혁신 관련 자문을 제공하고 있다. 1968년 MIT에서 정치학으로 학사학위를 취득했으며 1972년 하버드대학에서 경영학 석사학위를 취득했다.

기업 혁신 분야의 대가인 켄 모스의 말에는 거침이 없었다. 그는 "세일즈는 기술보다 중요하다", "최고재무관리자CFO는 혁신의 적"과 같은 강도 높은 발언을 쏟아냈다. 그는 청중에게 먼저 질문을 던졌고, 연단 위보다 아래가 편하다며 청중 사이에 서서 이야기를 이어갔다.

스페인의 명문 에사데 경영대학원의 교수로 재직 중인 그는 40년이 넘는 기간 동안 여러 기술 관련 벤처기업을 이끌어 왔으며 20년 전부터 대기업의 혁신 관련 업무를 해왔다. 모스 교수는 MIT 기업가정신센터의 창립 전무이사이기도 하다.

누구나 혁신을 말하지만 실천한 사람은 많지 않고 성공한 사람은 더 적다. 모스 교수는 점진적 혁신, 급진적 혁신, 개방형 혁신 등 혁신의 방법에 따라 주체와 방식도 완전히 달라져야 한다고 강조했다. 그는 "점진적인 혁신은 사업부에서 차근차근 진행하는 것이 맞지만 급진적인 혁신은 위에서부터 끌고 나가야 한다. 최고재무관리자는 급진적 혁신의 적이다. 예산이 없어서 못 한다는 말이 회의에서 나온다면, 혁신은 죽은 것이나 다름없다"고 말했다.

모스 교수는 혁신이 필요한 까닭에 대해 "지금의 사업만으로 계속 성장할 수는 없다는 것을 우리 모두 잘 알고 있다. 언젠가는 새로운 비즈니스를 시작해야 한다. 10억 달러 가치의 새로운 비즈니스를 만들려면 10년은 걸린다. 10년의 간극을 메우려면 지금 당장 새 틀을 위한 혁신을 시작해야 한다"라고 설명했다.

혁신을 위해 기업이 갖춰야 하는 것은 무엇일까. 모스 교수는 '꾸준하고 확고한 의지'를 강조했다. "자두plum, 영미권에서 알짜를 뜻함가 나오기 전에 레몬lemon, 불량품부터 나온다. 프로젝트가 익어가는 과정에서 가장 나쁜 프로젝트부터 먼저 망하기 마련이다. 실패를 용인하는 분위기가 없다면 자두를 얻을 수 없다."

그는 MIT 기업가정신센터 초창기를 회상하며 "많은 기업가들이 센터를 찾아와 혁신 경험을 공유했다. 기업이 안정 지향적인 시스템을 깨고 성공적으로 혁신하려면 대표의 의지와 지원이 절대적으로 필요하다"고 발언했다. 그는 55초 내에 회사의 업무와 목표를 설명할 수 있어야 한다고 덧붙였다. 그는 "외부의 혁신가가 우리 회사를 찾아와 55초 동안 계획을 말할 때 들어줄 수 있어야 기회를 놓치지 않을 수 있다"라고도 언급했다.

모스 교수가 모험과 도전만 치켜세운 것은 아니다. 혁신에 취해 간과할 수 있는 경영의 기본 역시 여러 차례 언급했다. 그는 "JVC의 VHS가 소니의 베타를 이긴 것처럼 우수한 영업조직을 갖고 있는 회사가 기술력이 가장 뛰어난 회사를 이긴 사례는 무수히 많다"며 영업의 중요성을 강조했다. '현금 유동성은 어머니보다 중요하다CFIMITYM, Cash flow is more important than your mother'는 말을 따라서 외워보라고 해 좌중의 웃음을 유발하기도 했다.

그는 혁신에 목말라하는 대기업을 위한 조언도 아끼지 않았다. "혁신은 내부뿐 아니라 외부에서도 수혈해야 한다. 스타트업 관점에서 봤을 때 우리 기업이 같이 일하기 좋은 기업인지 또는 좋은 파트너십을 구축하고 있는지 자문해야 한다."

22세기 국가 브랜드의
창출 필요성

헌터 투라 브루스마우디자인 대표이사 겸 회장

헌터 투라Hunter Tura는 혁신적인 서비스 디자인으로 유명한 브루스마우디자인 Bruce Mau Design의 CEO이다. 브루스마우디자인의 경영 전략과 글로벌 비즈니스 개발을 담당하고 있다. 문화와 디자인 개발 경영 분야에서 20년 이상의 경력을 자랑하는 전문 경영인이자 클라이언트와 브랜드를 위한 전략 개발에 탁월하다는 평을 받고 있다. 존 F. 케네디센터와 선전의 디자인소사이어티에서 브랜드 디자인을 총괄하고 있으며 디자인 관련 비영리단체인 반알렌Van Allen협회의 부회장을 맡고 있기도 하다. 브루스마우디자인에 합류하기 전에는 2x4디자인스튜디오 상무이사와 록웰그룹의 디자이너로 활동했다. 2000년 하버드대학 건축학과에서 석사학위를 받은 뒤 UC버클리 방문교수, 딕먼팜하우스얼라이언스 이사회 멤버, 뉴욕 반알렌협회 이사 등을 역임했고 2010년부터 토론토와 LA에 본사를 둔 브루스마우디자인을 이끌고 있다.

"21세기라는 용어는 이미 옛 단어이다. 앞으로는 22세기를 내다보고 살아야 한다. 이는 기업뿐만 아니라 국가나 공공 부문도 마찬가지다. 특히 브랜드를 어떻게 할 것인가를 생각해야 한다."

헌터 투라 브루스마우디자인 대표이사 겸 회장은 공공 브랜드의 중요성을 강조했다. 지금껏 공공 브랜드는 국가, 도시, 지방, 지방자치단체 등에서 홍보나 마케팅 수단으로 사용하는 데 그쳤다. 하지만 오늘날 공공 브랜드는 국민과 시민들에게 그 공간의 가치를 직접 전달하는 수단이 됐다. 종전에는 기업들이 상업적 용도로만 브랜드를 사용했다면 이제는 공공 부문까지 영역을 넓히고 있다.

그는 대표적인 도시로 브라질 상파울루를 예로 들었다. 투라 회장은 "지난 15년에서 20년간 도시와 지자체들이 기업들처럼 브랜드에 대해 생각하기 시작했다. 이는 결코 우연이 아니다. 상파울루 같은 경우는 이미 법인체처럼 진화했다. 이처럼 도시가 브랜드를 갖는 경우가 늘었다. 흥미로운 전환이다. 브랜드를 통해 스스로 마케팅도 하고 관광객도 유치하는 상호작용이 활발해지고 있다"고 말했다.

그는 브랜드의 시대별 발전상을 정적인 단계Static에서 동적인 단계Dynamic를 지나 반응하는 단계Responsive로 구분했다. 19세기 포드자동차 로고를 보면 자동차만 상징하는 정적인 모습 그 자체였다. 하지만 불과 몇십 년 뒤 기업들이 사업을 다각화하면서 브랜드도 역동적으로 변하기 시작했다. 현재는 브랜드 자체가 소비자나 국민과 호흡하는 '반응하는 단계'까지 왔다.

캐나다의 국기

하지만 투라 회장은 캐나다의 사례를 들며 아직은 공공 부분에서 이를 잘 이해하지 못하고 있다고 아쉬워했다. 1963년 캐나다 정부는 새 국기 디자인을 알리는 대규모 행사를 열었다. 일명 메이플리프플래그Maple Leaf Flag다. 양쪽의 적색은 태평양과 대서양을 나타내고, 11개 각이 있는 빨간 단풍잎은 캐나다의 상징적인 이미지이다. 적색과 백색은 영국의 유니언잭에서 따온 색이다. 이전까지는 적색 바탕에 영국 국기가 들어 있는 기를 사용하다가 1964년 지금의 국기로 바꾸었다. 이는 단일화된 캐나다 전체를 나타낸 상징적 브랜드였다.

캐나다 정부는 국기 사용에 대한 연방가이드북을 별도로 냈다. 투라 회장은 "영어와 프랑스어로 표기돼 있는 어마어마한 규모의 가이드라인이었다. 트럭이나 세금 신고 양식에 국기를 어떻게 부착할지에 대한 구체적 지침이었다"고 설명했다.

시간이 흘렀다. 캐나다 정부는 새로운 변혁을 꾀했다. 담당은 브루스마우디자인이 했다. 투라 회장은 "캐나다 정부가 디자인을 업그레이드해달라고 우리한테 요청했다. 21세기에 어떻게 보여야 할 것인지 중심으로 얘기를 해달라고 했다"고 설명했다.

이를 위해 투라 회장은 설문을 실시했다. 하지만 캐나다 이미지는 하키 게임, 붉은색 유니폼과 반려견인 것으로 나타났다. 투라 회장은 별도로 핵심관계자를 인터뷰하는 과정을 거쳤다. 투라 회장은 "그 결과 캐나다 사람들은 새 디자인을 바라지 않는다는 것을 알게 되었다. 우리가 원래 있는 것을 어떻게 더 잘 대변하고 보여줄 수 있는가를 생각하게 했다"고 말했다.

이를 위해 디자인 작업은 에디토리얼, 즉 편집으로 바꾸었다. 브루스마우디자인은 가운데 단풍 모양을 제거하고 빨간 양쪽 기둥만 남긴 이미지를 만들었다. 이를 애플리케이션에 장착해 사람들로 하여금 사진을 찍게 했다. 투라 회장은 "젊은 사람의 호평이 쏟아졌다. 당초 취지는 외국인을 상대로 한 것인데 캐나다 내의 젊은 층이 호응해 무수한 이미지 사진을 올렸다"고 말했다.

하지만 캐나다 정부는 이 같은 디자인 시도를 거절했다. 이에 대해 투라 회장은 "현대 브랜드는 직접 국민이 참여하고 정의하는 것이 매우 중요하다. 국민 스스로 반응을 보이고 참여하는 작업이 필수인데 캐나다 정부는 이를 이해하지 못했다"고 말했다. 결과는 성공이었지만 이를 낯설게 여긴 정부 때문에 프로젝트가 채택되지는 않은 것이다.

투라 회장은 또 다른 사례를 들었다. "현재 브렉시트, 트럼프, 미국 브랜드의 위기가 존재한다"며 브랜드의 중요성을 다시 한 번 강조했다. 그는 "브랜드 이미지가 날로 중요해지고 있지만 미국

성조기는 호감을 얻지 못하고 있다. 글로벌 도시들과 지방자치단체들은 자신만의 정체성을 브랜드로 구성하는 것이 중요하다고 생각한다. 현재는 석유수출국기구도 브랜딩 작업에 동참한 상태다"라고 말했다.

투라 회장은 한국 기업의 브랜드에 대해서 "한국 기업은 신규 기술, 서비스를 선보이면서 진화를 거듭하고 있다. 다만 고객들이 참여하고 공감할 수 있는 정책 시스템을 갖춰야 한다"고 힘주어 말했다. 종전 고객은 수동적 존재였다면 이제는 충성심을 발판으로 돈을 주고서라도 브랜드를 소비하는 단계라는 것이다. 이 밖에 그는 한국 디자인의 가능성을 높이 평가했다. 투라 회장은 "산업 디자인, 그래픽디자인 분야에서 한국은 떠오르는 국가 중 하나다. 1998년 첫 방한 당시와 비교하면 정말 많은 점이 바뀐 것을 알 수 있다"고 덧붙였다.

블루오션
할랄 시장 진출의 핵심전략

연사 시라주딘 수하이미(말레이시아 이슬람개발부 할랄 국장)
　　　위나이 다흘란(태국 출랄롱코른대학 할랄과학센터 교수)
　　　최영민(한국식품연구원 선임연구원)

사회 슈엡 카그다(《인도네시아글로브아시아》 잡지 편집장)

"불교국가인 태국은 과거 할랄에 대한 반감이 있었지만 국가 전체를 위해 할랄 산업을 육성하는 것이 이득이 되기에 반대 여론을 설득할 수 있었다."

태국의 위나이 다흘란Winai Dahlan 출랄롱코른대학 할랄과학센터 교수는 비非이슬람 국가인 태국이 할랄 식품 강국으로 발돋움한 배경을 이같이 설명했다. 할랄Halal이란 이슬람법Shariah에 따라 무슬림이 먹고 사용할 수 있도록 허용되는 것을 뜻한다.

전체 인구의 90%가 불교인 태국이 세계 10위 할랄 식품 수출국으로 도약한 배경에는 정부가 이 시장의 성장 잠재력을 보고 강력한 의지를 갖고 추진했기 때문이라는 설명이다. 2015년 기준으로 태국의 할랄 식품 수출 규모는 60억 달러에 달해 전체 식품 수출의 20%가량을 차지하고 있다. 그동안 할랄은 주로 식품군을 의미했는데 최근에는 의약품과 화장품을 비롯해 금융 및 관광 분야로 확대 적용되고 있다. 톰슨로이터Thomson Reuters 조사에 따르면 전 세계 할랄 시장 규모는 2014년 3조 2,000억 달러에서 2020년 5조 2,000억 달러로 증가할 것으로 예상된다.

다흘란 교수는 "식품산업 강국이자 세계의 주방을 자처하는 태국이기에 할랄은 결코 포기할 수 없는 시장이다. 특히 태국은 관광 산업도 큰 비중을 차지하는 국가로, 연간 500만 명에 달하는 이슬람 관광객들을 잘 대접해야 할 의무도 있다"고 주장했다.

한국이 2016년 7월 식품을 포함한 할랄을 신산업으로 육성하겠다고 밝힌 가운데, 비무슬림 국가로서 성공하려면 할랄을 종교 틀에서 접근하지 말고 일종의 문화 또는 라이프스타일로 바라봐야 한다는 조언이다.

시라주딘 수하이미Sirajuddin Suhaimee 말레이시아 이슬람개발부자킴 JAKIM 할랄 국장은 "이슬람 국가들이 할랄 인증 주도권을 두고 경쟁만 벌일 것이라는 시각들이 많지만 이슬람 국가들은 국제적인 할랄 표준을 마련하기 위한 협력을 이어오고 있으며 조만간 주목할 만한 결과물도 나올 것"이라고 밝혔다.

그는 이어 "말레이시아와 인도네시아, 브루나이, 싱가포르 4개국의 협력 증진을 위한 기구 마빔스MABIMS에서는 8년 전부터 통합 할랄 인증 시스템을 구축하기 위해 논의해왔다. 장관급 회담을 비롯해 수많은 대화가 있었으며 2016년 12월 양해각서MOU를 체결하기 위한 작업이 진행 중"이라고 말했다.

할랄 표준이 마련되면 시장에 미치는 영향은 매우 클 것으로 예상된다. 할랄 비즈니스 성장 잠재력은 매우 높은 것으로 평가되지만 이슬람 종파, 학파 간 견해차 등으로 인해 정작 할랄 제품 인증에 대한 세계 표준은 없는 상태다. 이에 따라 전 세계적으로 300여 개에 이르는 정부 및 민간 인증이 혼재한 상황이다. 이러한 문제로 인해 기업들이 높은 비용을 지불하고 국가별 할랄 인증을 각각 취득해야 한다.

할랄 인증 자체가 통관에 필수사항은 아니다. 이슬람이 국교라 하더라도 비무슬림이 거주하고 있어 비할랄 제품에 대한 통관이 금지돼 있지 않기 때문이다. 그렇지만 할랄 인증을 받지 못하면 그만큼 시장 접근이 제한적일 수밖에 없다. 이러한 상황에서 표준이 마련된다면 그만큼 기업들로선 진출 비용이 줄어든다.

수하이미 국장은 "한국 정부도 주요 이슬람 국가들과 공동으로 할랄 인증을 연구하는 것을 추진해볼 만하다. 호주는 말레이시아 정부와 함께 할랄 인증기구를 만든 후 말레이시아에 막대한 양의 할랄 육류를 수출하고 있다"고 소개했다.

자킴은 다양한 할랄 인증기관 중에서 가장 공신력 있는 기관으로 손꼽힌다. 말레이시아는 2012년 정부기관인 자킴을 자국 내 유일한 할랄 인증기관으로 지정했다. 정부가 직접 챙기면서 말레이시아를 세계 할랄 허브로 발전시키려는 노력을 기울이고 있다.

최영민 한국식품연구원 선임연구원은 "의료 한류가 거센 가운데 한국을 찾는 이슬람 환자들의 편의를 제공하기 위해 할랄 식단을 준비하고 있다. 국내 식품기업이 이슬람 국가로 진출하며 할랄 인증을 받으려 할 때 정보 부족으로 어려움을 겪는 경우가 많다. 이 문제를 해결하기 위해 정부는 관련 정보를 담은 웹사이트를 구축하고 할랄 식품 전문가 교육을 마련하는 등의 노력을 기울이고 있다"고 밝혔다.

전 세계 무슬림 인구는 2014년 17억 명에서 2020년 19억 명으로 늘어날 것으로 전망된다. 이처럼 무슬림 인구가 꾸준히 늘어나고 있는 데다 비무슬림이라 하더라도 할랄 제품이 엄격한 인증절차를 거쳐 생산돼 위생적이고 윤리적이라는 인식이 확산되면서 유럽, 북미 등 비이슬람 국가에서도 점차 할랄 제품에 대한 수요가 높아지고 있는 추세다.

글로벌 시장 노리는 한국 스타트업

연사 이선오(힉스컴퍼니 대표)
  강민웅(메디튤립 대표)
  우승원(삼십구도씨 대표)
  최소희(지플러스생명과학 대표)

사회 스콧 정(Y크라우드펀딩 공동 창업자)

충남대학교 흉부외과 교수인 강민웅 메디튤립 대표는 기관 수술을 하면서 상처를 최소화할 수 있는 도구인 서지컬 리니어 스테이플러Surgical Linear Stapler를 소개했다. 기관을 자르면서 동시에 기관을 닫아주는 기구로 세계 의사들에게 그 유용성을 인정받았다. 손으로 꿰매는 것보다 신속하고, 메스를 댄 뒤 봉합할 때보다 손상 정도가 적다. 그는 미국과 중국의 대규모 회사로부터 투자와 협력을 약속받으면서 무한 성장을 앞두고 있다.

우승원 삼십구도씨 대표는 릴레이Relay 서비스로 실리콘밸리를 개척했다. 릴레이 서비스는 멀티카메라 브로드캐스팅 시스템으로, 휴대전화에서 작동한다. 여러 각도로 라이브 스트리밍 동영상 촬영이 가능한데, 마치 여러 대의 카메라로 스트리밍하는 것처럼 완성도가 높다. 그동안 이 같은 콘텐츠를 만들려면 카메라 전문가와 추가 장비가 있어야 해서 제작비가 매우 높았다. 하지만 릴레이는 스마트폰 사용자가 텔레비전 연출가처럼 1대에서 4대의 휴대전화를 연결해 비디오 스트리밍을 할 수 있다. 또 유튜브나 페이스북 등 SNS 플랫폼에서도 업로드가 가능해 사용자가 좀 더 친숙하게 쓸 수 있다. 최근 13만 달러를 투자받았고 정부 출연으로 1억 원도 유치했다.

지플러스생명과학은 식물을 재배해 약재를 추출하는 바이오테크 제약회사다. 이 회사는 희귀병을 억제하는 단백질, 암치료를 위한 약품 등을 개발하고 있다. 최소희 지플러스생명과학 대표는 식물이 가장 효율적인 치료 단백질을 만들 수 있는 데다 생산단가가 낮아 확장성도 매우 크다는 점을 강조했다. 가장 혁신적인 바이오테크 기업이 되는 게 최 대표의 목표다.

이어 제조 스타트업도 소개됐다. 힉스컴퍼니는 빛으로 줄자를 만드는 스타트업이다. 이 줄자는 표면 형상을 측정하는 데 사용된다. 이는 매우 고가의 기술로 OLED 패널 공정이나 반도체 공정에 이 기술을 임대해 수익을 내고 있다. 이선오 힉스컴퍼니 대표는 "공정 중간중간 빛으로 만든 줄자로 검사하면, 불량률을 크게 줄일 수 있다. 손실 비용도 줄이고 생산단가도 낮아지게 된다. 디스플레이와 반도체의 핵심기술은 모두 한국이 보유하고 있는 만큼 한국의 발전을 위해 힉스컴퍼니도 열심히 하겠다"고 다짐했다.

Y크라우드펀딩 공동 창업자이자 사회를 맡은 스콧 정은 "글로벌 진출에 손색없는 팀이다. 한국인들은 위험 요소를 회피하는 경향이 짙고 해외는 오히려 실패를 격려하는 분위기가 있다. 사회 분위기도 창업을 지지하도록 바뀌어야 한다. 세계적으로 많은 스타트업이 실리콘밸리를 꿈꾸는데, 준비되지 않은 상태에서 실리콘밸리에 진출하는 것은 금물"이라고 덧붙였다.

강 대표는 "의대 교수인 내가 창업을 하게 된 건 좋은 엑셀러레이터_{신생 스타트업을 발굴해 업무를 지원하는 기관}를 만났고 정부의 여러 지원을 받은 덕이다. 지금은 대한민국에서 창업하기 매우 좋은 시기인 것 같다. 중소기업청의 팁스_{TIPS, Tech Incubator Program for Start-up} 과제에 선정돼 사업을 시작했고 충청북도 오송에 있는 첨단의료복합재단의 도움을 받고 있다"고 말했다.

우 대표는 "단계별로 잘 어울리는 정부 지원을 받아 이 자리까지 회사를 키웠지만 정부 과제에만 매몰되면 정작 회사를 돌볼 시간이 없어진다. 따라서 정부 진행 사업을 능력 제고 차원에서 사용하는 건 좋지만 목표를 달성한 이후는 내 사업 매출을 위해 올인해야 할 필요도 있다"고 조언했다.

정 창업자는 "정부 지원금 말고도 스타트업을 위한 다양한 펀딩 루트가 필요하다. 스타트업이 제대로 성장하기 위해서는 엔젤 투자자기술력은 있지만 자금력이 부족한 스타트업에 자금을 투자하는 사람 또는 단체, 모험자본을 제공하는 투자가 등을 지속적으로 만나야 한다"고 말했다.

덧붙여 "실리콘밸리 벤처 투자가들은 정보기술 정보를 갖고 있고 스타트업 운영 경험이 많다. 상장 단계까지 거쳐 얻은 부를 다시 스타트업에 재투자하는 선순환 구조를 아주 잘 알고 있다. 한국에서 엔젤 투자자 양성에도 주력했으면 좋겠다"고 말했다.

"

외부의 혁신가가
우리 회사를 찾아와
55초 동안 계획을 말할 때
들어줄 수 있어야
기회를 놓치지 않을 수 있다.

– 켄 모스 (에사데 경영대학원 교수)

"

제1회 아세안
기업인상의 주인공

(오른쪽부터) 제1회 아세안 기업인상 시상식에 참여한 장대환(매경미디어그룹 회장), 나디엠 마카림(고젝 창립자 겸 대표), 응우옌티응아(세아뱅크 회장), 이홍구(아시아소사이어티 코리아센터 명예회장)

《매일경제》는 부상하는 아세안ASEAN, 동남아시아국가연합 기업들의 중요성을 인식하고, 이들과 네트워크를 강화하기 위해 아시아소사이어티Asia Society 코리아센터와 공동으로 2016년에 아세안 기업인상을 제정했다. 《매일경제》 파트너인 아시아소사이어티는 아시아에 대한 미국의 이해증진을 목적으로 록펠러 3세가 1956년 설립한 비영리 및 비정치 재단이다. 제1회 아세안 기업인상 수상의 영예는 나디엠 마카림Nadiem Makarim 고젝Go-Jek 창립자 겸 대표와 응우옌티응아Nguyen Thi Nga 세아뱅크SeABank 회장에게 돌아갔다.

시상식에 참석한 이들은 "아세안 기업인상은 그동안 아시아 외의 지역에서 잘 알려지지 않았던 현지 기업들에 대한 관심을 높이는 계기가 될 것이다. 특히 한국 기업들이 세계 경제의 성장 엔진으로 부상한 아시아 시장에 성공적으로 진출하기 위해 좋은 현지 파트너를 구하는 데도 큰 도움이 될 것"이라고 입을 모았다. 그동안 이 기업들은 한국, 일본 기업 등에 가려졌던 측면이 있었는데 최근 들어 신흥시장인 아시아뿐만 아니라 미국, 유럽 등 선진 시장으로 보폭을 넓히고 있다.

아세안 기업의 비상은 한국에 적지 않은 의미가 있다. 글로벌 인수 합병 시장에서 큰손으로 부상하고 있는 아세안 기업들은 한국의 잠재 투자자가 될 수 있는 데다 한국 기업들의 아세안 현지 파트너가 될 수 있기 때문이다. 실제로 아세안 기업들이 비상하면서 한국 기업들과도 다양한 형태의 비즈니스 관계를 맺는 사례가 늘어나고 있다. 아세안 기업인상을 만든 이유가 여기에 있다.

다음은 수상자들 인터뷰다.

인도네시아의
혁신 아이콘

나디엠 마카림
고젝 대표

인도네시아에 오토바이 공유 서비스 돌풍을 일으킨 고젝의 창립자이자 대표이다. 2010년 고젝을 설립해 인도네시아 최초로 O2O_{Online to Offline} 서비스를 도입했다. 그는 오토바이 택시기사와 승객을 직접 연결해주는 애플리케이션을 개발해 일약 스타덤에 올랐다. 이 애플리케이션은 인도네시아 오토바이 공유 서비스 시장에서 점유율 1위를 달성했고 인도네시아 글로벌경영인프로그램 비즈니스 경연에서도 1위를 차지했다. 2016년 8월에는 미국 대형 사모펀드에서 6,100억 원을 투자받아 세계적인 경영인으로 인정받은 바 있다. 고젝 창업 전에는 컨설팅그룹인 맥킨지앤드컴퍼니에서 컨설턴트로 근무했고 2011년부터 2014년까지 자로라 인도네시아의 공동 창립자 겸 상무이사와 카르투쿠_{Kartuku}의 최고혁신 담당자를 거쳤다. 2011년 하버드대학 비즈니스스쿨에서 MBA를 취득했다.

"두려움? 서비스 출시 6주년인데 이제는 두려움이 낯설지 않다. 실패에 대한 두려움이 고젝을 다시 일어나게 만드는 힘이다." 나디엠 마카림 고젝 대표는 스타트업으로서 어려움이 많지 않았느냐는 질문에 이같이 답했다.

하버드대학 경영대학원 출신으로 현재 인도네시아 혁신 기업가의 상징인 된 마카림 대표는 두려움이 없었다면 지금의 고젝도 없었을 것이라고 단언했다. 그는 "두려움은 기업인의 숙명이다. 갑자기 서비스 범위가 넓어지다 보니 기술도 감당이 안 될 정도였고, 운송 과정에서 사람들이 죽기도 하고, 서비스 가격을 바꿀 때마다 여러 곳에서 반대 시위가 일어나는 등 온갖 악재가 터졌는데 이를 버텨낸 것이 고젝 성공의 밑거름이 됐다. 기업가라면 자신의 비즈니스가 곧 수명을 다할 것이라는 걱정을 해야 한다. 두려움이나 걱정이 없다면 용기도 없다는 뜻"이라고 말했다.

고젝은 인도네시아 1위 오토바이 공유 서비스 업체다. 마카림 대표는 대중교통이 발달하지 못해 교통체증이 심한 인도네시아에서 오토바이 택시가 성황이라는 데 착안해 2010년 오토바이 택시를 중개하는 서비스를 내놓았다. 그 이후 2015년 오토바이 택시기사와 승객을 연결해주는 애플리케이션을 도입하면서 돌풍을 일으켰다. 오토바이 택시는 교통체증 속에서도 재빠른 이동이 가능하지만 요금 시비가 잦은 등 단점이 있었는데, 이를 해소하는 동시에 택배, 배달, 장보기, 청소, 미용, 안마 등으로 서비스 영역을 대폭 확대했다.

2016년 10월 기준으로 인도네시아 10개 대도시에서 활동 중인 고젝 기사는 20만 명에 달한다. 2016년 8월 KKR 등 미국 대형 사모투자 업체들로부터 5억 5,000만 달러(약 6,100억 원)를 투자받기로 해 유니콘기업 가치 10억 달러 이상 스타트업 반열에 올랐다. 고젝 덕분에 인도네시아 전자상거래 시장이 덩달아 활기를 띠고 있다는 분석이 나올 정도다.

그는 성공 비결을 묻는 질문에 "현지 시장인 인도네시아에 초점을 맞췄다. 해외로 확장할 수 있었지만 인도네시아 시장에서 선구자적 브랜드를 만드는 데 집중했다"고 말했다. 이어 "아울러 인도의 기술 관련 기업 4개를 인수해 이들의 임원을 고젝 임원으로 임명하는 등 다국적 팀을 매우 빠른 시간에 갖춰 기술 기반을 탄탄하게 만든 것이 주효했다. 또한 불가능은 없다고 믿고 경쟁 기업들을 따라가려 하지 않았다. 자전거, 자동차를 통해 음식 배달, 식료품 배달 등 모든 것을 하나의 애플리케이션이라는 플랫폼에 구축했다"고 덧붙였다.

마카림 대표는 2006년부터 2009년까지 맥킨지에서 컨설턴트로 일했다. 선망의 직업인 컨설턴트를 그만두고 창업한 이유를 묻는 질문에 그는 "돈을 보고 직업을 선택하지는 않았다. 무언가를 배울 수 있고, 영향력을 미칠 수 있는 일을 하고 싶었다. 누군가의 밑에서 일하는 것이 잘 안 맞는다. 내가 자율적으로 할 수 있는 일을 찾았고, 그것이 바로 스타트업이었다"고 전했다.

그는 혁신을 위해선 개인보다는 팀이 중요하다고 강조했다. 마카림 대표는 "나를 인도네시아 대표 혁신가로 불러주니 기분이 좋지만 혁신은 한 사람이 아닌 여러 사람이 모인 팀에서부터 비롯된다"고 주장했다.

그는 고젝 혁신 방향과 목표에 대해 "핀테크와 휴대전화 사용료 충전 등 다양한 서비스를 도입해 고젝이 단순한 휴대전화 애플리케이션이 아닌 하나의 플랫폼이 되는 것을 목표로 하고 있다"고 말했다. 수익 모델을 묻는 질문에는 "수익이 아직 나지 않지만 시간 문제다. 강력한 플랫폼이 되면 사업 생태계를 만들 수 있기 때문에 수익은 당연히 따라올 것"이라고 답변했다.

강력한 플랫폼을 지향하지만 미래의 고젝 모습에 대해선 본인도 대답하기 어렵다고 했다. "기술 발전 속도가 매우 빠르기 때문에 향후 6개월 이후 계획을 짜기 어려울 정도다. 다만 기술 발전으로 고객들이 원하는 모든 서비스를 제공할 수 있게 됐기 때문에 생각하지도 못했던 것들이 사업 아이템이 되기도 한다. 특히 기술 기반 스타트업의 대표는 항상 새로운 상품에 집중해야 한다. 내 업무의 70%는 엔지니어들과 함께 상품을 개발하는 것이고 나머지 30%는 이를 위한 인력 확충"이라고 말했다.

베트남의
브랜드 마케팅 대가

응우옌티응아
세아뱅크 회장

베트남의 대표적인 상업은행인 세아뱅크의 회장이다. 베트남 전역의 부동산, 금융, 골프장, 리조트, 호텔 사업 등을 포함해 13,500명이 넘는 직원을 보유한 BRG그룹의 회장이다. 베트남경제대학에서 금융학으로 학사학위를 취득했으며 2001년 워싱턴 D.C. 조지타운대학의 힐러리 클린턴 이니셔티브에서 리더십교육과정을 수료했다.

응우옌 회장은 베트남에서 가장 재산이 많은 여성으로 꼽힌다.

2014년에는 《포브스》가 선정한 '아시아에서 가장 영향력 있는 여성' 29위에 선정됐으며, 2016년에도 《포브스》에서 선정한 '베트남에서 가장 영향력 있는 여성' 5위에 선정됐다. 기업인 중에는 마이끼에우리엔Mai Kieu Lien 비나밀크Vinamilk 대표에 이어 2위에 해당한다. 또한 2007년부터 아세안의 경제통합을 촉진하기 위한 아세안 공식 기업인 회의기구인 아세안비즈니스자문회ASEAN Business Advisory Council의 일원으로 활약하고 있다.

"베트남도 굴뚝산업에만 의존할 수는 없다. 금융과 관광산업 등이 미래 산업이라고 보고 여기에 주력하고 있다."

응우옌티응아 세아뱅크 회장은《매일경제》와의 인터뷰에서 베트남의 3차 산업에 기회가 많다며 이같이 말했다. 그는 "베트남 사람들은 진취적이고 배우는 것에 열정적이다. 지금 세계가 주목하는 것은 베트남의 2차 산업이지만 향후 3차 산업이 도약할 것을 의심치 않는다"고 말했다. 그는 베트남 총리가 수여하는 2016 대표기업인상Prominent Entrepreneur 2016 수상자로 선정될 정도로 베트남을 대표하는 여성 기업인이다.

세아뱅크는 2015년 기준 자산 38억 달러, 전국 160여 개 지점, 70만 명의 개인 및 기업 고객을 확보한 중견 금융사다. 무역업계에서 경력을 시작한 그는 1993년 베트남 정부가 민간에 상업은행을 개설할 수 있도록 허가한 후 세아뱅크 설립 작업에 참여했고 2007년 회장직에 올랐다. 회장직을 맡은 이후 세아뱅크의 지점 수는 2배, 자산은 3배 넘게 증가했다. 특히 그는 골프리조트와 호텔 등으로 유명한 복합기업 BRG그룹을 설립했고 회장직도 겸하고 있다.

응우옌 회장의 경영기법 중 가장 돋보이는 것은 브랜드 구축이다. 금융과 리조트 등 분야를 가리지 않고 고객들에게 기업 이미지를 각인시키는 작업에 심혈을 기울인다. 소매금융 분야에 중점을 두고 있는 세아뱅크 역시 마찬가지다. 그는 회장직에 오른 후 지점들 간 연계성 강화 작업에 전력을 다했다. 지점들마다 제각각이던 용어와 서비스를 일치시키고 금융상품명마다 SeA를 붙였는

데, 모두 고객들이 세아뱅크를 잘 인지할 수 있도록 만드는 작업이었다.

9,000만 명이 넘는 인구를 보유한 동시에 청년층 비중이 높은 베트남은 소매금융의 발전 가능성이 높지만 아직 금융 인프라가 잘 갖춰지지는 않았다. 그런 가운데 모든 지점에서 규격화된 서비스를 제공하는 것은 큰 경쟁력이 된다는 게 응우옌 회장의 설명이다.

BRG그룹은 브랜드 홍보에 매우 적극적이다. 세계적 골프리조트 설계회사인 니클라우스디자인Nicklaus Design의 베트남 첫 작품이 BRG그룹의 골프리조트로, BRG그룹은 자국 내의 힐튼호텔도 인수해 브랜드 가치를 높이기도 했다. BRG그룹은 건설 중인 건물을 포함해 총 22개의 호텔을 보유하고 있는데, 그중 9개가 힐튼, 쉐라톤, 웨스틴 등 세계적인 브랜드를 내걸고 있다. 응우옌 회장은 해외 기업의 베트남 사업을 성공적으로 인수한 첫 사업가로도 유명하다. 하노이 중심가에 위치한 힐튼하노이오페라호텔이 대표적이다.

세아뱅크는 프랑스 소시에테 제네랄Société Générale과 협업관계에 있다. 응우옌 회장은 "베트남의 대표 도시인 하노이와 호찌민 등은 전 세계에서 관광객과 기업인들이 많이 찾는 곳이다. 이들을 공략하려면 국제적 명성을 지닌 브랜드를 갖는 것이 필수다. 파트너십을 통해 해외 기업의 노하우와 경험을 배우는 것도 기대할 수 있다"고 강조했다.

작은 체구를 지닌 그는 화려한 색상의 옷을 즐겨 입는데 이 역시 브랜드 구축 전략과 무관하지 않다고 설명했다.

응우옌 회장은 베트남에 진출하는 외국계 은행과의 경쟁에 대해서도 자신감을 표했다. "외국 은행들은 주로 베트남에 진출하는 자국 기업들의 금융을 지원하는 데 주력하고 있는데 소매금융 중심인 세아뱅크와 어느 정도 간극이 있다. 소매금융 분야에 진출한 사례로는 HSBC가 있긴 한데, 베트남 국민들의 특성을 이해하지 못해 성공을 거두지 못했다. 물론 HSBC도 좋은 금융상품을 만들었지만, 고객에 세심히 반응할 만큼의 다양한 포트폴리오를 갖추지는 못했다. 이에 반해 세아뱅크는 다양한 상품으로 다양한 고객의 수요를 충족시키는 데 전력을 기울이고 있다. 또한 한국과 베트남은 같은 아시아 국가이며 유교 문화를 숭상하는 것도 비슷하다. 양국 정부의 관계도 아주 좋으며 서로 이해도도 높은 만큼 한국 기업이 사업을 펼치기에 아주 좋은 여건"이라고 말했다.

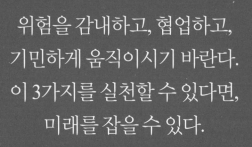

"

위험을 감내하고, 협업하고,
기민하게 움직이시기 바란다.
이 3가지를 실천할 수 있다면,
미래를 잡을 수 있다.

– 스티브 피셔 (노벨리스 대표)

"

PART 07

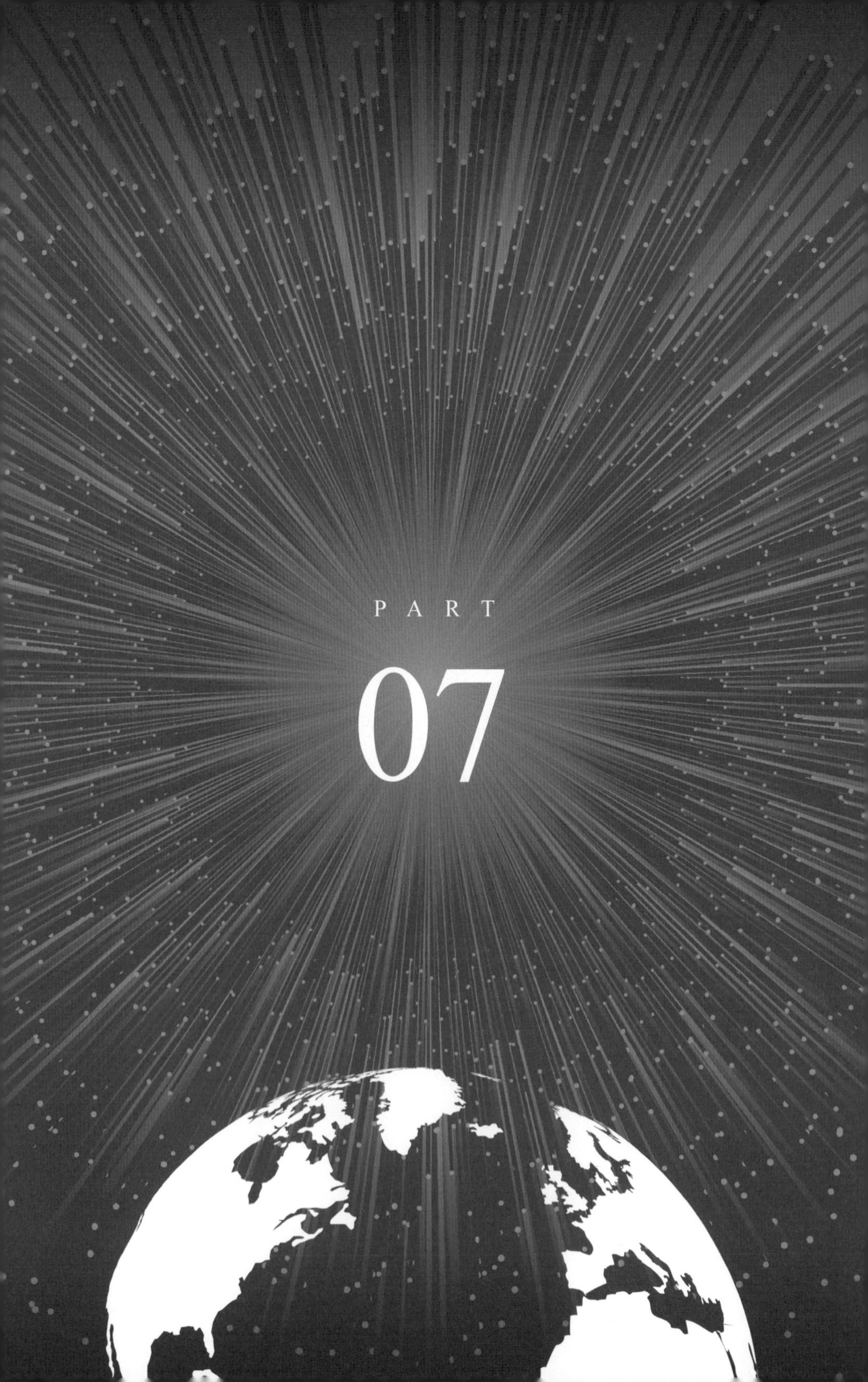

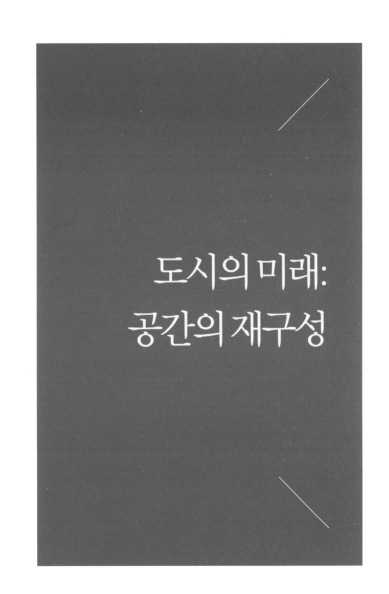

GREAT

도시의 미래:
공간의 재구성

INSTAURATION

21세기 글로벌 도시 전쟁의 생존전략

연사 박원순(서울시장)
남경필(경기도지사)
모리 히로오(모리그룹 부사장)
이언 토머스(토머스컨설턴츠 회장)

사회 최막중(서울대학교 환경대학원장)

"미래 도시는 승자와 패자로 나뉠 것이다. 미국의 자동차 메카 디트로이트는 산업발전의 변화에 뒤처지며 패자가 됐다. 미래 도시 전쟁에서 승자가 되려면 사람을 끄는 매력을 갖추고, 다양성이 풍부한 도시로 발전해야 한다."

뉴노멀로 불리는 저성장 시대에 도시를 새로운 성장 동력으로 보는 모리 히로오森浩生 모리그룹 부사장과 이언 토머스Ian Thomas 토머스컨설턴츠 회장은 다양성과 사람을 끄는 매력People Magnet을 승리하는 도시의 요건으로 꼽았다. 또 차기 대권후보로 거론되는 박원순 서울시장과 남경필 경기도지사가 참석해 미래 도시에 대한 각자의 비전을 발표하며 불꽃 튀는 정책 대결을 펼쳤다.

토머스 회장은 "도시의 역동성은 스카이라인을 통해 볼 수 있지만 영혼은 길거리의 활력을 통해 알 수 있다. 번잡한 길일수록 사람들이 좋아하고 그런 도시는 사람들에게 즐거운 경험을 선사한다"고 말했다.

모리 부사장은 모리빌딩이 일본 도쿄 롯폰기힐스를 수직 개발한 과정들을 설명하며 콤팩트시티Compact City를 통해 공원이 넓어지고 도심 열섬현상도 완화됐다고 소개했다. 모리 부사장은 또 도시의 다양성을 추구하기 위한 도시설계에 공간과 광장이 중요하다고 주장했다. 그는 "열려 있는 공간과 광장에는 많은 사람들이 모이게 되고 그 속에서 다양성과 혁신이 나온다"고 설명했다.

박원순 시장도 "강남 영동대로엔 100층 이상의 건물이 들어서는 동시에 도심 4대문 안은 역사와 문화를 즐길 수 있는 공간으로 재생되고 있다"면서 다양성을 강조했다. 이어 그는 도시의 하드웨어 개발과 함께 소프트웨어적인 가치 개발도 중요하다고 덧붙였다. 또한 "도시는 도전과 혁신의 플랫폼으로 기능하며 저성장, 저출산, 고령화, 자살률 등 사회적 과제를 풀어야 한다. 가장 중요한 것은 심각한 불평등"이라고 지적했다. 그리고 "사회계층 이동의 불평등이 청년들을 N포세대로 몰아간다. 양질의 일자리를 제공하는 것과 같은 포용 성장이 필요하다"고 주장했다.

최막중 서울대학교 교수는 "청년 세대가 좀 더 저렴한 주거지를 찾는 과정에서 서울을 벗어나 경기도로 간다. 출퇴근 시간이 길어지고 교통체증을 야기해 사회적 비용이 커지고 있다. 이를 서울시가 더 많은 주거를 제공하고 경기도가 일자리를 제공해 함께 풀 의사는 없냐"고 물었다. 박 시장은 "경기도는 알아서 인구가 는다. 서울시는 청년 주거문제 해결을 위해 역세권 종상향을 통한 공공임대 주택 건설을 추진하고 있다"고 설명했다.

남경필 지사는 "인구만 늘어난다고 행복한 게 아니다. 행복을 달성하기 위해 자유와 공유라는 철학적 가치를 중요하게 생각한다. 도시 발전도 자유와 공유의 가치가 융합된 새로운 형식인 제4의 길이란 틀에서 찾고 있다. 도시 플랫폼은 공공이 깔고 개인적 영역에서 창의력 있게 꾸미는 제4의 길, 공유 시장경제가 만드는 미래 도시 비전"이라고 말했다.

남 지사는 경기도가 청년 일자리 창출을 위한 스타트업 캠퍼스를 만들고 운영은 카카오의 김범수 의장이 맡는 형식을 제4의 길의 예로 들었다. 그는 "새로 개발되는 제2판교에 자율주행자동차 테스트베드가 만들어진다. 경기도가 플랫폼을 깔고 현대자동차와

BMW 등이 참여해 일자리 중심의 제4차 산업혁명을 주도할 것이다. 제2판교는 걷고 싶은 도시로 만들 것이다. 매연과 교통사고가 없는 제로시티가 될 것인데 정책적으로 제로시티에 들어서는 음식점에는 인공조미료를 쓰지 못하게 해 당뇨와 비만 제로시티를 만드는 것도 고려 중에 있다"고 밝혔다.

토론회를 지켜본 이제훈 미국 서던캘리포니아대학 교수는 "세계적인 도시는 다양성을 바탕으로 사람들에게 즐거움을 준다. 이제 불평등을 해소하고 공유의 지혜를 찾아야 하는 도전과 기회의 시기를 맞게 됐다. 한국 인구의 30%가 거주하는 서울시와 경기도의 지자체장이 자신들의 철학을 도시 정책에 적용하는 모습을 볼 수 있는 신선한 기회였다"고 평가했다.

롯폰기힐스
도시재생 철학은
슈하리

모리 히로오
모리그룹 부사장

　모리 히로오는 모리그룹의 디렉터 겸 부사장이다. 1995년 모리 빌딩에 입사했으며 2000년에 전무이사직을 맡았고 2003년부터 수석 전무이사직을 맡고 있다. 2005년부터는 상하이세계금융센터SWFC, Shanghai World Financial Center의 대표를 겸임하고 있다. 2011년 힐스클럽의 회장을 맡았으며 2012년 합병 이후 모리관광공사의 회장 겸 대표이사로 활동했다. 상하이세계금융센터 프로젝트의 감독직을 포함하여 모리그룹 내에서 다양한 분야의 경영 책임자로 근무한 경험을 가지고 있다. 모리빌딩에 입사 전 일본 기업은행IBJ에서 증권사업 및 기업연구 부서에서 근무했으며 1986년 도쿄대학 경제학과를 졸업했다.

일본 도쿄의 대표적 도심재생 사업으로 롯폰기힐스를 꼽는다. 모리빌딩은 1986년부터 낙후된 롯폰기힐스의 재개발 사업에 뛰어들어 17년 만에 이 지역을 도쿄의 신흥부촌이자 새 랜드마크로 만들었다. 《매일경제》가 모리 히로오 모리그룹 부사장을 만났다. 그는 2012년 작고한 모리 미노루森稔 회장의 사위다. 사업을 승계할 때 사위가 장인의 성을 따르는 일본의 전통을 따라 모리 가문의 일원이 됐다. 신동빈 롯데그룹 회장, 이재용 삼성전자 부회장 등과도 교류해 한국과도 친근하다.

모리 부사장은 어렸을 때 선장이 되는 게 꿈이었다. 기차는 정해진 선로를 따라 움직여야 하지만 배는 드넓은 바다를 가로질러 목적지와 항로를 새롭게 정할 수 있기 때문이다. 그는 2016년 3월 기준 자산이 20조 원(1조 8,200억 엔)에 육박하는 모리빌딩이란 거대한 배의 선장이 됐다.

모리 부사장은 모리빌딩의 도시재생 철학으로 슈하리守破離를 소개했다. 역사와 문화는 지키되 기존의 것을 부수고 과거에서 떨어져 새로운 것을 만든다는 뜻을 담고 있다. 2017년 준공할 긴자 프로젝트 역시 슈하리의 전형이 될 것으로 예상된다. 그는 서울의 가장 훌륭한 자산으로 한강을 꼽으며 서울과 경기 수도권을 하나로 묶는 일극집중一極集中 발전 전략도 제시했다. 또 서울의 지하도시 개발은 도쿄의 벤치마킹 사례가 될 것이라 평가했다. 다음은 모리 부사장과 일문일답이다.

Q. 모리빌딩의 도시재생 사업은 전면철거형 재개발과 보존이 적절한 비율로
   녹아 있는 것 같다.

좋은 것은 남기고, 그렇지 않은 것은 정리해 새 시대에 어울리
는 재개발을 통해 도시를 진화시키려는 게 우리의 철학이다. 일본
전통문화를 계승하고 발전시키는 토대가 된 말 중에 슈하리守破離
라는 단어가 있는데 도시 개발에도 적용된다고 본다. 역사적인 것
을 지키고守, 더 뛰어난 것을 만들기 위해 기존의 것을 파괴하고破,
과거와 현재에서 벗어나離 미래를 위해 새로운 것을 창조하는 것
이다.

Q. 2030년까지 도쿄에 마천루 빌딩이 30여 동 이상 건설될 예정이다. 공급
   과잉 염려는 없나?

1960년대에서 1970년대에 재개발한 건물들이 상당히 오래된
만큼 이제 재재개발re–redevelopment이 필요한 시기가 왔다. 기술 발전
에 따라 최첨단 사무공간을 필요로 한다. 건물뿐 아니라 빌딩의
이미지와 디자인, 경영 등 소프트웨어를 업그레이드해 차별화해
야 한다. 공급과잉에 대한 우려는 30년 전에도 제기됐고 사실 어
제오늘 일이 아니다. 다만 도쿄에는 사람들이 계속 모일 여지가
있다. 개발자는 사람을 더 끌어들일 수 있도록 도시의 매력을 키
워야 한다.

Q. 재재개발이 필요한 구체적인 사례가 있다면?

복합업무시설에 들어오는 임차 기업들의 스타일이 크게 바뀌고

있다. 유연성flexibility이 정말 중요해졌다. 구글재팬은 롯폰기힐스에서 임차 중인 사무실 인테리어를 수시로 바꾼다. 예전엔 기업이 사무실 내장을 바꾸는 일이 거의 없었다. 하지만 구글재팬은 사무 공간을 몇 개월 만에 확장하고 벽체를 뜯어내 옮기고 싶어한다. 이런 수요에 맞춰 재재개발을 해야 하는 이유다.

Q. 롯폰기힐스의 개발 주역인 모리 미노루 회장 때부터 모리빌딩은 콤팩트 시티를 추구했다. 이 철학은 미래 도시에서도 유효한가?

꼭 필요하다. 수직으로 개발하면 사람의 이동 부담이 적어지고 그만큼 에너지를 효율적으로 쓸 수 있다. 특히 고령화 도시로 변할수록 콤팩트시티가 바람직하다. 일본 정부는 교외 등 도시 외곽에 고령자가 많이 거주하면 사회·복지 서비스를 제공하는 데 시간과 비용이 많이 들어 최대한 도시를 압축시키려 한다.

Q. 밀집dense과 콤팩트compact는 다른가?

중층 건물을 2개 지을 것을 합쳐 고층으로 한 동 지으면 토지 면적을 절반으로 아낄 수 있다. 또 적당한 높이의 건물들이 들어서면 오픈 스페이스가 적지만 고층으로 한 동을 지으면 설령 옆에 또 하나의 건물이 서더라도 전체적으로 밀집도가 낮아진다. 역사와 문화 자원을 잘 보존하고 인근에 시민들이 공유하는 오픈 스페이스를 확보하기 위해서라도 도심에서 약간 떨어진 곳은 높게 짓는 것도 방법이다. 따라서 건물 높이를 일률적으로 규제하는 것은 난센스다.

Q. 서울은 건물 층수와 높이 규제가 강하다. 도심의 경우 건물 높이는 90m 이하로 지어야 한다.

초고층 개발이 한창인 마루노우치도 한때 인근의 황궁 때문에 건물 높이를 규제했다. 하지만 시대가 바뀌면서 새로운 공간에 대한 수요가 생기자 도쿄도에서 높이 규제를 풀었다. 건물을 높게 짓는 대신, 많은 시민들이 이용할 수 있는 공간을 만들었다. 저층부에 상업 및 문화시설을 배치해 도심 활성화에 힘쓰고 있다. 일본에서는 용적률에 의해 높이가 결정되는데 건물이 공공에 기여한다고 판단될 경우 용적률을 늘려주어 넓은 부지에서는 초고층 개발이 얼마든지 가능하다. 고도 제한은 신주쿠에 있는 도쿄도청 높이인 260m를 넘지 않는 수준으로 민간 사업자들 사이에서 암묵적인 합의가 있는 정도다.

Q. 한국에서는 서울의 기능을 다른 지역으로 나눠주는 지역균형발전이 필요하다는 주장이 있다.

도시를 집중적으로 발전시키면 사람들이 모이고 다양성이 생기며 새로운 것이 창조된다. 이를 통해 사람이 모이는 선순환이 이뤄져야 한다. 일극집중은 성숙한 나라에서 필요하다. 서울에 직장이 있고 경기도에 집이 있어 분리돼 있다고 박원순 시장과 남경필 지사가 지적했는데, 이 정도 크기라면 서울과 경기도를 하나의 도시 개념으로 접근하는 것도 방법이다. 서울과 경기도의 출퇴근 시스템을 발전시켜 연계성을 강화하는 것도 검토할 만하다.

Q. 서울과 도쿄는 비슷한 문제와 도전에 직면해 있고 이는 곧 두 도시가 해결책을 찾기 위해 협업할 필요가 있다는 것 아닐까?

도쿄와 서울은 크고 매력적이지만 다소 폐쇄적이다. 도쿄는 파리나 런던에 비해 문화시설이 부족하고 문화 교류 빈도도 떨어진다. 서울도 도쿄와 다르지 않다.

Q. 도쿄가 서울에서 벤치마킹할 사례가 있나?

지하 공간 활용이다. 서울에는 영동대로 지하도시 건설을 비롯해 다양한 지하 공간을 활용한다. 그 이유를 살펴보면 서울은 지하 공간 개발을 용적률에 포함시키지 않아서이다. 서울은 지하 공간을 용적률에 포함시키지 않는 몇 안 되는 도시다. 도쿄도 이를 참고할 필요가 있다.

Q. 도쿄는 도시의 글로벌 경쟁력을 강조한다. 21세기 도시 전쟁에서 살아남는 방법을 조언한다면?

서울을 떠올리면 가장 먼저 한강이 생각난다. 한강처럼 웅장하면서 유유히 흐르는 강이 있는 도시는 거의 없다. 현재 한강은 삭막한데 한강의 가치를 끌어올리려면 주변에 아파트뿐 아니라 공원, 예술 및 문화시설 등을 조성해 복합공간으로 정비해야 한다. 경관 가이드라인이 필요한 부분을 제외하면 지자체는 건축 규제 완화 등을 통해 민간이 미래에 필요한 공간을 만들 수 있도록 유도해야 한다.

MICE 산업 이렇게 살려라

조지 타나시예비치 마리나베이샌즈호텔 대표

조지 타나시예비치George Tanasijevich는 라스베이거스샌즈그룹의 자회사인 마리나 베이샌즈의 대표이다. 라스베이거스샌즈그룹은 세계적인 다국적 복합 관광단지를 개발하는 기업이다. 그는 라스베이거스샌즈호텔Marina Bay Sands Hotel의 글로벌 개발 담당 상무이사로도 재직 중이다. 폭넓은 국제경험을 바탕으로 수석경영인과 변호사로 활동하며, 라스베이거스 샌즈와 마리나베이샌즈의 개발 및 전반적 운영에 앞장서고 있다. 싱가포르의 마리나베이샌즈 복합리조트 개발에 착수해 수많은 관광객들을 유치하며 그룹의 리조트를 싱가포르의 대표적인 랜드마크로 키워낸 것으로 유명하다. 2009년 《글로벌게이밍비즈니스Global Gaming Business Magazine》지가 선정한 '올해 주목할 25인' 중 한 명이기도 하다. 현재 시카고대학 부스스쿨The University of Chicago Booth School of Business의 비즈니스 국제자문위원회의 일원이며 싱가포르 국제상공회의소 임원으로도 재직 중이다. 시카고대학 부스스쿨에서 MBA, 시카고로욜라대학Loyola University Chicago에서 법학학사학위LLB를 취득했다.

"싱가포르처럼 한국도 국제적으로 유명한 행사를 집중적으로 유치할 수 있다. 복합리조트에 행사를 유치하면 한국 GDP에도 크게 기여할 것이다."

조지 타나시예비치 마리나베이샌즈호텔 대표의 발언이다. 마리나베이샌즈는 싱가포르 마리나베이에 접한 종합 리조트 호텔이다. 라스베이거스의 카지노 리조트 운영회사인 라스베이거스샌즈그룹이 개발했다.

이 호텔의 설계는 모세 사프디Moshe Safdie, 건설은 한국의 쌍용건설이 담당했다. 싱가포르의 마리나베이샌즈는 랜드마크로 불릴 만큼 세계인에게 익숙한 건물이다. 카지노뿐 아니라 다양한 상업시설, 국제회의장, 최고급 셰프가 운영하는 식당이 밀집해 관광객을 사로잡고 있다. 마리나베이샌즈 싱가포르에 들어선 이래 총 1만 6,000개의 일자리가 창출되기도 했다. MICEMeeting, Incentives, Convention, Events and Exhibition 기업회의, 인센티브관광, 국제회의, 전시사업 등 산업의 성공적인 사례로 꼽힌다.

라스베이거스샌즈그룹은 싱가포르와 마카오 등 동남아 지역을 허브 삼아 복합리조트 사업을 확장해가고 있다. 복합리조트의 핵심 요소는 염가 관광객이 아닌 출장, 전시 등 비즈니스와 관련된 고부가가치 관광객을 유치해야 한다는 것이 라스베이거스샌즈그룹의 생각이다. 마리나베이샌즈의 카지노는 오픈 카지노로 운영해 외국인이 아닌 싱가포르 시민도 자유롭게 드나들 수 있다. 하지만 한국에서는 이것이 실현되려면 법적 과제를 해결해야 한다.

한국에선 몇 년 전 MICE 산업을 육성하겠다는 계획이 발표됐으나 실행은 지지부진한 편이다. 이에 대해 타나시예비치 대표는 국가 경제에 복합리조트 사업이 얼마나 큰 영향을 미치는지 증거를 제시했다. 그는 "한 경제학자에 따르면 마리나베이샌즈가 2015년 싱가포르 GDP에 기여한 비중이 1.25%다. 싱가포르 내 거의 모든 기업이 자사 행사나 외국 기업 초청행사를 이곳에서 연다. 260여 개 회의실과 세계 최대 규모의 회의장을 갖추고 있기에 대규모 수익을 얻을 수 있다"고 말했다. 그에 따르면 싱가포르 내 상위 40위 내 호텔의 회의실을 전부 합친 수만큼의 회의실이 마리나베이샌즈에 마련돼 있다.

하지만 복합리조트 내부 시설 가운데 가장 큰 수익모델을 내는 것은 역시 카지노다. 카지노를 통해 GDP에 도움을 주고, 마리나베이샌즈의 또 다른 부가시설에 투자할 수 있는 동력을 얻기 때문이다. 타나시예비치 대표는 "복합리조트에 들어가는 투자비용 중 71%가 카지노 수익에서 회수되었다. 이를 통해 엔터테인먼트 공연장이나 문화 명소에 추가 투자하는 선순환을 이룬다"고 설명했다.

그는 내국인까지 모두 드나들 수 있는 카지노를 만들기 위해서는 제한적 출입에 대한 철저한 규칙이 필요하다고 강조했다. 카지노 게임에 참여하는 사람이 사회복지 혜택을 받거나, 파산자이거나 범죄자라면 응당 출입이 제한돼야 할 것이다.

카지노로 인한 사회적 문제 우려는 없을까? 타나시예비치 대표는 "도박 관련 문제가 오픈 카지노 도입 후 오히려 줄었다"고 설명했다. 2005년 도박률은 4%대였지만 2014년 0.7%까지 떨어졌다.

이를 통해 카지노 문제가 도박 중독 등 사회적 문제에 직결되는 것이 아님을 주장했다. 타나시예비치 대표는 "복합리조트 사업은 향후 관광수익 등과 직결되는 만큼 태국과 일본, 베트남에서도 공들이고 있다. 한국이 적절한 사회적 안전망을 가지고 복합리조트 사업을 도입해 선제적으로 치고 나가야 할 것"이라고 조언했다.

아시아 핀테크 허브
잠재력 갖춘 부산

연사 돈 탭스콧(탭스콧그룹 대표)
정유신(핀테크지원센터장)
저우춘성(창장경영대학원 교수)
손판도(동아대학교 경영학과 교수)

"디지털 인프라가 발달한 부산은 아시아 핀테크 중심도시로 가장 적합한 도시다."

전문가들은 한목소리로 아시아 핀테크 허브로서 부산의 가능성을 높이 평가했다. 집단지성 등 미래 키워드를 한발 앞서 제시한 세계적 미래학자 돈 탭스콧Don Tapscott 탭스콧그룹 대표는 "디지털 블록체인이 미래 금융 서비스의 모습을 아예 바꿔놓을 것이다. 핀테크 산업이 발전한 부산은 디지털 블록체인이 가져올 새로운 금융 생태계의 중심이 될 만한 잠재력을 갖췄다"고 평가했다. 실제로 부산시는 최근 핀테크산업육성계획을 수립하고 핀테크 기업 육성, 관련 기관 유치 등의 전략을 추진 중이다. 부산시는 부산 지역 핀테크 기업을 현재의 15개에서 2020년까지 30개로 늘릴 방침이기도 하다.

탭스콧 대표가 말한 디지털 블록체인이란 금융거래 시 중앙 서버에 거래 기록을 보관하는 기존 방식과 달리 거래 참여자 모두에게 거래 내용을 공개하는 개방형 네트워크를 말한다. 가상화폐인 비트코인이 이 기술을 사용한다. 탭스콧 대표는 "블록체인은 거래 당사자들이 공통된 장부를 공유하기 때문에 은행이나 카드사, 정부와 같은 중간 거래자middlemen가 필요 없다. 중앙 서버가 없기 때문에 외부 해킹의 위협에서도 안전하다"고 설명했다.

그는 "개인과 개인 간 금융 직거래가 가능한 블록체인 덕분에 결제 및 송금 비용과 시간이 크게 줄어들고 은행 예금이나 당좌 계좌도 사라지게 될 것이다. 전통적인 금융기관의 역할이 줄어들고 새로운 서비스를 제공하는 핀테크 기업들이 대거 등장하면서 금융 산업의 지형이 바뀔 것"이라고 전망했다.

탭스콧 교수는 "부산이 글로벌 금융 허브가 되기 위해서는 몇 가지 선제조건이 필요하다. 세제 환경을 기업 친화적으로 바꿔야 하며 금융뿐 아니라 다른 관련 산업도 함께 발전시켜 핀테크 클러스터를 조성하는 방향으로 나아가야 한다. 관련 대학과 협력해서 양질의 인력을 확보하고 삶의 질을 높게 만들어야 한다. 이를 통해 금융 기업·기관들을 적극적으로 유치해야 글로벌 금융허브로 발전할 수 있을 것"이라고 강조했다.

정유신 핀테크지원센터장은 "한국은 핀테크 서비스의 발전 속도가 선진국들에 비해 늦은 편이었지만 최근 규제 장벽이 낮아지면서 발전 속도가 빨라지고 있다. 부산이 한국 핀테크 산업의 중심지로 성장해 세계 시장에서 경쟁할 만한 기업들을 많이 배출하길 바란다"고 밝혔다.

김민호 옐로금융그룹 이사도 "전통적인 금융기관들이 처음에는 핀테크를 일시적인 트렌드로 여기고 무시했지만 P2P 금융, 블록체인 등이 급격히 발전하면서 지금은 보는 눈이 많이 달라진 상황이다. 부산이 핀테크 산업을 집중 육성하면 홍콩이나 상하이 부럽지 않은 글로벌 금융 중심지로 거듭날 수 있을 것"이라고 강조했다.

저우춘성周春生 창장경영대학원 교수는 "중국은 핀테크에 적극적으로 투자해 3,000여 개가 넘는 핀테크 회사가 있고 이 중 800여 개가 선전 시에 집중돼 있다. 부산은 항구가 있고 증권거래소를 비롯한 다양한 시설이 있다는 점에서 중국 선전과 매우 유사해 글로벌 파이낸셜 허브로 성장하기 좋은 환경"이라고 말했다.

손판도 동아대학교 경영학과 교수는 "부산의 경우 금융특구 지정에 따라 많은 금융 공기업이 내려와 있는 상황이다. 핀테크를 활용해 이들 금융 공기업 간 자금을 서로 공유하는 투자 플랫폼을 만들어 지역 기업들에게 저금리로 자금을 공급할 수 있을 것"이라고 내다봤다.

녹색혁신,
스마트팜의 미래

연사 쑨창(블랙소일 회장)
차인혁(SK텔레콤 IoT사업본부·플랫폼기술원 본부장)
김병률(한국농촌경제연구원 부원장)

사회 이정현(전남대학교 교수)

LG CNS가 2016년 10월 전라북도 군산시 새만금간척지 23만 평 넓이에 스마트팜을 조성하겠다고 발표했다. 스마트팜Smart Farm이란 비닐하우스와 같은 작물재배 시설에 ICTInformation and Communication Technology를 접목시키는 것을 의미한다. 농가 밖에 있어도 스마트폰으로 비닐하우스의 온도를 조절하는 등 기술을 접목해 농작물 생산량을 높일 수 있다. 농경에 ICT를 접목시켜 생산성을 증대한다는 취지이지만 농민들은 반발했다. "대기업이 농업에 진출해 시장을 잠식하려고 한다"는 게 그 이유였다.

한국도 하루빨리 스마트팜을 적용해야 한다는 전문가들의 목소리가 쏟아졌다. 고령화뿐 아니라 곡물 자급률의 하락, 도시와 농촌의 소득 격차 등이 점점 심각해지고 있기 때문이다. 하지만 넘어야 할 산이 많은 만큼 정부와 기업 등이 의지를 갖고 추진해야 한다는 지적이 나왔다. 차인혁 SK텔레콤 IoT사업본부·플랫폼기술원 본부장은 "다짜고짜 농가에 ICT를 접목시키려 하면 안 된다. 그들의 눈으로 바라보고 배우려는 자세가 필요하다"고 말했다.

농림축산식품부에 따르면 2014년 현재 농촌 인구의 39.1%가 65세 이상이다. 농촌에 있는 3명 중 1명이 이미 65세를 넘긴 셈이다. 전년 대비 1.8% 증가했다. 곡물 자급률은 2015년 23.9%를 기록하며 전년과 비교했을 때 0.2% 하락했다. 도시근로자 가구소득 대비 농가소득 비율은 2000년의 80.5%에서 2015년 64.4%로 급격하게 추락하고 있다. 전문가들은 이 같은 농가의 추락을 막을 수 있는 가장 좋은 방안이 스마트팜이라는 데 이견이 없었다.

김병률 한국농촌경제연구원 부원장은 "스마트팜을 적용하지 않는다면 농가의 미래가 없는 상황"이라고 말했다. SK텔레콤을 비롯한 많은 대기업도 스마트팜 진출을 서두르고 있다. 하지만 이를 바라보는 농민들의 시선은 부정적이다. 전문가들은 네덜란드나 미국 등 스마트팜 선진국에서 그 해답을 찾아야 한다고 조언했다.

네덜란드의 인구는 한국의 32%에 불과하다. 내수시장이 작은 만큼 일찍부터 농업의 세계화에서 활로를 찾았다. 네덜란드 농가는 수십 년 전부터 인수합병을 통해 규모를 키워왔다. 규모의 경제를 달성한 셈이다. 2003년 8만 5,500개였던 네덜란드 농가 수는 2013년 6만 7,480개로 감소했지만 농가당 평균 경작지는 27.4ha로 16% 증가했다.

이정현 전남대학교 교수는 "네덜란드의 경우 스마트팜이라는 용어를 사용하지 않으면서도 노동력을 절감하고 생산효율을 증대시키는 기술에 ICT를 접목해왔다. 농가를 찾아 생산량을 증대시켜줄 테니 ICT를 접목하자고 한 게 아니라 농가와 함께 생산량을 증대시킬 수 있는 방안을 서로 논의하고, 각 농가에 맞는 기술을 접목시켜나간 게 성공요인"이라고 지적했다.

쑨창 블랙소일 회장은 "농가는 땅이 유일한 자산이기 때문에 대기업의 진출 과정에서 갈등이 발생할 수 있다. 정부와 대기업은 농가가 어떤 것을 원하는지 파악해야 하는데 미국, 캐나다 등에서 했던 협동조합 모델을 살펴보는 것도 좋은 방법이 될 수 있다"고 덧붙였다.

전문가들은 정부의 강력한 정책 실현 의지가 필요하다고 입을 모아 말했다. 스마트팜을 해본 농가의 긍정적인 의견이 절대적으로 높지만 경제적인 부분 등의 여건이 허락하지 않기 때문에 선뜻 스마트팜을 적용할 수 없다는 것이다. 김 부원장은 "스마트팜을 적용했던 농가를 대상으로 설문조사를 한 결과 유지나 확대하겠다는 비율이 90%를 넘어섰다. 농가도 준비되어 있는 만큼 정부의 의지가 필요하다"고 말했다.

2000년대 들어 농가의 성장은 정체되어 있는 만큼 지금 개혁 정책을 펼치지 않으면 농가가 무너질 수 있는 위기에 봉착했다는 지적도 이어졌다. 김 부원장은 "우리나라 정보기술 발전지수는 높지만 융복합 수준은 미국과 비교했을 때 10년 이상 뒤처져 있다. 적극적인 융자 정책 등을 통해 정부가 강력한 후원을 해야 한다"라고 덧붙였다.

지구공학으로
온난화 막는다

데이비드 키스
하버드대학 교수

　데이비드 키스David Keith 교수는 지구공학과 기후 공공 정책을 25년간 연구한 환경공학과 공공정책의 전문가이다. 2009년《타임》지가 선정한 환경 분야의 영웅 중 한 명으로, 2013년 영국 여왕으로부터 다이아몬드 주빌리 메달Diamond Jubilee Medal을 받은 것을 비롯해 여러 수상 경력을 자랑한다. 현재 하버드대학 공공정책학과 응용물리학 교수이며 본인 이름을 딴 키스그룹이라는 연구원 모임을 이끌고 있다. 대기 중 이산화탄소 포집 기술 연구 기업인 카본엔지니어링의 회장을 역임하며 환경보호에도 힘쓰고 있다. 환경공학 연구를 통한 기후 위험을 알리는《기후공학을 지지한다 A Case for Climate Engineering》를 저술하기도 했다. 현재 하버드대학 벨퍼센터에서 수석연구원으로 재직하며 탄소공학과 기온 조절 방법을 연구하고 있다.

"지구공학을 통해 온난화를 막을 수 있다."

데이비드 키스 하버드대학 교수는 "지구온난화를 막기 위해 탄소 배출을 줄이는 방법도 필요하지만 좀 더 적극적으로 온난화를 막을 방법을 연구해야 한다"며 이같이 말했다. 키스 교수는 황산화물을 성층권에 주입해 태양열을 반사시키는 방법으로 온난화와 온실가스 효과를 반감시킬 수 있다고 주장했다. 이 같은 주장은 화산활동으로 생긴 황산화물이 지구온난화를 늦췄다는 기존 연구결과와도 일맥상통한다.

키스 교수는 "비행기로 적도 상공 20km 정도 높이 성층권에 황산화물 에어로졸을 주입해 지구온난화의 피해를 줄일 수 있다"고 말했다. 에어로졸은 지름이 0.001마이크로미터에서 100마이크로미터1㎛=100만분의 1m크기인 미세입자다.

키스 교수는 "기후를 조작하자는 생각이 무서울 수도 있으나 이는 새로운 아이디어가 아니다. 내가 2살이던 1965년에 이미 미국 대통령에게도 보고된 내용이다. 당시에는 기후를 바꾼다는 생각이 도덕적으로 올바르지 않다고 여겨 이를 공개적으로 논의하지 못했고 최근까지도 탄소 배출을 줄이려는 정치적 노력 때문에 많은 연구가 진행되지 않았다. 하지만 성층권에 뿌려진 황산화물 에어로졸은 2년 정도만 잔류해 양을 조절하거나 통제 가능하며 적도 남, 북위 10도 상공에서 성층권에 뿌리면 대기가 극지방으로 순환하기 때문에 전 지구에 적당한 양이 분포된다"고 말했다.

WORLD

KNOWLEDGE

FORUM

REPORT

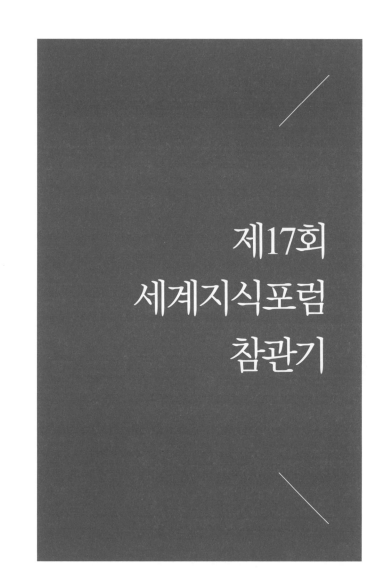

제17회
세계지식포럼
참관기

대혁신의 길에서
만난 느낌표들

권태신 한국경제연구원장

제17회 세계지식포럼 주제는 '대혁신의 길'이었다. 제4차 산업
혁명을 목전에 두고 있는 우리에게 더없이 중요한 이슈다. 세계지
식포럼이란 이름에 걸맞게 글로벌 리더들의 강연을 통해 지식을
쌓을 수 있었다. 몇 가지 생각이 들어 글을 적어본다.

반가웠다! 개막 연사는 게르하르트 슈뢰더 전 독일 총리였다.
2015년 한국경제연구원에서 슈뢰더 전 총리를 초청해 특별대담
을 개최한 적이 있다. 그의 강연을 다시 듣게 되니 감회가 새로웠
다. 그는 25년 전 독일의 통일이 가능했던 근간은 대화의 정치였
다면서 국제사회의 대립과 갈등, 혼란의 해결책은 대화와 협력이

라고 했다. 브렉시트는 영국 정치의 퇴보라고도 했다. 데이비드 캐머런David Cameron 전 영국 총리가 브렉시트를 국민투표에 부치기로 한 결정은 정치적 실패라는 것이다. 국민에게 그 결정의 부담을 떠넘겼기 때문이다. 평소 슈뢰더의 개혁론, 개혁에 대한 철학은 이렇다. "국민이 뽑은 정부가 책임을 지고 밀고 나가는 것이다. 그래서 개혁은 정부가 정치적 책임을 지고 위에서 아래로Top-down 추진해야 하며 아래에서 위로Bottom-up 추진되는 것이 아니다." 그랬던 그였기에 캐머런에 대한 비판이 더욱 와 닿았다. 우리 정치인에게도 의미 있는 한마디였다.

흥미로웠다! 이어서 등장한 연사는 미국 공화당을 상징하는 딕 체니 전 미국 부통령이었다. 총평을 하자면 북한 핵 위협, 사드 등 굵직한 안보 이슈에 둘러싸인 우리 현실에서 각 당의 미국 대통령 후보들의 리더십을 엿볼 수 있는 강연들이었다. 미국의 리더십, 공화당의 기조를 설명하러 들어선 딕 체니는 멋진 흰색 카우보이 모자를 쓰고 있었다. 모자가 상징하는 게 있겠지 하며 그의 설명을 기대했는데 최근 받은 수술로 인한 흉터 자국을 보이기가 싫어서라는 재치 있는 답변이 돌아왔다. 그는 북한 핵 위협에 대해 필요한 경우 군사적 대응도 가능하다고 말했다. 북핵 이슈는 차기 미국 정부가 다룰 주요한 이슈이자 미국 리더십의 향방에도 결정적인 변수일 것이다.

기대된다! 벌써 2017년이 기대된다. 2017년은 또 어떤 주제로, 어떤 명사를 모신 세계지식포럼이 열릴지 벌써부터 궁금하다. 너무 잘해도 걱정, 너무 못해도 걱정이란 말을 하곤 한다. 세계지식포럼이 그런 것 같다. 너무 잘하니 청중의 기대 수준은 높아지고 2017년엔 더 훌륭하고 흥미로운 강연을 기획해야 할 테니 말이다.

거장 스탠리 큐브릭Stanley Kubrick의 영화 〈2001년 스페이스 오디세이2001: A Space Odyssey〉에는 인공지능 컴퓨터인 할HAL 9000이 반란을 일으킨다. 2001년엔 그런 일이 일어나지 않았다. 하지만 이세돌 9단과 알파고 대국으로 일반 국민에게도 이젠 인공지능 같은 개념이 현실감 있게 다가오고 있다. 대변화의 시대가 머지않았다.

"대혁신의 길에 동참하는 사람과 그렇지 못한 사람 간의 차이는 점점 더 커질 것입니다. 17세기 프랜시스 베이컨의 대혁신Great Instauration은 영국의 산업혁명을 이끌었고, 대영제국을 탄생시켰습니다. 지식, 과학, 리더십의 혁신을 통해 우리는 위대한 시대Great Era를 열 수 있습니다."

이번 세계지식포럼 개회사의 한 대목이다. 거대한 혁신에 동참할 수 있을지의 시험대에 이미 우리는 올라 있다.

제17회 세계지식포럼 리포트

대혁신의 길

초판 1쇄 2017년 1월 10일
초판 2쇄 2017년 2월 28일

지은이 매일경제 세계지식포럼 사무국
펴낸이 전호림
책임편집 이승희 강혜진
마케팅 · 홍보 강동균 박태규 김혜원

펴낸곳 매경출판(주)
등 록 2003년 4월 24일(No. 2-3759)
주 소 (04557) 서울시 중구 충무로 2(필동1가) 매일경제 별관 2층 매경출판(주)
홈페이지 www.mkbook.co.kr **페이스북** facebook.com/maekyung1
전 화 02)2000-2640(기획편집) 02)2000-2636(마케팅) 02)2000-2606(구입 문의)
팩 스 02)2000-2609 **이메일** publish@mk.co.kr
인쇄 · 제본 (주)M-print 031)8071-0961
ISBN 979-11-5542-599-2(03320)

세계지식포럼 히스토리
WORLD KNOWLEDGE FORUM History

제1회 **지식으로 새 천년 새 틀을 짠다**
2000년 | 주요 연사 | 레스터 서로MIT 교수, 폴 로머스탠퍼드대학 교수, 도널드 존스턴OECD 사무총장, 하이리히 로러노벨물리학상 수상자

제2회 **지식기반 경제시대 인류공영을 위한 비전의 모색**
2001년 | 주요 연사 | 빌 게이츠마이크로소프트 창업자, 수파차이 파닛차팍WTO사무총장, 폴 크루그먼프린스턴대학 교수, 노벨경제학상 수상자, 이브 도즈인시아드 경영대학원 교수

제3회 **위기를 넘어, 새로운 번영을 위해**
2002년 | 주요 연사 | 래리 앨리슨오라클 창업자, 마이클 델델 컴퓨터 회장 겸 CEO, 조지프 스티글리츠노벨경제학상 수상자, 필립 코틀러노스웨스턴대학 석좌교수

제4회 **인류번영을 위한 새로운 세계질서와 경제의 창조**
2003년 | 주요 연사 | 마틴 펠드스타인전 미국 경제자문위원회 의장, 짐 콜린스〈위대한 기업〉의 저자, 프랜시스 후쿠야마존스홉킨스대학 교수, 로빈 뷰캐넌런던비즈니스스쿨 학장

제5회 **파트너십을 통한 세계 경제의 재도약**
2004년 | 주요 연사 | 김대중전 대한민국 대통령, 모리 요시로전 일본 총리, 폴 케네디예일대학 교수, 로버트 먼델노벨경제학상 수상자

제6회 **창조와 협력: 새로운 시대를 위한 토대**
2005년 | 주요 연사 | 잭 웰치전 GE 회장, 에드워드 프레스콧노벨경제학상 수상자, 로버트 케이건카네기 국제평화재단 교수, 폴 제이콥스퀄컴 사장

제7회 **창조경제**
2006년 | 주요 연사 | 조지 소로스소로스 펀드매니지먼트 창립자, 토머스 셸링노벨경제학상 수상자, 셸리 라자러스오길비&마더 월드와이드 CEO, 자크 아탈리플래닛파이낸스 회장

제8회 **부의 창조 그리고 아시아 시대**
2007년 | 주요 연사 | 콜린 파월전 미국 국무부 장관, 앨런 그린스펀전 미국 연방준비제도이사회 의장, 에드먼드 펠프스노벨경제학상 수상자, 톰 피터스톰피터스컴퍼니 회장

제9회 **협력의 마법 & 아시아 시대**

2008년 　**주요 연사** │ 마이클 포터전하버드대학 교수, 리처드 브랜슨버진그룹 회장,
　　　　　　　　　 에릭 매스킨노벨경제학상 수상자, 존 하워드전 호주 총리

제10회 **하나의 아시아, 신경제질서, 그리고 경기회복**

2009년 　**주요 연사** │ 조지 W. 부시전 미국 대통령, 개리 해멀런던 국제경영대학 교수, 피터 브라벡네슬레 회장,
　　　　　　　　　 폴 크루그먼프린스턴대학 교수, 노벨경제학상 수상자

제11회 **원 아시아 모멘텀, G20 리더십 & 창조적 혁신**

2010년 　**주요 연사** │ 토니 블레어전 영국 총리, 하토야마 유키오전 일본 총리, 리처드 브랜슨버진그룹 회장,
　　　　　　　　　 누리엘 루비니뉴욕대학 스턴경영스쿨 교수

제12회 **신 경제 위기(글로벌 리더십의 변혁과 아시아의 도전)**

2011년 　**주요 연사** │ 고든 브라운전 영국 총리, 래리 서머스하버드대학 교수, 세라 페일린전 알래스카 주지사,
　　　　　　　　　 마이클 샌델하버드대학 교수, 《정의란 무엇인가》 저자

제13회 **위대한 도약(글로벌 위기에 대한 새로운 해법: 리더십, 윤리성, 창의력 그리고 행복)**

2012년 　**주요 연사** │ 김용세계은행 총재, 폴 크루그먼프린스턴대학 교수, 노벨경제학상 수상자,
　　　　　　　　　 맬컴 글래드웰《더뉴요커》 저널리스트, 마틴 울프《파이낸셜타임스》 수석경제논설위원

제14회 **원아시아 대변혁**

2013년 　**주요 연사** │ 래리 서머스하버드대학 교수, 그레고리 맨큐하버드대학 교수, 피터 보저로열더치셸 CEO,
　　　　　　　　　 메이어 다간전 모사드 국장

제15회 **세계 경제 새로운 태동**

2014년 　**주요 연사** │ 니콜라 사르코지전 프랑스 대통령, 토마 피케티파리경제대학 교수, 《21세기 자본》 저자,
　　　　　　　　　 장클로드 트리셰전 유럽 중앙은행 총재, 칼 빌트전 스웨덴 총리

제16회 **새로운 시대정신을 찾아서**

2015년 　**주요 연사** │ 토니 블레어전 영국 총리, 티머시 가이트너전 미국 재무부 장관,
　　　　　　　　　 리언 패네타전 미국 국방부 장관, 네이선 블레차르지크에어비앤비 공동 창업자